JN436475

설악무산의 문학 그 깊이와 넓이

설악무산의 문학 그 깊이와 넓이

불교평론 엮음

인북스

책머리에

3년 전 우리 곁을 떠난 설악무산(1932~2018) 스님은 불교의 뛰어난 선승이다. 일찍이 동진(童眞)으로 출가한 스님은 남모르는 수행정진으로 높은 선오(禪悟)를 투득한 분이다. 뒷날 스님은 수행승들의 모임인 전국수좌회의 추대로 조계종의 기본선원의 조실로 추대되었다. 이는 스님의 선수행 경지가 어떠한지를 짐작게 하는 증좌이다.

한편으로 스님은 한국 현대문학사, 특히 시조 분야에서 남다른 개성을 보여준 돌올한 시인이었다. 1966년《시조문학》을 통해 문단에 나온 스님은《심우도》《절간이야기》《아득한 성자》《만악가타집》등 네 권의 시집을 상재했다. 권영민 교수의 노력으로 출판된《적멸을 위하여》는 이 시집들을 포함, 산일된 작품을 모은 전집이다. 이 전집에는 대략 210여 편의 작품이 수록되어 있다. 50년 넘게 시를 써온 시인이 겨우 2백여 편 조금 넘는 시를 썼다면 1년에 4~5편 정도라는 계산이 나온다. 시인으로서는 과작에 속한다 할 것이다. 이는 스님의 말을 빌리면 '전적으로 게으른 탓'일지도 모른다.

그러나 겸사의 말 속에 숨은 뜻을 살핀다면 시작 태도의 염결성 때문이 아닌가 싶다. 아는 사람은 아는 사실이지만 스님은 당신이 쓴 2백여 편의 시를 다 외우는 분이다. 언젠가 그 비밀을 물은 적이 있는데 대략 이런 내용이었던 것으로 기억한다. 스님은 시상이 떠오르면 그것을 바로 종이에 옮기는 것이 아니라 오래도록 머리에 넣고 생각날 때마다 되뇌어 본다는 것이다. 그러다 보면 찌꺼기는 가라앉고 할 말만 동동 떠오른다. 선가의 용어로 바꾸면 말이 끊어진 자리에서 말하는 말후일구(末後一句)인 셈이다. 이렇게 해서 사람들에게 내놓은 '한 물건(一物)'이 스님의 시다. 많은 평자들은 이 한 물건을 일러 '현대 선시조'로 명명한다. 읽어볼수록 스님의 시편에는 일상적으로 만나는 사물이나 사건 속에 내재한 우주적 의미가 요약돼 있다는 것이다. 이는 현대의 선승이 세상과 소통하기 위해 보여준 선시 미학의 백미라는 찬사이기도 하다.

돌아보면 스님은 평소 당신의 모습을 엑스레이로 찍은 해골을 에폭시로 만들어 곁에 두고 살던 분이다. 삶의 본디 모습은 해골에 불과하여 집착할 것이 없다는 경계로 삼기 위해서였다. 그러나 시에 대해서만은 자주 '절 한 채 짓는 것보다 시 한 수 짓는 것이 더 낫다'고 했다. 고도한 정신의 가치가 중요하다는 말씀이었다. 이제 스님은 떠나고 그 정신의 사리인 시만 우리 앞에 남았다.

이 책은 스님이 남긴 정신의 사리인 시편이 사람들에게 어떻게 읽히는가를 살펴보는 열반 3주기 추모 학술세미나(2021년 8월 10일)에서 발표된 논문을 모아놓은 것이다. 일부는 이전에 나온 논문 가운데 중요하다고 생각되는 몇 편을 골라 실었다. 이 책이 스님의 문학, 나아가서는 그 선적 깊이와 넓이를 이해하는 데 조금이라도 도움이 되기를 기대한다.

2021년 여름

불교평론 주간 홍사성 합장

차 례

한국 선시의 계보와 설악 조오현

김형중

차 례

김형중 / 문학평론가. 동국대학교 불교학과 동 대학원 졸업(석사). 중국 연변대학교에서 〈휴정의 선시 연구〉로 박사학위 취득. 동국대학교 사범대학부속여자중학교 · 여자고등학교 교장, 동방대학원대학교 객원교수 등 역임. 주요 저서로 《시로 읽는 서산대사》《불교시의 깨침》《왕초보 한문박사》 등 다수. 영랑문학상 우수상(평론 부문) 수상. 현재 동국대학교 경영대학원 강의교수.

1. 들어가는 말

본 논문은 우리나라 선시(禪詩) 역사에서 설악무산(雪嶽霧山) 조오현(필명) 선시의 위상을 고찰하는 것이 목적이다. 이 작업을 하기 위해서 먼저 우리 시문학사에서 불교문학과 선시의 형성에 대하여 논의해야 한다. 뿐만 아니라 오현(五鉉)의 시를 평론할 때 자주 나타나는 불교시, 불가시(佛家詩), 선가시(禪家詩), 선시, 한글 선시, 현대 선시, 선시조(禪時調), 한글 선시조 등 용어의 생성과 발전에 대하여 이해하여야 한다.

선시를 선사들의 시로 한정할 것인가, 선적인 시를 구사한 모든 시인으로 범위를 확대할 것인가 하는 문제는 이 논문의 선행조건이다. 선시는 선(禪)과 시의 만남이다. 중국의 선종 사상과 고대 시가가 서로 결합하여 생겨난 산물이다. 선시는 불립문자의 선사상과 시가의 형식체재가 갖추어진 특징이 있다. 중국 선시에는 시승(詩僧) 한산의《한산시집》이 있기는 하지만 도연명, 왕유, 소동파 등 사대부의 시에서 시선일여의 선취시(禪醉詩)가 발흥되었다.

그러나 우리나라 선시의 시작은 고려의 진각국사 혜심(眞覺國師 慧諶, 1178~1234)의《무의자시집》과《선문염송》으로 본다. 그것은 의천(義天)의《대각국사문집》(한국 최초의 승려 문집)이 먼저 있기는 하지만, 의천은 선종의 선사라기보다는 교관겸수(敎觀兼修)를 주장하고, 고려의 교장(敎藏)을 편찬한 교학승(敎學僧)이기 때문이다.

혜심은 조계종의 중창자(창종자) 보조국사 지눌(知訥)의 정혜쌍수(定慧雙修) 선법과 간화선을 최초로 계승 발전시킨 선승이다. 본 논문에서는 우리나라의 선시 역사에서 선시의 계보를 형성한 대표적인 시승(詩僧)을 중심으로 살펴보겠다.

1975년 석지현은 현암사에서 《선시(禪詩)》[1] 를 간행하여 우리나라에서 최초로 불교문학의 한 장르로서 '선시'를 소개하고, 1977년 《선시감상사전》을 편찬하였다. 1976년 김운학(金雲學)은 《신라불교문학연구》[2] 를 현암사에서 발간하였는데, 이 책이 우리나라 불교문학에 대한 최초의 개론서이다.

1983년 인권환이 《고려시대 불교시 연구》(고려대학교), 1985년 이종찬이 《고려시대 선시 연구》(한양대학교)로 각각 박사학위를 받아 불교시와 선시의 이론서 역할을 하였다.[3]

한국문학사에서 불교문학과 한국 시문학사에서 불교시, 선가시, 선시란 장르가 이렇게 일천(一淺)하다가 2000년대에 와서 선시 문학이 한국 시단뿐만 아니라 세계 시단의 추세로 유행하였다. 이때 오현의 한글 선시, 한글 선시조는 한국 시단의 관심과 각광을 받았고, 급기야 그의 선시가 꽃을 피웠다. 오현의 시조와 시에서 선의 절제된 언어와 우리 민족의 정서가 깃든 시조의 가락과 일정한 형식을 갖춘 정형성이 잘 어우러져서 명품 시를 낳았다.

원래 선시는 중국에서부터 한시 형식(5언절구, 7언절구 등) 또는 오도송, 열반송(임종게, 辭世頌) 등 게송 형식을 취하였으나, 우리나라에서는 만해 한용운이 한시(漢詩)에서 우리글인 한글로 읊은 한글 선시, 시조, 한글 자유시(〈님의 침묵〉)로 넘어오는 징검다리 역할을 하였다. 만해의 선시를 오늘날 한글 선시와 한글 선시조로 계승 발전시켜 선시의 대중화를 이룬 시승이 오현이다

설악오현의 선시 세계를 살펴보기 위하여 우리나라에서 최초의 선

1) 김형중 〈휴정의 선시 연구〉 중국 연변대학교 대학원 박사학위논문, 2000; 김형중 《휴정의 선시 연구》 도서출판 아름다운세상, 2000, 30쪽.

2) 김형중, 위의 책, 31쪽.

3) 김형중, 위의 책, 32쪽.

시 시인이라 할 수 있는 고려시대 혜심의 선시 세계에서부터 태고의 선시, 나옹의 선시, 조선시대 휴정의 선시, 태능의 선시 그리고 만해 한용운의 선시 세계를 통해 한국 선시의 기라성 같은 계보를 시대별로 살펴본 뒤, 우리나라의 선시를 보편화, 대중화시킨 설악오현의 선시 세계와 그의 시에 대한 평가와 위상을 살펴보겠다.

2. 고려의 선시

1) 혜심진각의 선시 세계

(1) 혜심의 생애와 사상

혜심(慧諶, 1178~1234)의 자호는 무의자(無衣子)이고, 시호는 진각국사(眞覺國師)이다. 24세에 사마시(司馬試)에 합격하여 태학에 입학하였으나, 25세에 어머니가 돌아가시고 곧 지눌(知訥)에게 출가하였다.

1226년 《선문염송》(중국 선사들의 염송을 수집 편찬한 선서) 30권을 편찬하였고, 《조계진각국사어록》《무의자시집》《구자무불성화간병법》《심요》《금강경찬》 등을 저술하였다. 지눌의 정혜쌍수설, 선교일치설, 간화선의 전통을 이어받아 발전시켜 조계산 수선사(송광사) 제2세 주지로서 보조선(普照禪)의 계승자이다. 유영봉은 《무의자시집론》에서 혜심을 한국문학사에서 최초의 선시 작가로 손꼽았다.

"그의 선시는 현전하는 자료 가운데 선시의 전형(典型)을 보여주는 최초의 작품으로 한국 한시사(漢詩史)에서 선시라는 독자적인 연원을 마련해 줌으로써, 고려와 조선을 걸쳐 현대에 이르기까지 한국 선시문학의 확고한 전통을 형성하였다는 데 시문학사의 의의가 크다고 할 수 있다."

《조계진각국사어록》〈상당〉에 "모든 사람의 신령한 본성(本性)이 곧 보광명지(寶光明智)이니, 만약 그 속에 들어가면[見性] 어떤 법을 밝히지 못하며 어떤 일을 알지 못하겠느냐? 한 글자를 기록하지 않더라도 일념(一念)으로 일체의 경전을 알 수 있고, 한 법을 이해하지 않더라도 무량한 뜻을 다 알 수 있으며, 한 구절을 설명하지 않더라도 항상 바른 법륜(法輪)을 실천할 수 있다(上堂云 諸人自己靈源 便是寶光明智 若入其中何法不明 何事不了 所以道 不用記一字 念盡一切經 不用解一法 會盡無量義 不用說一句 常轉正法輪)." "한 곳을 통하게 되면[頓悟] 천 곳 만 곳도 일시에 갑작스럽게 통할 수 있고, 한 구절을 이해하게 되면 천 구절 만 구절도 한 때에 다 이해할 수 있을 것이다(上堂云 一處通 千處萬處一時通 一句了 千句萬句一時了)."고 하였다.[4)]

만악오현의 오도송은 사상적 배경이 혜심의 법문과 일치하고 있다. 오도시의 제목은 〈파도〉인데, 권영민은 3연으로 나누고, "책을 읽다가"를 "불경을 보다가"로 윤문하였다.[5)]

만악오현이 자신의 깨달음 경계를 읊을 때 밤늦도록 읽은 경전이 《조계진각국사어록》이 아닐까 하는 생각이 들 정도로 혜심의 어록과 《무의자시집》《선문염송》에서 영향을 받았음을 짐작할 수 있다.

(2) 혜심의 선시 세계

혜심은 《무의자시집》에 실린 시 〈작은 연못(小池)〉에서 '바람'과 '파도'의 시어를 통해 자신의 선지(禪旨)를 드러내고 있다.

바람이 멎어 담담히 파도 없으면

---

4) 이상미 《무의자의 선시 연구》 박이정, 2005, 47~48쪽.

5) 권영민 엮음 《적멸을 위하여》(조오현문학전집), 문학사상, 2012, 183쪽. "밤늦도록 불경을 보다가 밤하늘을 바라보다가/ 먼 바다 울음소리를 홀로 듣노라면/ 천경(千經) 그 만론(萬論)이 모두 바람에 이는 파도란다."

눈에 비치는 것보다 더 많은 세상의 실상
많은 말이 어디에 필요하랴
바라보면 의미가 통하는데.[6)]

조그만 연못을 바라보며 지은 시이다. 바람이 없어 수면은 파도 하나 없이 고요하다. 수면 위에 비친 온갖 삼라만상의 물상이 실상(實相)이 그대로 드러나서 더 아름답다. 더 이상 말이 필요 없다. 여기서 '연못'은 마음'이고, '바람'은 번뇌다. '파도'는 '마음의 파장으로 느낌(受蘊)'을 상징한다. 내 마음에서 요동치는 번뇌 망상이 없으면 세상은 고요하고 평화롭다. 선시는 보통 시와 같이 운수(雲水) 자연을 비유와 상징의 언어를 통해서 이렇게 표현된다. 선사의 언어는 고도로 압축되고 절제된 언어이다. 참선을 통하여 마음을 깨달아서 통하면 말이 필요가 없는 경계가 있다.

2) 태고보우의 선시 세계

(1) 태고의 생애와 사상

태고보우(太古普愚, 1301~1382) 국사는 1347년 원나라에 유학하여 임제(臨濟) 선사의 17대 법손인 석옥청공(石屋淸珙) 선사에게 〈태고암가〉를 지어 보이고 인가를 받아 한국 최초의 임제선의 법맥을 이은 선사가 되었다. 조계종의 종조(宗祖)로 보는 사람도 있고, 중흥조로 보는 사람도 있다.

그의 참선 방법은 '간화선'을 내세우면서 심신(心身)을 일시에 방하(放下)하여 생멸의 망념이 멸진한 가운데 적연부동(寂然不動)한 상태에서 심신홀공(心身忽空)의 일심(一心)의 본체를 깨달을 것을 강조하

6) 이종찬 《한국불가 시문학사론》 불광출판사, 1993, 113쪽.

였다.[7)]

(2) 태고의 선시 세계

〈태고암가〉는 《태고화상어록》 권상에 수록되어 있다. 선지(禪旨)가 잘 나타난 태고의 대표적인 증도가로 7언 80구, 559자의 장시이다.

> 내가 사는 이 암자 나도 잘 몰라
> 깊숙하고 좁아도 옹색(壅塞)함이 없네.
> 하늘과 땅을 뒤덮어서 앞뒤를 모르겠고
> 동서남북 어디에도 머무름이 없네.
> 천상의 백옥전(白玉殿)도 여기에 견줄 수 없고
> 달마(達磨)의 소실(少室) 풍치도 따라올 수 없다네.
> 팔만사천법문을 모조리 타파하니
> 저쪽 구름 밖에 청산이 푸르네.

태고암은 지금의 북한산 중흥사 옛터 위에서 보면 동쪽에 있는 암자이다. 현재 태고사라는 작은 절이 있다. 이 절에 '태고국사비'가 있다.

태고암의 좁은 공간에도 우주를 담는 넓음이 있다는 것은 태고 선사의 마음이 우주심(宇宙心)이라는 것을 상징한다. 좁다 넓다고 하는 대립관념이 사라지고, 우주와 하나가 되어 있는 태고심(太古心)이다. 《화엄경》의 "일미진중함시방(一微塵中含十方)"의 경계이다.[8)]

태고가 거처하던 태고암이야말로 천상의 백옥전이나 달마대사가 거처한 소림사의 소실(小室)보다도 더 귀하다고 선기(禪機)를 뿜고 있

7) 인권한 《고려시대 불교시의 연구》 고려대학교 민족문화연구소, 1983, 82쪽; 김동화 《한국역대고승전, 삼성문화재단》 1974, 226쪽.

8) 김형중 《휴정의 선시 연구》 도서출판 아름다운세상, 2000, 457쪽.

다. 팔만대장경을 타파하고 마음의 정체를 깨닫고 보니 달마대사가 가는 길도 흉내 내지 않는 출격대장부가 되었다. 선시에서는 절대 진여(眞如)의 세계를 '청산' '명월' '잣나무(庭栢)' 등에 비유하고, '구름'과 '파도'는 경전에 비유한다. 떠도는 구름과 움직이는 파도는 움직이는 현상세계를 뜻하고, 부처님 경전의 말씀은 중생들이 사는 세상을 설법한 것이다.

3) 나옹혜근의 선시 세계

(1) 나옹의 생애와 사상

나옹(懶翁, 1320~1376)은 이름이 혜근(惠勤) 또는 강월헌(江月軒)이다. 강월헌은 양주 회암사에서 거처했던 당호이다. 28세에 원나라에 유학하여 인도의 승려 지공(指空, 서천 108세 조사)의 선법을 이어받고, 30세에 평산처림(平山處林, 1279~1361) 선사로부터 임제선풍의 법맥을 전수하였다. 53세에 공민왕의 왕사가 되었고, 송광사의 주지가 되었다.

그의 사상은 임제선의 간화선풍에 염불선(念佛禪)을 제창하였다. 저술로는 《나옹화상어록》과 《가송(歌頌)》이 있다. 그의 발원문, 법어, 가송 등은 조선불교의 전반 의식(儀式)의 형성에 큰 영향을 끼쳤다.

(2) 나옹의 선시 세계

나옹은 제자들의 법호(法號)의 뜻을 시화한 명호송(名號頌)이 많다. 상족(上足) 제자인 환암(幻庵) 국사에게 준 〈환암〉이란 시가 《나옹화상가송》에 있다.

> 體若空花無處覓
>
> 본체(本體)는 허공 속의 꽃과 같이 찾을 길 없으나

六窓風月包清虛

여섯 창(六窓)에 나타난 밝은 달은 청허(淸虛)를 포용했네.

無中似有還非實

없는 것 가운데 있는 것처럼 보이나 실상이 아니니

四壁玲瓏暫借居

사대(四大)가 영롱하나 잠시 거짓 모습을 이룰 뿐이네.[9)]

모든 존재는 공(空)하여 실체가 없는 환상(幻相)과 같고, 꿈[夢]과 같고, 번개[電]와 같고, 파도[波]와 같고 허공에 핀 꽃[虛空花]과 같다고 《금강경》에서 설하고 있다. 우리의 몸은 지수화풍(地水火風) 사대(四大)로 이루어져서 인연 따라 잠시 모습을 나타냈다가 인연이 다하면 자연 속으로 사라진다. 그러나 여섯 곳의 창문[六窓]을 통하여 보고[眼根], 듣고[耳根], 냄새를 맡고[鼻根], 맛을 보고[舌根], 접촉하여 촉감을 느끼고[觸根], 생각하는[意根] 감각기관을 가지고 있다. 육근(육창)이 청정하면 밝은 거울처럼 사물을 비추고, 맑고 깨끗한 허공처럼 나의 본래의 청정한 마음(불성, 자성, 본성)을 드러내 볼 수 있도록 해준다[見性].

나옹의 문학적 평가에 대해 인권환은 《고려시대 불교시의 연구》에서 다음과 같이 밝히고 있다. "그의 수많은 선시 외에 〈백납가(百衲歌〉 〈고루가(枯髏歌)〉 〈영주가(靈珠歌)〉 등 장편시를 지었고, 구전되다가 후에 한글로 거두어진 〈서왕가(西往歌)〉(한국 최초의 歌辭) 〈심우가(尋牛歌)〉 〈낙도가(樂道歌)〉 그리고 이두식(吏讀式)으로 표기되어 전하는 〈승원가(僧元歌)〉 등을 남기고 있음은 그의 대중 교화적 사상적 면모와 함께 시인으로서의 폭넓은 면을 보여주는 사실이라 하겠다. 그는 가사

9) 김형중, 위의 책, 401쪽; 나옹 《나옹화상가송》 〈환암(幻庵)〉 한전 6-733.

(歌辭)의 최초 작가로서 이미 국문학에 알려진 인물이다."[10]

2. 조선의 선시

1) 청허휴정의 선시 세계

(1) 휴정의 생애와 사상

서산대사(1520~1604) 휴정의 호는 청허, 휴정, 서산, 백화도인 등이다. 묘향산 보현사에 오래 주석했기 때문에 서산대사라 불렸다. 성은 최씨이고, 어릴 때 이름은 여신(汝信)으로, 평안도 안주에서 태어났다. 명종 때 섭정을 맡은 문정왕후와 보우대사가 승과를 부활하자 시험에 응시하여 수석으로 급제하였다. 38세에 선종 교종 양종판사가 되어 봉은사 주지가 되고 불교 교단의 최고 지도자가 되었다.

정여립 모반사건 때 무업(無業)이란 승려의 무고로 사명대사와 함께 옥에 갇혀 문초를 받았으나 역모와 관련이 없음이 밝혀져서 선조대왕이 직접 대나무 그림에다 시를 쓴 묵죽시를 하사받고 석방되었다.

1592년 임진왜란이 일어나 선조 임금이 의주로 피난을 가자 휴정은 나이 73세에 의승병을 일으켜 승병장이 되어, 평양성 탈환 전투에 명나라 이여송과 승군 5천 명을 이끌고 참전하여 승리하였다.

휴정은 세 가지 측면에서 살펴보아야 한다. 첫째, 호국 승병장으로서 모습이다. 둘째, 삼교(三敎)와 선교(禪敎)를 하나로 융합회통(融合會通)한 종교지도자요 사상가이다. 셋째, 시인과 저술가의 면모이다. 휴정은 격조 높은 선시와 기(記)·서(書)·비문(碑文)·소(疎) 등을 《청허당집》에 남긴 걸출한 문장가요 시인이다.

---

10) 인권한 《고려시대 불교시의 연구》 고려대학교 민족문화연구소, 1983, 88쪽.

휴정은 한국 선시문학사에서 본격적으로 선시문학을 구사한 분으로 고려의 혜심·태고·나옹 그리고 조선 전기의 함허·보우의 선시를 계승 발전시켜 완성한 한국 선시문학의 완성자이다. 뿐만 아니라 그가 한국 선시문학에 끼친 영향은 직제자인 사명·태능·편양·청매 등과 조선 후기의 초의 그리고 만해, 오현에 이르기까지 지대하다.

(2) 휴정의 선시 세계

《청허집》에 나타난 휴정의 선시는 자신이 깨달은 진리의 내용을 대중에게 내보이는 시이기 때문에 깨달음을 전제로 한다. 《청허당집》 1권에 〈돈교송(頓敎頌)〉이라는 시가 있다. 31세에 중생계와 성계 모두가 오직 마음이 어떻게 작용하느냐에 따라 생겨나고 인식된다는 삼계유심과 만법유식의 진리의 세계를 읊은 것이다.

> 若欲見佛性 知心是佛性
> 만약에 불성을 보고자 하거든 마음이 바로 불성임을 알라
> 若欲免三途 知心是三途
> 만약에 삼악도를 면하려 한다면 마음이 삼악도인 줄을 알라
> 精進是釋迦 直心是彌陀
> 정진이 석가모니요 곧은 마음이 바로 아미타불이다
> 明心是文殊 圓行是普賢
> 밝은 마음이 문수보살이요 원만한 실천행이 바로 보현보살이다
> 慈悲是觀音 喜捨是勢至
> 자비가 곧 관세음보살이요 기쁜 마음의 희사가 대세지보살이다

조주 선사의 '정전백수자' 공안(公案)을 인용하여 깨달음의 세계를 읊은 〈초당영백(草堂詠柏)〉이라는 명품 시가 있다.

月圓不逾望　달은 둥글어도 보름을 넘지 못하고
日中爲之傾　해도 정오가 되면 기우나니
庭前柏樹子　뜰 앞의 잣나무는
獨也四時靑　홀로 사철에 푸르구나

변화하는 현상세계를 달과 해가 운행하는 모습으로 설명하고, 상락아정(常樂我淨)의 진여세계를 상록수인 잣나무에 비유하여 읊은 수준 높은 선시이다.

휴정이 금강산 향로봉에 올라 대장부의 기개를 읊은 시 〈등향로봉〉도 유명하다.

萬國都城如蟻垤　만국의 도성은 개미 둑과 같고
千家豪傑若醯鷄　천가의 호걸은 초파리와 같도다
一窓明月淸虛枕　창가의 명월은 청허의 베개를 비추고
無限松風韻不齊　끝없는 솔바람은 운이 각기 다르구나

〈등향로봉〉은 정여립 모반사건 때 시화(詩禍)의 고초를 겪은 유명한 시로 유생에게까지 알려졌다. 서애 유성룡은 이 시를 평가하기를 "휴정은 시를 좋아하여 청허자(淸虛子)라고 불렀다. 등향로봉 절구시를 지었는데 사물 세계 밖으로 높이 뛰어 올라가서 티끌 세상을 내려다보는 뜻이 있어 한때 뜻에 맞았던 작품이다."라고 하였다.

휴정은 선시의 특성을 잘 살리면서도 당송의 시문학을 수용하여 조선 선시문학의 수평을 높였고, 조선 후기 선시문학에 큰 영향을 주었다. 한국 한시사에서 서산대사만큼 찬사를 받은 시승도 없다. 《청허당집》의 서문을 쓴 허균과 이식은 당대 시문단의 거봉이다. 이식이 서산대사의 시에 대하여 다음과 같이 평하였다. "그의 시어는 심오하면서도 말없이 약속해 주는 듯하다. 잡다한 나열이 없는 반면에 그 의취(意趣)가 초월하고, 내용이 맵짜다."고 하였다.

노산 이은상은 휴정의 〈삼몽사(三夢詞)〉를 평하기를 "인생에 대한 설교를 이렇게 5언 20자로 간명하고 심오하게 노래한 사람은 고금에 없다."

2) 소요태능의 선시 세계

(1) 태능의 생애와 사상

소요(逍遙, 1562~1649)의 휘호(諱號)는 태능(太能)이고, 호는 소요이다. 담양 사람으로 속성은 오씨(吳氏)이다. 그의 행적은 정범조(丁範祖)와 이윤상(李輪祥)이 찬한《소요당집》서문에 전하고 있다.

그는 어려서 백양사(白羊寺)에 출가하여 부휴(浮休)에게 경전을 배우고, 휴정에게서 선지(禪旨)를 깨우쳐 심인(心印)을 전수하였다. 휴정의 4대파(편양파, 사명파, 정관파, 소요파) 중의 한 문파를 이루었고, 부휴 대사의 문하 삼걸(소요, 충휘, 응상) 중의 한 사람이다. 효종(孝宗)은 1652년 혜감선사(慧鑑禪師)라는 시호를 내리고, 이경석(李景奭)을 시켜 모악산 금산사에 비명(碑銘)을 지어 세우게 하였다.[11)]

(2) 태능의 선시 세계

《소요당집》에 〈부서산(附西山)〉이라 하여 20세 때 묘향산에서 휴정에게 받은 법게(法偈)가 있다.

斫來無影樹 그림자 없는 나무를 베어다
燋盡水中漚 물속의 거품을 모두 태워 버렸네.

---

11) 김형중《휴정의 선시 연구》아름다운 세상, 2000, 473쪽.

可笑騎牛者　우습다 소를 탄 사람이
騎牛更覓牛　소의 등에서 다시 소를 찾는구나.[12]

휴정의 《청허당집》(용복사판) 권2와 권3에는 〈법장대사(法藏大師)라는 제목으로 2회나 반복해서 편집되어 휴정이 또 다른 제자에게 이 게송시를 주었던 것 같다. 또한 《소요당집》에서도 〈새일선화지구(賽一禪和之求)〉라는 제목으로 태능은 85세에 전 2구와 후 2구를 바꾸어 제자에게 주고 있다.[13] "우습다 소를 탄 사람이 소의 등에서 다시 소를 찾는구나"는 '심우도'를 읊는 시인의 정형구가 되어 만해의 시조 〈심우장〉 3수에서도 변형되어 나타나고 있다.[14] 오현의 처녀작 《심우도》에도 영향을 주었다. 중국 송나라 확암(廓庵) 선사의 《심우도》가 고려, 조선 그리고 경허, 만해, 오현에 이르기까지 선시의 역사적 계보를 이루며 전승 발전하였음을 알 수 있다.

선시는 시구가 독창적일 수가 있으나 게송이 진리 자체에 계합될 때는 그대로 사용하기도[用事] 하였다. 선사는 시를 짓는 것이 목적이 아니라 제자를 깨달음의 길로 인도하는 것이 목적이었기 때문이다.

정범조(丁範祖)는 《소요당집》 서문에서 "그의 시는 오언칠언시의 절구와 율시가 이백여 편이 있는데, 시가 맑고 담백하여 마치 구름이 허공을 지나가고, 달이 시냇물에 비친 것과 같고, 뛰어난 언어와 묘한 비유가 뛰어나 깨달음에 가까웠다."라고 하였다.

---

12) 《소요당집》 36, 〈부서산〉.

13) 《소요당집》 36, 〈부서산〉 "可笑騎牛者 騎牛更覓牛 來無影樹 燋盡水中漚" ; 김형중, 앞의 책, 474쪽.

14) 김형중 〈한용운의 선시 세계〉 《유심》 2001년 겨울호, 만해사상실천선양회, 2002, 84쪽.

4. 만해 한용운의 선시

(1) 만해의 생애와 사상

만해(卍海) 한용운(韓龍雲, 1879~1944)은 한국 근대사에서 최대의 인물이다. 3·1운동을 주도했던 독립운동가로서 《조선불교유신론》《불교대전》《십현담주해(十玄談註解)》 등을 저술한 걸출한 사상가로서, 문학사에서 불멸의 시집 《님의 침묵》을 낸 시인이다.

만해의 《님의 침묵》은 송욱이 《전편해설 한용운 시집, 님의 침묵》에서 "시집 《님의 침묵》은 전체로서 하나의 증도가를 이루고 있다. …… 만해는 시집을 통하여 선의 세계를 처음으로 인간화하고 역사화함으로써, 동시에 그것을 현대화하고 보편화하는 데 성공한 셈이다."라고 밝혔듯이 그의 시집에 나타난 88수의 시 속에는 선취가 있고, 깨달음의 세계를 읊은 선시가 있다. 시뿐만 아니라 그의 시조도 마찬가지다.

(2) 만해의 선시 세계

만해는 한문과 한글로 자유자재하게 글과 시를 구사하는 사람으로 한국문학사에서 한시에서 현대시로 옮겨오는 과도기에 징검다리 역할을 한 시인이다. 만해의 시조는 《한용운전집》(신구문화사, 1973년판, 전 6권) 1권에 39수가 수록되어 있다. 그의 시조에도 깨달음의 세계를 읊은 선시가 많이 있다. 대표적인 선시가 〈춘주(春晝)〉 2수이다.

따스한 별 등에 지고 유마경 읽노라니
가벼웁게 나는 꽃이 글자를 가린다
구태여 꽃 밑 글자를 읽어 무삼하리오

봄날이 고요키로 향을 피고 앉았더니

삽살개 꿈을 꾸고 거미는 줄을 친다
어디서 꾸꿍이 소리 산을 넘어오더라

〈춘주〉는 원래 《불교》 96호(1932년 6월 발행) 권두언으로 발표된 작품이다. 〈춘주〉는 무엇보다 불립문자인 선의 특성을 시적 미감을 통해서 멋지게 나타낸 시조이다.

〈춘주〉는 '따사로운 봄날 대낮에 유마경을 읽는데 바람에 나는 꽃잎이 글자를 가린다'로 시작한다. 처음에 붙인 제목 〈공화란추(空華亂墜)〉에서 알 수 있듯이 '허공을 나는 꽃[空華]'은 허공에 핀 꽃으로 본래 실체가 없는 번뇌 망상을 상징하는 선어이다. 번뇌 망상을 없애고 진리의 길에 이르는 길은 참선의 체험뿐이다. 그러니 구태여 꽃 밑의 글자를 읽을 필요가 없다는 선의 세계를 시화(詩化)한 것이다.

종장에서 "어디서 꾸꿍이 소리 산을 넘어 오더라"고 결구한 것은 선시 이론의 극치인 뜻을 글자 밖에 나타내는 운외지미를 절묘하게 표현한 것이다. 산 너머에 꾸꿍이 소리를 따라 깨달음, 봄의 정취가 들려오는 듯하다.

불교정신과 그의 시에 나타나는 은유 및 상징과 역설 등을 통해 엮어낸 만해의 선시 작품 세계는 서정주와 조지훈, 조오현 등의 시에 계승되어 한국시의 형이상학적 가능성을 제시하였다.

5. 설악오현의 한글 선시

(1) 오현의 생애와 사상

설악오현은 1932년 경남 밀양에서 출생하였다. 조오현(曺五鉉)은 필명이며, 법호(法號)는 설악당(雪嶽堂)이고, 자호는 설악(雪嶽), 법명은 무산(霧山)이다.

1978년(46세)에 그의 첫 시집 《심우도》가 발간되었다. 1992년(60세)에는 설악산 신흥사 회주가 된 뒤 설악산문(雪嶽山門)을 재건하기 시작하였다. 1997년(65세)에 만해사상실천선양회를 설립하고 만해대상을 시상하며 만해축전을 개최하였다. 만해축전을 계기로 오현은 세상의 주목을 받기 시작한다.

오현의 투철한 수행 모습이 잘 나타나 있는 시가 많이 있다. 〈취모검 날 끝에서〉라는 시에 출가 수행자의 면모가 잘 나타나 있다.[15)]

놈이라고 다 중놈이냐
중놈 소리 들을라면
취모검 날 끝에서
그 몇 번은 죽어야
그 물론 손발톱 눈썹도
짓물러 다 빠져야

이 시는 출가 수행자의 투철한 구도심을 담박하고 거침없이 노래한 '수행가'이다. 참된 수행자가 되려면 만해의 시 〈찬송〉에서 노래한 것처럼 "님이여 당신은 백 번이나 단련한 금(金)결입니다"가 되어야 한다. 문둥이처럼 세상의 버림도 받고 스스로 자신을 버리고 비우기를 아침에 잠자리에서 일어날 때마다 해야 무생법인을 얻은 도인이 될 수 있다.

오현의 사상은 부처를 중생 속에서 찾은 중생불[人佛] 사상이다. 용

---

15) 김형중 〈김형중이 사랑하는 불교시〉 '조오현의 취모검 날 끝에서' 〈법보신문〉 1355호, 2016.8.17.

대리 마을 노인들을 부처님 모시듯이 하였다. 오현의 시 〈이 내 몸〉은 깨달음을 얻고 자기 자신의 실체를 밝힌 시이다. "서울은 물거품이 부걱부걱거리는 늪이고, 이 내 몸은 그 늪에 떠다니는 부초(浮草)인 개구리밥 한 잎에 붙어살고 있는 좀거머리더라"라고 하였다. 오현은 자기 자신의 몸을 '좀거머리'라고 성찰한 것이다. 광대무변한 우주 속에 미미한 한 중생에 불과하다. 그러나 본래 중생은 없다. 중생이 부처다.

오현의 사상은 참모습은 숨김이 없이 자신의 진면목을 거침없이 무애자재하게 드러내 보이는 무애(無碍) 사상이다. 그의 시 〈허수아비〉에서 "맘 다 비우고 두 팔을 벌리면 모든 것 하늘까지도 한 발 안에다 들어오는 것을"이라고 허수아비의 마음과 같이 차별과 분별이 없이 모든 것을 걸림이 없이 다 수용해야 한다고 읊고 있다.

(2) 오현의 선시 세계

시집 《심우도(尋牛圖)》에 나오는 〈무산심우도〉 10수 가운데 첫 번째 시 〈심우(尋牛)〉에 선적인 시풍이 드러나고 있다.

누가 내 이마에
좌우 무인(拇印)을 찍어 놓고

누가 나로 하여금
수배하게 하였는가

천만금 현상으로도
찾지 못할 내 행방을.

천 개 눈으로도 볼 수 없는 화살이다.

팔이 무릎까지 닿아도 잡지 못할 화살이다.
도살장 쇠도끼 먹고 그 화살로 간 도둑이어.

보통《십우도(十牛圖)》에서는 마음을 찾는 수행을 잃어버린 소를 찾아가는 과정으로 상징화한다. 그런데 여기서는 아예 소는 없고 전혀 다른 시적 구상을 통해 창조적인 마음을 찾아가고 있다. 그는 마음 찾는 공부를 마치 달아난 도둑을 수배하여 현상금을 걸어 놓고 수사, 체포하는 과정으로 읊고 있다.

2연 "누가 나로 하여금/ 수배하게 하였는가"는 스스로 자신의 마음을 찾아 나선 것을 죄인(도둑)을 수배한다는 의미로 이렇게 표현하였다. 4연에서는 마음을 화살로 상징하여 접근하고 있다. 화살을 빠르게 흐르는 세월에 비유하는 대신에, 사람의 마음을 상징한 것은 참으로 특이하다. 마음이 빠르게 나는 화살처럼 잡을 수 없는 것이라서 그렇게 표현했다. 마음을 화살로 상징한 것은 탁견이요 뛰어난 상상이다.

"천 개 눈으로도 볼 수 없는 화살"은 천수천안(千手千眼) 관세음보살의 천안통(天眼通)으로도 볼 수 없는 우리의 마음을 읊은 것이다. 확암(廓庵) 선사가《십우도》〈사람도 소도 다 잊다(人牛俱忘)〉의 게송 앞에 쓴 서문에서 "관세음보살의 천안이라도 엿보기 어려워라(天眼難窺)"고 한 데서 용사(用事)된 것이다.

《십우도》의 꽃은 마지막 10단계인 '보살이 중생을 위해 거리로 나서는 노래인 입전수수(入廛垂手)'이다. 〈입전수수(入廛垂手)〉는 보살이 중생을 위해 거리로 나서는 노래이다. 즉 보살송(菩薩頌)이다. 〈무산심우도〉의 마지막 〈입전수수〉를 보면 다음과 같다.

생선 비린내가 좋아
견대(肩帶) 차고 나온 저자

장가들어 본처(本妻)는 버리고
소실(小室)을 얻어 살아볼까.

나막신 그 나막신 하나
남 주고도 부자라네.

일금 삼백 원에 마누라를 팔아먹고
일금 삼백 원에 두 눈까지 빼 팔고
해 돋는 보리밭머리 밥 얻으러 가는 문둥이여, 진문둥이여.

1연의 "생선 비린내가 좋아 견대 차고 나온 저자"는 중생이 모여 사는 시장 저잣거리가 좋아서 나온 보살의 모습이다. 확암 선사의 《십우도》에서는 그림으로 포대화상이 중생들에게 나누어 줄 선물을 가득 담은 포대를 걸치고 육중한 몸매로 여유 있게 나타나는데, 오현은 장사꾼이 어깨에 걸치는 작은 돈 가방인 견대(肩帶)로 바꾸어 표현했다.

"나막신 그 나막신 하나 남 주고도 부자라네"는 보살행을 나타낸 것이다. 마지막 발바닥에 붙은 나막신마저 가난한 이웃에게 보시해 버리는 사람은 마음 큰 부자이다. 모든 인간을 자식처럼 생각하는 큰 사람이다. 거추장스럽게 발바닥에 붙은 집착을 떼버린 도인이다.

4연은 더욱 파격적인 표현이고, 역설적이다. "일금 삼백 원에 마누라를 팔아먹고"는 인간의 집착 가운데 가장 큰 집착이 마누라에 대한 집착인데, 이런 경지는 세상에 대한 집착과 욕망을 완전히 버린 것이다. 석가모니 부처님의 《전생담》에 보면 그가 보살로서 인행(因行)을 닦을 때 자기의 자식과 부인까지 모두 보시하는 한없는 무주상(無住相) 보시행이 나온다.

"일금 삼백 원에 두 눈까지 빼 팔고" 역시 분별과 차별심을 모두 끊고 중생과 하나가 되는 공(空)의 세계를 표현한 것이다. 우리는 눈으로 사물을 보고 분별과 차별을 일으킨다. 그러니 두 눈을 빼버리면 너와 내가 둘이 아니라 하나가 된다. 이것이 보살의 공관(空觀)이다. 필자가 '오현의 시에 나타난 문둥이의 상징적 의미에 대하여'라는 글을 통하여 오현의 최초의 시집《심우도》에 나오는〈무산십우도 – 입전수수〉의 시를 평론하였다.[16] 이근배 시인은 오현의《심우도》시집의 서문에서 "조오현은 하나의 경이(驚異)다. 1970년대의 한국 시가 조오현과 만나게 된 것은 획기적인 일이다."[17] 라고 평하였다.

오현의 선시는〈심우도〉10수와〈달마십면목〉10수,〈일색과후(一色過後)〉5수,〈해제초(解制抄)〉3수,〈무자화(無字話)〉〈일색변(一色邊)〉〈만인고칙(萬人古則)〉등이 있다. 모두 하나의 주제를 가지고 읊은 연작시로 한국 선시 가운데 최고 수준의 작품들이다.[18]

오현의 선시조〈산창을 열면〉을 보면 만해의 시조〈춘주(春晝, 봄날의 대낮)〉의 시상과 시조 가락이 떠오른다.

화엄경 펼쳐놓고 산창을 열면
이름 모를 온갖 새들이 이미 다 읽었다고
이 나무 저 나무 사이로 포롱포롱 날고…

풀잎은 풀잎으로 풀벌레는 풀벌레로
크고 작은 푸나무들 크고 작은 산들 짐승들

---

16) 배우식·김형중·강규 공저《설악 오현 큰스님 추모집 아득한 성자》도서출판 한우, 2018, 64~69쪽. "해 돋는 보리밭머리 밥 얻으러 가는 문둥이어, 진문둥이어"(무산십우도 중 일부).

17) 조오현《심우도》한국문화사, 1978, 107쪽.

18) 김형중〈심우도와 선시(확암의 십우도송과 무산의 심우도)〉《유심》200년 가을호, 420쪽.

하늘 땅 이 모든 것들 이 모든 생명들이…

하나로 어우러지고 하나로 어우러져
몸을 다 드러내고 나타내 다 보이고
저마다 머금은 빛을 서로 비춰주나니…

만해의 〈춘주〉는 '따사로운 봄날 낮에 《유마경》을 읽는데 바람에 나는 꽃잎이 글자를 가린다'로 시작하는데, 오현은 "화엄경 펼쳐놓고 산창을 열면/ 이름 모를 온갖 새들이 이미 다 읽었다"고 읊고 있다. 〈산창을 열면〉은 《화엄경》의 내용을 주제로 한 시조이다. 우주 삼라만상의 모든 생명체가 저마다 자신의 모습을 드러내며 서로서로 의지하여 상호 빛을 내주는 인타라망의 세계인 화엄법계의 세계를 연시조의 아름답고 맑은 가락으로 읊고 있다.

만해의 시 가운데 〈춘주(따사로운 봄날 대낮)〉가 가장 선적인 운외지미(韻外之美)의 선취(禪趣)가 나타난 시라면, 오현 스님의 시조 가운데 〈산창을 열면〉이 거기에 대적할 만한 최고의 시라고 할 수 있다.

권영민은 〈조오현, 시조 혹은 운명의 형식〉이란 글에서 "〈산창을 열면〉은 보다 더 파격적인 형식적 실험을 보여준다. 이 작품에서도 시적 주제의 발전을 위해 외형적으로 독립적인 형태를 지닌 평시조 세 편이 텍스트 내에서 세 개의 연으로 결합된다. 그 구조적 특성에 대한 인식을 위해 행의 구분이 필수적이다. 이 시조에서 행의 구분 자체가 시조의 격식을 뛰어넘으면서도 시적 의미 단위가 되고 있는 연의 구분에 규칙성을 부여함으로써 개방적이면서도 유기적인 연시조 형식의 창조에 일고 있다"[19] 고 평하였다.

---

19) 권영민 〈조오현, 시조 혹은 운명의 형식〉《적멸을 위하여(조오현문학전집)》 문학사

배우식은 〈설악 조오현 선시조 연구〉에서 "기존의 오언 한시 형식을 금과옥조로 고수하는 한국 선시조 문학에 있어서 새로운 시조 형식의 모형인 한글 선시조의 전범(典範)을 제시하였다. 이를 통해 조오현은 문학사상 최초의 한글 선시조의 창작자이자 본격적인 의미의 선시조를 완성한 이로 평가받고 있다."고 하였다.[20)]

6. 맺는말

오현은 앞에서 살펴본 바와 같이 우리나라 선시의 계보를 이은 계승자요, 한글 선시(선시조)의 개창자라 할 수 있다. 고려시대 혜심 이후 태고보우, 나옹혜근의 선시를 계승하여 발전시킨 사람은 휴정이며, 휴정의 선시는 그의 제자인 사명종봉, 소요편양, 편양언기, 초의의순, 만해 한용운 그리고 설악오현에게 이어졌다.

오현은 한국시단사에 불교 선시가 큰 역할을 할 수 있는 토대를 마련했다. 불교 선시, 선시조, 불교시를 한국문학사에서 자리매김하여 한국 시문학 발전에도 공헌하였다. 만해대상을 세계적 권위의 문학상으로 만들어 한국문학을 세계문학의 대열로 이끄는 국제적인 활동도 하였다. 그런 공로로 2018년 국가로부터 은관문화훈장을 받았다.

오현의 시조에 대한 연구는 끊임없이 계속되고 있다. 현재까지 연구된 석사·박사학위논문으로 석성환의 〈무산 조오현 시조 연구〉(2006), 김민서의 〈조오현 선시 연구〉(2014), 유덕순의 〈현대시조에 나타난 형식미학과 생명성 연구〉(2015), 배우식의 〈설악 조오현 선시조 연구〉

상, 2012,279쪽

20) 배우식 〈설악 조오현 선시조 연구〉 중앙대학교 박사학위논문, 2018, 1쪽.

(2018) 등이 있을 만큼,[21] 그의 시가 학술적인 연구 대상이 되고 높이 평가되고 있다. 오현은 "시조는 흘러간 유행가가 아니라 한국인의 맥박이다."라고 하였다.

그의 선시조는 중·고등학교 교과서에 수록되었으며, 일반 대중에게 많은 사랑을 받았다. 뿐만 아니라 출가 수행자로서 본분을 잃지 않고 투철한 참선 수행을 통해 깨달음을 얻었고, 그 깨달음을 중생을 통해 실천하였다. 그는 불교의 사상이나 부처를 산속에서 찾는 것이 아니라 "중생의 삶이 팔만대장경이고, 부처이며, 선지식이다."고 설법하였다.

중학교 《생활과 철학》 교과서에 〈아지랑이〉[22] 고등학교 《생활과 철학》 교과서에 〈아득한 성자〉[23] 중학교 《국어》 교과서에 〈숲〉(2013)[24] 이란 시가 수록되어 소개되었다.

필자는 〈한글 선시의 현대적 활용〉에서 "한글 선시의 모델을 제시한 조오현의 선시 세계를 심도 있게 고찰한다. 어려운 문자인 한문의 한계성과 제약성으로는 도저히 우리의 신선하고 자유롭고 개성 있는 상상의 세계를 표현하기 어려우므로 우리의 글인 한글을 통해서 자유롭게 표현할 수 있도록 새로운 형식의 선시의 창작을 요구하는 시대가 도래하다."라고 한 바 있다.

오현은 고려 혜심의 선시 이후, 조선의 휴정 그리고 만해 문학의 선양과 계승자로서 모름지기 한국 선시문학의 전통과 계보를 이어서 현대선시, 한글 선시, 한글 선시조로 법고창신(法古創新) 하였다. 그가 이룩한 문학적 성취는 앞으로 한국 선시의 한글화, 시조화, 대중화에 크게 기여할 것이다.

---

21) 배우식, 위의 글, 4쪽.

22) 불교교육연합회 《중학교 생활과 철학 교과서》 조계종출판사, 2012, 200쪽.

23) 불교교육연합회 《고등학교 생활과 철학 교과서》 조계종출판사, 2012, 196쪽.

24) 배우식, 앞의 박사학위논문, 14쪽.

설악무산의 선시 선해(禪解)

백원기

차 례

백원기 / 동국대학교 영문과, 동 대학원 졸업(석사, 박사). 주요 논문으로 〈진각국사 혜심의 선시: '색심불이'의 시적 미학〉 〈서구 초현실주의와 만해의 시〉 〈서산의 선사상과 선다일여의 시학〉 등과 저서로 《불교설화와 마음치유》 《선시의 이해와 마음치유》 《명상은 언어를 내려놓는 일이다》 등이 있다. 현재 동방문화대학원대학교 석좌교수.

1. 들어가는 말

설악무산(1932~2018)의 사유 중심은 '선정 지혜의 고요하고 밝음[定慧等持 止觀明淨]'의 선심과 중생의 고통, 시대의 아픔을 함께하는 생명존중과 자비심의 발현이라 할 수 있다. 이는 곧 그의 번뜩이는 선적인 사유와 시적 상상력의 조화로운 산물로 나타나고 있다. 무산은 구도의 과정과 깨달음, 그리고 깨달음 이후의 대중교화에서 일어나는 갈등과 의문에 대해 선문답과 같은 물음을 던지기도 하고, 다양한 사람들의 삶에 관한 이야기를 통해 우리가 가야 할 길이 어디인지를 일러주기도 한다. 이러한 일련의 과정의 삶을 담아낸 무산의 선시는 사량분별에 의한 수많은 경계선을 해체하면서 궁극적으로 차별과 대립을 뛰어넘은 원융무애의 표현이라 할 수 있다.

또한, 무산의 선시는 진여와 언어의 회통을 추구하여 언어를 방편으로 삼되, 문어(文語)는 버리고 기존의 의미를 해체하는 의어(意語)를 선택하여 심오한 선의 경지를 드러내면서 진여에 이르고자 한다. 여기에는 고뇌의 극복과 자아의 눈뜸에 대한 외로운 구도자의 모습, 그리고 생명존중과 자비실천의 모습이 선명하게 형상화되어 있다. 무엇보다도 그것은 곧 이항대립(binary opposition)의 관계를 떠나 불이(不二)의 상호 연기적 관계이며 하나로 융합되는 화엄의 세계를 획득하게 된다. 이 점을 주목하고, 이 글에서는 무산 선심(禪心)의 시심화(詩心化)의 세계를 구도와 깨달음의 과정, 그리고 깨달음 이후의 대중교화에 있어 펼쳐지는 생명존중과 상호 연기의 관계망을 이루는 화엄적 사유에서 살펴보고자 한다.

2. 구도와 깨달음의 시 세계

하나의 문학작품으로 우리의 심금을 울리는 것은 세간과 출세간의 사이에서 갈등하고 절망하는 시인의 인간적 모습이다. 역시 문학은 인간의 이야기이기 때문이다. 무산의 시 쓰기도 이와 다르지 않다. 그의 시 쓰기 역시 '참나'를 찾기 위한 치열한 구도와 깨달음의 여정에서 발현된 것이라 할 수 있다. 그 과정에서 무산은 성/속, 스님/속인, 산중의 일/세상일 등을 두루 담아내려는 끊임없는 시도를 보여준다.

> 한나절은 숲 속에서
> 새 울음소리를 듣고
>
> 반나절은 바닷가에서
> 해조음 소리를 듣습니다.
>
> 언제쯤 내 울음소리를
> 내가 듣게 되겠습니까
>
> —〈내 울음소리〉[1)]

화자는 '새'의 울음소리, 바닷가 해조음, 사물들의 울음소리는 듣지만 정작 "내 울음소리"는 듣지 못하는 자아를 깊이 성찰한다. 울음소리는 궁극적으로 맞닥뜨리는 자신의 본성일지도 모른다. "그로부터 10년 20년/ 40년이 지난 오늘// 산에 살면서/ 산도 못보고// 새 울음소리는 커녕/ 내 울음도 못 듣는"(〈일색과후〉) 화자에게 '울음소리'란 고독한 존

---

1) 뒤에 〈산일 3〉으로 제목 변경. 시의 인용은 권영민 엮음, 조오현 시선집 《적멸을 위하여》 문학사상, 2012를 참고함.

재의 동요라기보다는 절대적인 관조 안에서 듣게 되는 존재의 깊은 상징적 공백이다.[2] 궁극적으로 그것[견성]은 내 마음[욕심]이 죽어야 "내 울음소리"를 들을 수 있을 텐데 정작 내 마음을 아직 죽이지 못함[진정한 頓悟]을 의미한다. 그렇다면 화자에게 시는 자신의 울음소리를 탐색해 가는 그 길의 과정이라 할 수 있다. 깨달음을 얻기 위한 구도의 길, 깨침의 길은 끝이 없다. 그러기에 수행자는 절망과 허무의 은산철벽(銀山鐵壁)을 만날 수밖에 없다.

나아갈 길이 없다 물러설 길도 없다
둘러봐야 사방은 허공 끝없는 낭떠러지
우습다
내 평생 헤매어 찾아온 곳이 절벽이라니

끝내 삶도 죽음도 내 던져야 할 이 절벽에
마냥 어지러이 떠다니는 아지랑이들
우습다
내 평생 붙잡고 살아온 것이 아지랑이더란 말이냐

—〈아지랑이〉 전문

공의 세계를 아지랑이라는 시어를 통해 시화하고 있다. 흔히 화두를 참구하는 데 어려운 장애를 비유할 때 '은산철벽' 같다는 표현을 쓴다. 즉 온 산이 흰 눈으로 덮이고 차디차고 단단한 얼음으로 덮여 있어 철벽을 이룬 상태를 말하는데, 세상의 분별지로는 도저히 그것을 깨뜨릴 수 없다는 것이다. 한마디로 "나아갈 길도 없고 물러날 길도 없"으

2) 김용희 〈여보게, 저기 낙조를 보게〉《빈 거울을 절간과 세간 사이에 놓기》p.74.

며, "둘러봐야 사방은 허공"이고 "끝없는 낭떠러지"의 그야말로 백척간두(百尺竿頭)에 놓인 상황이다. 이어 생의 절벽에 도달한 자가 "끝내 삶도 죽음도 내던져야 할 이 절벽에/ 마냥 어지러이 떠다니는 아지랑이들"을 발견하는 어지러움이 엿보인다. 실체도 없는 '아지랑이'로 생의 전 과정이 결국 헛것과도 같은 아지랑이에 다름 아님을 직면하는 것이다. 결국 "내 평생 붙잡고 살아온 것이 아지랑이더란 말이냐"라는 대목처럼, 화자는 깨닫고 보니 모든 것이 아지랑이, 즉 꿈이고 헛될 뿐이라는 것이다. 시인의 삶의 본질에 대한 통찰이 잘 표출되고 있다.

취모검(吹毛劍)은 칼날 위에 터럭을 올려놓고 입으로 '훅' 불면 잘리는 예리하고 날카로운 칼로 고대의 명검을 말한다. 선가에서 취모검은 끊임없이 갈고닦아 번뇌 망상과 탐·진·치 삼독을 단번에 베어버리는 지혜의 칼을 의미한다. 그래서 선승들이 구족해야 할 지혜작용을 '검'으로 비유하고 있다. 무산은 취모검으로 모든 집착과 번뇌를 철저히 끊어버리는 구도 과정의 어려움과 수행의 참모습을 이렇게 표현한다.

> 놈이라고 다 중놈이냐
> 중놈 소리 들을라면
>
> 취모검 날 끝에서
> 그 몇 번은 죽어야
>
> 그 물론 손발톱 눈썹도
> 짓물러 다 빠져야
>
> —〈취모검 날 끝에서 – 일색변 6〉

시인의 구도 열망이 잘 드러난 시편이다. 진정한 승려가 된다는 것은 보통 결심으로 되는 것이 아니라 거듭나는 고통스러운 수행과 인내의 시간을 거쳐야 한다는 것이다. 그래서 화자는 "중놈" 소리를 들으려면 우선 세상의 모든 번뇌의 사슬을 끊어버리는 취모검 날 끝에서 몇 번은 죽어야 한다는 것이다. "취모검 날 끝에서 그 몇 번은 죽어야" 한다는 것은 무엇을 의미하는가? 그것은 육신의 죽음을 의미하는 것이 아니라 지혜의 검으로 번뇌망상을 타파하고, 일체의 사량분별을 끊어버리며, 나아가 부처나 조사를 죽인 자기 자신 또한 죽여 버림으로써 본성을 찾는 것을 비유한 것이다.

'심우도(尋牛圖)'는 자성을 '소[牛]'에 비유하여, 소를 발견하고 소를 길들여 소로부터 벗어나는 수행 과정을 열 단계의 상징으로 하여 그림으로 표현한 것으로, 목우도(牧牛圖) 또는 십우도(十牛圖)라고도 한다. 선시에서는 '소'를 찾아가는 과정을 묘사하고 있는 것이 일반적이다. 이에 반하여 무산의 자아 찾기 과정을 담아낸 〈무산심우도(霧山尋牛圖)〉 연작에는 '소'에 대한 언급은 없다. '소' 대신에 도주한 범인을 수배, 체포하는 상황으로 설정하여 묘사하고 있는 점이 이채롭다.

> 누가 내 이마에 좌우 무인(拇印)을 찍어놓고
> 누가 나로 하여금 수배하게 하였는가
> 천만금 현상으로도 찾지 못할 내 행방을.
>
> 천 개 눈으로도 볼 수 없는 화살이다.
> 팔이 무릎까지 닿아도 잡지 못할 화살이다.
> 도살장 쇠도끼 먹고 그 화살로 간 도둑이어.
>
> — 〈심우(尋牛) – 무산심우도 1〉

다른 심우도에서는 산간 계곡을 그 출발점으로 하고 있으나 여기서는 저잣거리에서 나를 찾고 있는 상황의 어려움 언급으로 출발하고 있다. "내 이마에 좌우 무인(拇印)을 찍어놓고, 나로 하여금 수배하게" 한 그는 '누구일까'라는 화두를 들고 소를 찾아 나서는 단계이다. 이마에 좌우 무인을 찍어놓은 이는 다름 아닌 자기 자신임을 암시해주고 있다. 이는 소를 찾아 나서는 분명한 이유이다.

하지만 내가 내 이마에 죄인이라는 손도장을 찍어놓고서 내가 나를 수배하는데도 내가 내 행방을 찾을 길 없으니 그저 막막할 따름이다. 이어 "천만금 현상"으로도 찾지 못하는 이유를 언급하고 있다. 관세음보살의 묘지력을 시험하기 위해 자성을 "화살"에 비유하고 있다. 자기를 찾는 화살은 관세음보살의 천안통[천 개의 눈]으로도 볼 수 없고, "팔이 무릎까지 닿아도 잡지 못"한다고 언급함으로써 부처의 신통력으로도 "화살"을 잡지 못한다고 한다. '도살장의 쇠도끼'는 하루같이 살생하지 않고서는 살아갈 수 없는 것을 상징하고 있다. 하물며 그 "쇠도끼 먹고" 그 "화살로 간 도둑"이라니 그 마음 하나가 어떤 모습인지 도무지 알 길 없다. 무산은 여기서 소를 찾아 발길을 옮길 것인지 아니면 그 자리에 서서 찾아 나설 것인지에 대해 전혀 알 수 없음을 표현하고 있다.[3] 천 개의 눈으로도 볼 수 없고 아무리 긴 팔을 가졌다고 해도 잡을 수 없는 화살, 그것은 곧 자성을 찾는 일이 어려울 수밖에 없음을 의미한다.

무산은 모든 탐욕과 성냄 그리고 어리석음의 삼독(三毒)을 버리고 탈속무애한 자유에의 길을 가고자 한다. 숱한 고뇌와 회오의 늪을 벗어나 깨달음의 세계에 이른 무산은 산과 들만이 아니라 밤하늘도 먼바다 울음소리도 모두 하나가 되어 함께함을 인식한다. 그 깨달음의 노래가 다음의 〈파도〉이다

---

3) 석성환 〈무산 조오현 시조시 연구〉《빈 거울을 절간과 세간 사이에 놓기》 p.355.

밤늦도록 불경을 보다가
밤하늘을 바라보다가

먼 바다 울음소리를
홀로 듣노라면

천경(千經) 그 만론(萬論)이 모두
바람에 이는 파도란다

—〈파도〉

화자는 어느 날 밤늦도록 불경을 보다가 바깥으로 나가 밤하늘을 올려다본다. 그의 귀에는 먼 바다의 울음소리, 즉 파도 소리가 들려온다. 그때까지 읽은 수많은 불경의 논의가 "바람에 이는 파도"와 다를 바 없음을 느낀다. 수만 년 동안 저 바다에서 밀려갔다 밀려오는 파도와 다름없다 함은 인간이 논리로 쓴 경전이 자연의 이법과 다를 바 없다는 것이다. 모든 것이 바람 따라 일어나는 파도일 뿐, 바닷속처럼 흔들리지 않는 내 마음[不動心]은 언제나 그 자리 그대로 변함이 없다. 여기에 모든 생활은 '평상심시도'라는 무산의 깨침의 선심이 녹아 있다.

선승들에게 중시되어 온 간화선의 대표적인 공안은 무자(無字) 화두로 진리를 문자로 표시할 수 없음을 말한다. 그래서 선은 '이언절려(離言絶慮)'라 하여 모든 말과 생각을 끊어버리고 그 너머의 진리를 추구한다. 무산의 이러한 순간의 깨달음의 흔적이 〈부처－무자화 6〉에서 한결 잘 극화되고 있다.

강물도 없는 강물 흘러가게 해놓고
강물도 없는 강물 범람하게 해놓고

강물도 없는 강물에 떠내려가는 뗏목다리

—〈부처 – 무자화 6〉

선승들은 불립문자라는 깨달음의 세계를 '무자화(無字話)' 혹은 '무설설(無說說)'의 방법으로, 혹은 역설과 언어도단의 모순어법으로 문자화하여 시로 표현한다. 무산 역시 문자로 표시할 수 없는 진리를 '무자화'로서 그려내고 있다. 분별이 없는데 분별을 일으키고 사량(思量)이 없는데 사량을 일으키게 하는 놈이 누구인가? 그것은 "강물도 없는 강물에 떠내려가는 뗏목다리"이다. 원래 없는 강물이 어떻게 흘러갈 것이며, 어떻게 범람할 수 있는가? 분별지로는 어림없는 세계요, 직관력 아니면 도저히 해결할 수 없는 세계이다. 그야말로 은산철벽 같은 상황이다.

그런데 화자는 강물도 없는 강물 흘러가게 혹은 범람하게 해놓고 그 강물에 떠내려가 흔적을 남기지 않고 사라지는 뗏목다리와 같은 존재가, 즉 존재하지 않는 존재 곧 '허깨비' 같은 존재가 '부처'라고 표현하고 있다. 즉, '없음'으로부터 '있음'을 유추해 낸 이가 부처임을 무산은 설하고 있다. 요컨대 '흘러가'고 '범람'하는 것은 깨달음의 세계이며 "떠내려가는 뗏목다리"는 깨달음을 얻은 수행자의 모습이다.

3. 이분법적 경계의 무화의 시 세계

일색변(一色邊)이란 말은 일색나변(一色那邊)의 준말로, 중국 수나라의 승려이며 선종의 제3대 조사인 승찬 대사의 《신심명》에 '유/무, 색/공, 미/오, 득/실'이라는 이견(二見)과 대대(待對)를 초월한 '일색'의 경지를 표현하는 뜻으로 중생과 부처가 일체인 것을 말한다. 그러나 선에서는 이 절대 평등의 일색변에 머무는 것을 허용하지 않는다. 일체

유심조가 의미하듯이, 모든 것은 마음먹기에 달려 있고, 그 마음을 움직이는 것은 자기 자신이다. 무산은 〈몰현금 한 줄 – 일색변 3〉에서 장부로서 태어나 진정한 의미의 장부 소리를 들으려면 몸은 들지 못하더라도 마음 하나쯤은 자유자재로 부릴 줄 알아야 하고, 거기다가 "몰현금 한 줄"은 탈 줄 아는 심량(心量)이 있어야 한다고 역설한다.

사내라고 다 장부 아니여
장부 소리 들을라면

몸은 들지 못해도
마음 하나는 다 놓았다 다 들어 올려야

그 물론 몰현금 한 줄은
그냥 탈 줄 알아야

— 〈몰현금 한 줄 – 일색변 3〉

자유로운 삶은 탐욕과 무명으로 이루어지는 것이 아니라 진정한 무소유와 무아, 무상을 통해서 이루어질 수 있다는 시인의 삶에 대한 통찰이 설파되고 있다. '몰현금'은 줄 없는 거문고로 모든 상대적인 생각을 초월한 곳에 존재하는 절대적 경지를 말한다. 줄 없는 거문고를 탄다는 것은 곧 마음으로 거문고를 자유자재로 탈 수 있음을 말한다. 마음의 주인이 되는 것은 집착과 욕망으로 가득 찬 허상들을 비워내서 마음의 텅 빈 원상으로 되돌아가는 것이다. 결국 마음을 비워야 그 비움 속에 많은 것들을 품을 수 있기 때문이다. 본래 마음의 평정에 이르면, "바다에 가면 바다/ 절에 가면 절이 되"(〈무설설 2〉)는 경지에 도달할 수 있게 된다.

이처럼 무산은 상대와 차별의 모습을 뛰어넘은 절대평등의 경지인 '일색변'을 그려내면서도 이 절대청정 향상의 일색변에 머무르는 것을 허용하지 않는다. 이는 곧 무산 선심(禪心) 시심화의 전형이라 할 수 있다.

서울 인사동 사거리
한 그루 키 큰 무영수(無影樹)

뿌리는 밤하늘로
가지들은 땅으로 뻗었다

오로지 떡잎 하나로
우주를 다 덮고 있었다.

—〈된바람의 말 – 무자화 5〉

현상계에서 그림자 없이 존재하는 것이 있을까? 그렇다면 '무영수'[4] 가 의미하는 바는 곧 '그림자'가 없으면 실제로 존재하는 나무가 없다는 의미이다. 결국 그림자가 없는 것은 상대적인 차별과 분별이 없는 절대의 경지이다. 즉 선악과 미오, 시비는 모두 중생심의 차별로 나타난 망념의 그림자인 것이다.[5] 또한, '무영수'는 실체가 없는 나무의 상징으로, 이는 곧 공의 세계를 의미한다. 공이라는 절대의 경지에서는 시공간의 구별이 없다. 그래서 오로지 떡잎 하나가 우주를 다 덮고 있는 것은 무한세계인 우주가 아주 작은 떡잎 속에 존재하고 있다는

---

4) 무영수는《벽암록》제18칙 충국무봉, 혜충국사가 대종(代宗, 재위 762~779)에게 던진 선문답에 나오는 나무다. 황제는 국사의 무봉탑을 이해하지 못했다. '그림자 없는 나무'는 무봉탑을 말한다.

5) 원오극근, 정성본 역해《벽암록》한국선문화연구원, 2010, p. 121.

것이다. 결국 떡잎 하나와 우주가 다르지 않다는 것이다. 이는 곧 하나가 일체요, 일체가 곧 하나라는 화엄의 세계를 그대로 드러낸 것이라 할 수 있다. 한편, 자아 찾기에 나선 무산은 힘든 고행 끝에 청정한 본래 자리로 돌아온다. 그것은 득도의 만족감에서 오는 법열을 나타낸 〈인우구망(人牛俱忘) - 무산심우도 8〉에서 선명하게 잘 묘사되고 있다.

히히히 호호호호 으히히히 으허허허
하하하 으하하하 으이이이 이 흐흐흐
껄껄껄 으아으아이 우후후후 후이이

약 없는 마른버짐이 온몸에 번진 거다
손으로 짚는 육갑 명씨 박힌[6] 전생의 눈이다
한 생각 한 방망이로 부셔버린 삼천대계여

— 〈인우구망(人牛俱忘) - 무산심우도 8〉

소를 얻은 사람도 없으니 얻은 소도 없는 것이 '인우구망'이다. 결국 소를 잡으려던 노력도, 소를 찾으려던 집착도 모든 것이 아무것도 아닌 것이 되고 만다. 이것은 궁극적인 깨달음의 순간이다. 화자는 웃을 수밖에 없다. 그 웃음은 어쩌면 괴짜 승의 허튼 웃음처럼 들릴 수 있다. 하지만 찬찬히 들여다보면 그것은 깨달은 자의 환희에 찬 웃음소리이다. 〈심우(尋牛) - 무산심우도 1〉에서 보았던 찾을 수 없는 천하의 도둑을 찾았기 때문이다. 온몸에는 마른버짐이 번지고 명씨 박힌 전생의 눈으로 눈덩이같이 불어나던 한 생각을 한 방망이로 깨뜨리고 삼천대천세계를 밀어젖힌 것이다.[7] '한 생각 한 방망이로 삼천대계'를 부셔

6) 관용구로 쓰이는 '명씨박이다'를 말한다. 원래 '명씨'는 목화씨(면화씨)의 속음으로, 여기서는 눈병으로 말미암아 눈동자에 하얀 점이 생겨 시력을 잃는 것을 말한다.

버릴 수 없다면 '참나'를 찾았다고 말할 수 없다. 그래서 "한 생각 한 방망이로 부셔버린 삼천대계"라는 말은 곧 무산의 득도 순간을 표현하고 있다 할 수 있다.

2012년, 무산은 동안거 해제 법문에서 "삶의 스승이 내 주위에 있다는 것을 알아야 한다. 내가 늘상 만나는 사람들이 나의 스승이고 선지식이다. 그들의 삶이 살아 있는 팔만대장경이다."[8] 라고 하였다. 그래서 산문을 나가 만나는 사람들과 노숙자들의 가슴 아픈 삶 속에서 진리를 찾고, 중생들 속으로 들어가 그들의 고통을 보고, '상구보리 하화중생'의 자비실천을 하라고 설했다. 무산의 이러한 대승적 보살도 실천은 〈입전수수(入鄽垂手) - 무산심우도 10〉에서 명징하게 드러난다.

생선 비린내가 좋아 견대(肩帶) 차고 나온 저자
장가들어 본처는 버리고 소실을 얻어 살아볼까
나막신 그 나막신 하나 남 주고도 부자라네.

일금 삼백 원에 마누라를 팔아먹고
일금 삼백 원에 두 눈까지 빼 팔고
해 돋는 보리밭머리 밥 얻으러 가는 문둥이어, 진문둥이어.[9]

— 〈입전수수(入鄽垂手) - 무산심우도 10〉

---

7) 최동호 〈심우도와 한국현대시 - 경허, 만해, 오현의 심우도를 중심으로〉《빈 거울을 절간과 세간 사이에 놓기》 p.937.

8) 무산오현 〈2012년 설악산 신흥사 동안거 해제 법문〉.

9) 1950년대 초반 전쟁 직후 20대 초반 젊은 객승이 한 시간 가까이 독경을 해도 인기척을 내지 않던 집주인이 육신이 반쯤 허물어진 문둥이가 동냥을 구하니 선뜻 문을 열고 적선하는 순간 무산은 언뜻 스쳐가는 부처님의 모습을 보았다고 한다. 문둥이가 부처라는 무산의 화두는 이때 성립된 것이라 할 수 있다. 무산은 이 문둥이를 따라가 다리 밑에서 그해 겨울을 지냈다고 하는데 이러한 득도의 과정은 전염병이 창궐하던 지역에서 문득 '마사도래'의 순간을 깨닫고 정진을 거듭한 경허의 그것과 비견된다.

곽암의 〈십우도〉에는 포대화상이 '포대'를 걸치고 있는 모습이 나타나는데, 무산은 '한 생각 한 방망이로 부서버린 삼천대천세계'를 가득 담은 '견대'를 차고 중생이 모여 사는 "생선 비린내" 나는 시장 거리에 다시 돌아온다. 이는 곧 보살의 자비 실천행이다. "장가들어 본처는 버리고 소실을 얻어 살아볼까"는 세속적인 인간들의 모습을 상징적으로 보여준다. 하지만 "나막신 그 나막신 하나 남 주고도 부자라네"는 발바닥에 붙은 '나막신'을 남에게도 주고도 부자라고 말하는 것 역시 모든 집착을 놓아버린 보살행이다. 그리고 제 몸 하나 간수하기도 힘든 "진문둥이"의 극한적인 삶의 현장이 묘사되고 있다. 무산은 "일금 삼백원"의 적은 돈을 받고 마누라와 두 눈까지 빼 팔아먹을 수밖에 없는 "진문둥이", 그리고도 밥을 얻으러 가야 하는 참으로 눈물겨운 중생의 참담한 현실의 장으로 들어갈 것을 역설한다. 그곳에 진리가 있기 때문이다. 즉 무지에서 오는 중생의 힘겨운 삶을 연민의 눈으로 지켜보고 있는 깨달은 자의 눈이 거기에 있다.[10] 일체의 번뇌와 생사와 속박과 애증과 갈등의 뿌리인 '마누라'와 '두 눈'까지 다 팔아버렸으니 분별이 없고 막힘이 없다. 이 상황에 이르면 고승대덕/속인, 정상인/병자, 산문/세속, 형법/파탈 등의 경계는 해체되고 만다. 이름하여 생멸불이(生滅不二)의 '진문둥이'이고, 승속일여(僧俗一如)의 '아득한 성자'이며, '참나'의 부처인 것이다.

4. 화엄적 사유와 생명존중의 시 세계

우주의 모든 것을 상호관계 속에서 통찰하는 것은 자연과 인간이 서

10) 권현수 〈설악의 무애가〉《지혜의 언덕 너머 춤추는 기호》도서출판 시와세계, 2019, pp. 100-101.

로 융화, 교섭하며 서로의 자성을 일깨우는 합일의 경지를 지향한다. 여기에는 법계의 실상을 일심으로 파악하고, 법계 연기가 무자성(無自性)을 근거로 하여 '상즉상입(相卽相入)'의 원리가 놓인다. 모든 존재는 상호의존 관계에 있다는 무산의 화엄적 사유와 선사상이 융합된 일심의 세계는 〈불국사가 나를 따라와서〉에서 잘 표출되고 있다.

> 천년고찰 불국사가 흐르는 바다 속에는 떠 흐르는 불국사 그림자가 얼비치고 있었는데, 얼비치는 불국사 그림자 속에는 마니보장전(摩尼寶臟殿) 그림자가 얼비치고 얼비치는 마니보장전 그림자 속에는 법계(法界) 허공계(虛空界) 그림자가 얼비치고 얼비치는 법계 허공계 그림자 속에는 축생계 광명 그림자가 얼비치고 축생계 광명 그림자 속에는 천상계 암흑 그림자가 얼비치고 얼비치는 천상계 암흑 그림자 속에는 욕계(欲界) 미진(微塵) 그림자가 얼비치고 (…중략…) 그림자마다 각각 다른 그림자의 그림자가 나타나 서로 비추고 있어 그것들은 아승기겁(阿僧祇劫)을 두고 말할지라도 다 말할 수 없는 그 모든 그림자들을 내 그림자가 다 거두어들이고 있었습니다.
>
> —〈불국사가 나를 따라와서 – 절간 이야기 11〉 부분

경주 불국사를 참배하고 동해안을 찾은 무산은 천년고찰 불국사가 따라와 망망한 바다에 떠 흐르는 것을 본다. 동해에 흐르는 불국사는 과연 무엇인가? 무산은 모든 만물이 "하나로 어우러지고" "서로 비춰 주며" "얼비치고 얼비치는" 모습으로 끝없는 순환의 망(web)으로서 삼라만상이 인연에 의해 움직이고 있음을 한 폭의 그림처럼 보여준다. 천년고찰 불국사에서 보고 느끼는 것은 일체만상이 서로를 반영하는 화엄의 세계이다. 이처럼 무산은 화엄의 교리를 설명하는 게 아니라 각각 다른 그림자의 그림자가 나타나 서로 비추고 있는 경지에서 사물

들을 보고 무애의 경지에서 노래한다.[11)]

모든 생명체가 생명 연대를 이루고 있고 또한 생명이 그물로 연결되어 있다는 화엄적 사유는 무산의 시적 세계의 근간이 되고 있다. 두두물물이 화엄법계에 녹아든 정경은 '절간 청개구리'에서 생명의 만다라를 발견하고 경외감과 희열을 느끼는 데서 명징하게 드러난다.

> 어느 날 아침 게으른 세수를 하고 대야의 물을 버리기 위해 담장 가로 갔더니 때마침 풀섶에 앉았던 청개구리 한 마리가 화들짝 놀라 담장 높이만큼이나 폴짝 뛰어오르더니 거기 담쟁이넝쿨에 살푼 앉는가 했더니 어느 사이 미끄러지듯 잎 뒤에 바짝 엎드려 숨을 할딱거리는 것을 보고 그놈 참 신기하다 참 신기하다 감탄을 연거푸 했지만 그놈 청개구리를 제(題)하여 시조 한 수를 지어보려고 며칠을 끙끙거렸지만 끝내 짓지 못하였습니다. 그놈 청개구리 한 마리의 삶을 이 세상 그 어떤 언어로도 몇 겁(劫)을 두고 찬미할지라도 다 찬미할 수 없음을 어렴풋이나마 느꼈습니다.
>
> —〈청개구리 – 절간 이야기 22〉 전문

생명체 하나하나를 하나의 소우주로 인식하는 무산의 생명의식은 벌레의 이미지와 긴밀히 조응한다. 그놈 청개구리 한 마리의 삶은 이 세상 그 어떤 언어로도 몇 겁을 두고 찬미할지라도 다 찬미할 수 없음이 분명하다는 것도 그런 연유이다. 이렇게 보면 비록 삶이 허무하고 덧없는 것이라 할지라도 생명은 소중하고 이 세상 그 무엇과도 바꿀 수 없는 것이기에 그 자체로서 절대 가치를 지닐 수밖에 없다. 그래서 자연의 모든 생명이 저마다의 위치에서 그 나름의 존재가치를 지니고

---

11) 이승훈 〈선과 조오현〉《지혜의 언덕 춤추는 기호》 도서출판 시와세계, 2019, pp.505-506.

자연의 한 구성원으로서 자리하고 있는 모습에서 경외를 느끼는 것이다. 이는 무산이 추구해온 생명의 존엄성에 대한 애착이 확장, 심화되면서 도달한 경지라 할 수 있다.

〈아득한 성자〉는 시집의 제목인 동시에 2007년 정지용문학상 수상작이다. 단 하루만 살다 죽는 하루살이와 죽을 때가 지났는데도 살아 있는 화자를 대립적 관계로 설정하여, 순간을 살아도 깨달음에 이르는 자와 천 년을 살며 성자로 존경받아도 깨닫지 못하는 차이가 무엇인가를 무산은 절묘하게 드러내 보인다.

하루라는 오늘
오늘이라는 이 하루에

뜨는 해도 다 보고
지는 해도 다 보았다고

더 이상 더 볼 것 없다고
알 까고 죽는 하루살이 떼

죽을 때가 지났는데도
나는 살아 있지만
그 어느 날 그 하루도 산 것 같지 않고 보면

천년을 산다고 해도
성자는
아득한 하루살이 떼

—〈아득한 성자〉 전문

시인은 자신의 역할을 충실하게 마치고 생을 마감하는 '하루살이'의 모습에서 '성자'를 발견한다. 하루살이에게 '오늘 하루'는 전체 생에 해당하는 시간이며, 내일이나 어제란 시간관념이 없다. 하루살이는 하루 동안 탄생과 성장, 사랑으로 종족을 보존하는 모든 행위를 성취하는 압축적인 삶을 살다 죽어간다. 그러므로 "더 이상 더 볼 것 없다고/ 알까고 죽는 하루살이 떼"가 '성자'라는 생각에 이른다.

이에 반해 화자는 "죽을 때가 지났는데도" 죽지 않고 살아가는 "나"는 "하루도 산 것 같지 않"다고 생각한다. 이런 삶은 천년을 산다 해도 제대로 산 게 아니며, 설혹 성자로 세상 사람들의 추앙을 받을지언정 하루를 살아도 세상살이 이치를 모두 깨달았다고, 더 이상 깨달을 것이 없다고 미련 없이 적멸에 드는 "하루살이"와는 "아득한" 거리가 있는 것이다. 그래서 하루살이는 성자이며, 하루살이 떼는 아득하게만 느껴지는 이상향 세계의 존재라고 시인은 생각하는 것이다. 이것은 결국 살아 있는 존재에 대한 평등과 경외라는 생명존중의 시학으로 연결된다 할 수 있다.

나와 삼라만상은 모두 근원적으로 동일성을 지닌 생명 공동체이다. 이 화엄의 세계에서 무산은 끊임없이 자기 내면과 외면의 풍경을 응시하면서 스스로를 낮추고 우주적 생명에 대한 외경심을 보임으로써 보다 큰 긍정의 세계를 포착하고 있다.

무금선원에 앉아
내가 나를 바라보니

기는 벌레 한 마리
몸을 폈다 오그렸다가

온갖 것 다 갉아먹으며
배설하고
알을 슬기도 한다.

—〈내가 나를 바라보니〉 전문

우주적 교감을 지닌 화자는 눈에 들어온 벌레 한 마리를 그냥 벌레가 아니라 자신의 모습으로 응시함으로써 삶의 실체와 긴밀하게 접촉한다. 무금선원(無今禪院)의 무금은 '무고무금(無古無今)'에서 온 말로, 고금이 둘이 아니라는 불이(不二)의 선리를 담고 있다. 화자는 어떤 거창한 목적의식으로 자연을 바라보는 것이 아니라 그저 있는 그대로 무심히 바라볼 뿐이다. "내가 나를 바라보"는 일은 없으면서도 있는 나, 있으면서도 없는 나를 찾는 것으로 깨달음의 과정을 상징하기도 한다. 참다운 '나'가 가짜의 '나', 즉 중생의 '나'를 바라보니, 내가 "기는 벌레 한 마리"에 불과하다는 것이다. 이러한 자각은 내 속에 들어 있는 타자를 자각하는 일과 다름없다. 그리고 타자로서의 '나'는 지금 "몸을 폈다 오그렸다가" 하며 "온갖 것 다 갉아 먹"고 있고, "배설하고/ 알을 슬기도 하"는 한 마리 "기는 벌레"와 같은 구절을 통해서도 확인된다. 사물로서 바라보았던 벌레는 시인의 자아가 되는 벌레로 치환되고 있다. 곧 자아가 동일시를 통하여 자신 아닌 존재들을 받아들임으로써 개체적 자아를 확장하여 큰 자아(Self)로 승화됨을 의미하기도 한다. 이러한 이면에는 차별과 대립을 넘어선 천지만물이 한 몸이라는 선지(禪旨)가 내재하여 있다.[12] 이처럼 모든 대립의 경계선이 해체된 곳에 무산의 불이(不二) 화엄적 사유의 시학이 놓이게 된다 할 것이다.

12) 백원기 〈무산 오현, 성자는 아득한 하루살이 떼〉《선시의 이해와 마음치유》 도서출판 동인, 2014, pp.313-314.

만다라는 낱낱의 살인 폭이 속 바퀴 축에 모여 둥근 수레바퀴인 원륜(圓輪)을 이루듯이 모든 법을 원만히 다 갖추어 모자람이 없다는 윤원구족(輪圓具足)을 의미한다. 이는 곧 삼라만상의 존재들이 상호연대를 이루며 내적으로 긴밀하게 연관되어 있는 친연성의 형상화를 상징한다. 무산이 사소한 것으로부터 우주로 확장되는 내면 풍경이 사물의 일부로 조화롭게 존재하는 세계와 만나는 것도 이런 연유이다.

화엄경 펼쳐놓고 산창을 열면
이름 모를 온갖 새들 이미 다 읽었다고
이 나무 저 나무 사이로 포롱포롱 날고……

풀잎은 풀잎으로 풀벌레는 풀벌레로
크고 작은 나무들 크고 작은 산들 짐승들
하늘 땅 이 모든 것들 이 모든 생명들이……

하나로 어우러지고 하나로 어우러져
몸을 다 드러내고 나타내 다 보이며
저마다 머금은 빛을 서로 비춰주나니……

—〈산창을 열면〉 전문

우주의 한 공간에 속에 있는 존재들이 하나로 어우러져 장엄한 화엄의 경지를 보여주는 시편이다. 《화엄경》을 읽고서 깨닫지 못한 화자는 새가 날아다니는 그 현상[事法界]에서 이치[理法界]를 깨닫는다. 그 이치란 우주 만물이 서로 상즉상입(相卽相入)한다는 화엄의 진리다. 실상이란 다른 특별한 것이 아니라, "새들이 날고 노래를 부르고" 하는 그것이 다 실상이다. 즉, 온갖 새들이 나무 사이를 날고, 풀과 벌레, 나무, 산, 짐승, 그리고 하늘과 땅 등 우주 만물이 서로 비추고 비추는 동시에 하나로 어우러져 살아가는 모습이 곧 화엄의 세계인 것이다. 그 경지를 보았으니 《화엄경》을 읽으면서 깨닫지 못한 화자는 새와 자연의 어울림을 보고서 비로소 깨달은 것이다. 자연이 바로 경(經)이라는 것을 요약하면, 《화엄경》의 진리=자연=포롱포롱 나는 새=나와 새, 우주 만물이 어울려 하나가 되고 서로 비춤=나의 깨달음으로 이어진 것이다.[13] 실로, 무산의 차별과 대립을 초월한 상호 연기적 사유와 생명 존중 사상이 아름다운 무늿결을 이루고 있음을 보여주는 시편이라 할 수 있다. 요컨대 무산의 시적 마력은 귀함과 천함, 깨끗함과 더러움, 밝음과 어두움, 삶과 죽음, 성과 속, 세간과 출세간이 둘이 아니라 하나가 된다는 화엄의 선적 사유에 있다 할 수 있다.

5. 나오는 말

이상에서 세속과 탈속의 분리될 수 없는 속성을 드러내 보이면서 차별과 대립을 뛰어넘은 선지(禪旨)를 보여주는 무산의 시적 세계를 살펴보았다. 무산의 선시는 명징, 명쾌하며 깊은 울림이 있다. 그의 시들이 대부분 짧고 구도와 깨달음의 이야기이지만, 거기에는 세상을 경이롭게 바라보며 찬탄하고, 때로는 괴로워하며 비판하고 보듬는 우주적인 삶의 확대로 나아가려는 적극적인 몸짓이 내재하여 있다. 가령, 자신의 역할을 충실하게 마치고 생을 마감하는 '하루살이'의 모습에서 '성자'를 발견하거나 '진문둥이'에서 삼독(三毒)을 버리고 사는 탈속무애한 삶의 모습을 발견하는 것 등이다. 이는 곧 차별과 경계를 짓지 않는 무

13) 이도흠 〈무산 조오현 시에서 화쟁의 미학〉《지혜의 언덕 춤추는 기호》 도서출판 시와 세계, 2019, pp.359-360.

산 선심의 시심화의 핵심이다.

또한, 무산은 사물의 현상과 본질을 통찰하는 법안(法眼)의 눈으로 "아지랑이"(〈아지랑이〉) 같은 삶의 현실에 대한 직시와 그 너머의 근원적인 '공(空)'의 세계를 넘나들면서 이를 동시적으로 표현하고 있다. 그래서 그의 선시 세계의 저변에는 항상 아무것도 없으나 모든 것을 낳는 무위자연으로서 본성과 깨달음의 세계가 주조를 이루고 있다. 《임제록》에 "일심도 없으면 곳곳마다 해탈한다(一心無隨所解脫)"라는 구절이 있듯이, 집착하는 마음을 없애면 곧 해탈을 얻게 된다는 것이다.

이 같은 탈속무애의 사유를 바탕으로 무산은 자연환경, 세태와 인심, 일상적인 사회생활의 사소한 것까지 놓치지 않고 두루 담아내고 있다. 도둑, 문둥이, 그리고 나무와 풀잎, 꽃, 벌레, 새 등 우주 자연 속의 다양한 생명체가 그대로 드러나지만, 그 생명은 단순히 아름다움을 예찬하기 위한 대상으로 머물지 않는다. 그에게 있어서 시를 쓰는 행위는, 생명의 모습을 통해 자신의 내면세계를 펼쳐 보이는 일이자 모든 생명 있는 것들의 존재성에 대한 질문이기 때문이다.

이처럼 무산은 간결한 언어로 혼탁한 세상 너머에 존재하는 근원적이며 성스러운 세계를 강렬하게 묘출할 뿐만 아니라 현상과 사물을 시인의 내면으로 끌어들여 끝없이 그 본질을 탐색하려는 시도를 보여준다. 그래서 무산의 선시가 여타와 차별성을 갖는 것은 삶으로부터 멀어지려는 깨달음의 세계를 다시 삶의 한 가운데에 끌어들이는 것이라 할 수 있다. 이러한 태도는 모든 생명을 소중하게 여기고 배려하며 보듬는 보살도의 실천을 의미한다. 따라서 무산의 생에 대한 의문과 진리에 대한 끊임없는 구도와 깨달음의 과정, 그리고 상호 연기적 존재에 대한 이해와 자비실천의 뜨거운 시혼은 바슐라르가 말하는 "혼의 울림"을 분명히 느끼게 하는 것이라 할 수 있다.

설악무산 '달마십면목'의 새로운 독법

공일

차 례

공일 / 백담사 승려. 속명 박종식. 동국대학교 인도철학과, 동 대학원 졸업(철학박사). 박사학위논문은 〈치선병비요경의 불교의학 연구〉. 현재 한국연구재단 학술연구교수이며 봉은사 사찰림연구소 이사.

1. 무애도인 설악무산, 몰량의 도인 풍모

이 글은 당주조한(噇酒糟漢)에 자신을 빗대 설명하는 몰량도인(沒量道人)의 풍모를 지닌 설악무산(雪嶽霧山, 1932~2018)의 〈달마십면목〉을 중심으로 그의 작품 세계를 불교 수행정신으로 검토하는 작업이다. 그는 능청스럽게 '만해 장사' 운운하여 그 속내를 측량하기 쉽지 않은 수행자였다. 설악무산의 작품에 대하여 '하나의 획기적이며 경이로운 사건'으로 '시조의 형식을 고집하며 단절된 700년을 재구성하는 패기'를 보였다는 이근배 시인의 평론 〈개안(開眼)의 시, 회복(恢復)의 시〉가 그렇고, "몰량대인의 진면목을 누가 보고, 이 고목(枯木)의 신음을 누가 듣겠는가."라는 성낙인 전 서울대 총장의 감탄은 설악무산이라는 한 개인이 지닌 인품의 깊이에 대한 존경과 추모 열기를 말해준다. 우리 시대의 마지막 무애도인(無礙道人)이라는 평가를 받았던 설악무산은 《벽암록》을 역해하며 머리말에서 소회를 풀어 놓았다.

> 《벽암록》에 무슨 달아야 할 사족이 있다고 사족을 달다니, 참으로 말도 안 되는 수작이다. 죽으려면 곱게 죽지, 죽을 일을 저지르다니 이 술지게미나 먹고 취하는 당주조한(噇酒糟漢) 같은 놈! 백주에 장형(杖刑)을 당해도 할 말이 없다.[1)]

설악무산의 작품 세계와 수행 정신의 상관성을 조명하는 것은 결과적으로 오현풍의 한글 선시조에 대한 이정표를 마련하는 것과 연결된다. 특히 간화선 수행에 내재한 가치들과 의미를 문학작품들과 견주어 파악하여 선어록의 전통을 재평가하도록 환기하는 작업이기도 하다.

---

1) 조오현 역해 《벽암록》 불교시대사, 2010, p.4.

2. 일문십답(一問十答)의 화엄선, 오현풍의 한글 선시조

설악무산의 글은 《대방광불화엄경》과 《선문염송》을 내적 기조로 삼고 있다고 할 수 있다. 《대방광불화엄경》은 한반도에서 불교의 정맥을 구성하는 데 초석 역할을 한 불전이다. 한 가지 질문에 대하여 열 가지 답변[一問十答]으로 의문을 해소하는 《대방광불화엄경》 특유의 방광설이 〈달마십면목〉에서 뚜렷하게 나타나고 있다. 〈무산심우도〉 역시 방광의 형식은 물론 선어록의 전통에 기대어 제시한 독창적 작품에 해당한다. 《선문염송》은 한반도의 불교가 자랑으로 내세울 만한 자주적 속성이 가득한 선어록이다. 설악무산의 선시조 〈만인고칙〉[2] 은 《선문염송》에 그 문학적 원천을 두고 있다. 이러한 기조를 입증하듯 설악무산은 선관에 대한 자신의 소신을 다음과 같이 밝히고 있다.

> 풀리지 않는 문제를 들고 앉아서 끙끙대도록 하는 것이야말로 자칫하면 납자를 지해종사(知解宗師)로 만드는 길이다. 선문답에 들어 있는 속뜻을 풀어헤치고 우리의 삶에 적용시키려고 하는 것이 더 정직하고 진지한 수행자적 태도일 것이다(조오현 《무문관》 2007, p.230).

3. 달마의 면목들, 그 비밀스러운 골목길

〈달마십면목〉은 정호성준 화상께서 설악무산에게 내려준 화두에 대한 답가에 해당한다. 그 내력은 설악무산의 이 한글 선시조가 수록

---

2) 〈萬人古則〉 연작 선시조는 《선문염송》 1164칙 〈退出〉과 관련 있는 1편 〈寶壽開堂〉에서 시작하여 17편 〈慧超問佛〉, 그리고 마지막 18편 〈착어〉로 구성되어 있다.

된《현대시학》의 서두에 기록된 다음과 같은 글에서 확인할 수 있다.

> 達摩의 十面目은 故 文聲準 禪師에게 드리는 시다.
> 언젠가 스님께서 '菩提達磨는 왜 수염이 없는가?'라고 물으셨다.[3]

위의 내용은《무문관》의 제4칙 〈호자무수(胡子無鬚)〉에 제시된 공안 "혹암 스님이 묻기를,[4] '서쪽에서 온 달마 스님은 왜 수염이 없을까?'"와 관련이 있다. 무문혜개는 달마의 진면목을 맛보아야 한다고 요구하고 있다.

> 참구하려면 진실로 참구해야 하고, 깨달으려면 진실로 깨달아야 한다. 이 보리달마를 마땅히 직접 만나 봐야 비로소 만났다 할 수 있겠지만, 직접 만났다고 말한다면 벌써 둘로 갈라졌다.

"참구하려면 진실로 참구해야 하고, 깨달으려면 진실로 깨달아야 한다[參須實參, 悟須實悟]."고 고함을 치는 그 이유는 무엇인가? 달마는 털북숭이의 모습이다. 그러므로 달마에게 수염이 없다는 이야기는 '허공의 꽃[空華]'으로, 번뇌로 인한 망상으로 실체 없는 현상 세계를 실체가 있는 것처럼 착각하는 것과 같은 것이다. 달마는 좌선 중에 잘 생긴 몸을 도둑맞자 급한 김에 주변에 있던 썩어 문드러진 시체를 챙겨야 했다. 몸을 잃어버리고 어설픈 몸을 대신 챙긴 그의 형모에 대하여 설악무산은 다음과 같이 피력하고 있다.

---

3) 설악문도회《설악시조집》2006, p.124;《현대시학》vol. 9-3, 현대시학사, 1977.3, p.12.

4)《禪宗頌古聯珠通集》(C78, p.850c16-18). 〈호자무수〉는 혹암사체(或庵師體)의 말이 아니고 수암사일(水菴師一)의 말이다.

옛사람들이 묘사하여 그려낸 달마의 모습은 왕방울만 한 눈을 부릅뜨고 있으며 뭉뚱한 주먹코에 대머리이다.[5] 중국 선종에서는 석가모니를 일러 '얼굴 누런 노인(黃面老子)', 달마 대사를 일러 '덧니 난 늙은이(齙齵達磨)'라고 부르는 경우가 많다. …… 서천호자(西天胡子)는 당연히 오랑캐다. 그런데 그 오랑캐가 보통 오랑캐가 아니라 '수염이 없는 오랑캐'다. …… 서천의 오랑캐가 수염이 없다는 것은 무명과 번뇌가 없는 진짜 깨달은 사람이라는 뜻이기도 하다.[6]

무문은 올바르게 참구하고, 깨달으라고 한다. 이 화두에 대한 게송은 다음과 같다.

어리석고 멍청한 사람 앞에서 꿈 같은 이야기일랑 하지 말라.
오랑캐에게 수염이 없다는 말은 밝은 것에 흐린 것을 덧씌우는 꼴

달마에게 수염이 없다고 하는 '꿈속 이야기'는 결국 '오롯한 깨어 있음에 흐린 먼지를 끼얹은 것[惺惺添懵]'과 같은 일이다. 설악무산은 〈달마십면목〉을 발표하며 다음과 같은 내력을 기입하여 자신의 작품에 대한 연유를 밝히고 있다.

지난달 설악산 주인이 "菩提達磨는 왜 수염이 없는가?"라고 물어왔다. 제기랄!

나도 수염이 없지만 천만부득이 그 一句는 그만두고, 그 脫句 달마의 十面目을 보낸다.[7]

---

5) 조오현 역해(2010), 위의 책, p.17.
6) 조오현 역해 《무문관》 불교시대사, 2007, pp.30-31.
7) 《현대시학》 vol. 9-3, 현대시학사, 1977.3, p.12.

연작 선시조 〈달마십면목〉은 작품마다 부제와 석정(石鼎)의 달마 선시화가 배치되어 특집으로 수록되었다. 정호성준으로부터 〈호자무수〉의 화두를 받고 이에 대하여 답가 형식을 하였기에 일종의 법거량에 해당한다고 할 수 있다.

4. 설악산의 전등비기(傳燈祕記)와 법맥

화두를 빌려 성준 화상은 설악무산에게 입실(入室)을 허락하고 전법을 하였다. 설악산의 전법에 대한 전등사서가 탄생한 것이다. 설악무산의 〈달마십면목〉은 보리달마의 행적과 선법에 관한 일화를 인유(因由)하여 연작시조의 형식으로, 기존의 공안에 아주 새로운 평창을 덧붙인 것이다. 《무문관》 제48칙 〈건봉일로(乾峰一路)〉에는 성준과 무산의 법거량을 설명하기 좋은 글이 있다.

> 한 사람은 깊고 깊은 바다 밑을 걸으매 티끌을 불어 일으키고 한 사람은 높고 높은 산정에 올라섰는데 파도가 하늘까지 닿았다. 파정(把定)하고 방행(放行)하여 각각 한쪽 손을 내밀어 종승(宗乘)을 붙들어 세우니 마치 양쪽에서 달리는 사람이 서로 맞부딪침과도 같도다.

위의 글에서 한 사람은 건봉(趙州乾峰, 생몰불명)이며 또 다른 한 사람은 운문(雲門文偃, 864~949)이다. 파정이란 파주(把住)로서 거두고 빼앗는 것이고 방행은 놓아두고 주는 것을 뜻한다. 성준과 무산의 전통에 입각한 〈호자무수〉와 주체적 선답(禪答)인 〈달마십면목〉은 건봉과 운문의 파정과 방행[把定放行]에 비견된다. 설악무산은 이 과정을 통하여 세속적 입장으로는 한글 선시조를 창출한 것이며, 진제(眞諦)의 차원에서는 파천황의 답가로서 새로운 형식의 선답을 한 것이다.

설악무산은 1975년 봄 상언고암을 찾아뵈었으나 여건상 입실이 허락되지 않았다. 그래서 당시 설악산 신흥사의 주지이던 정호성준을 찾아뵙고 그 뜻을 밝혔다. 성준은 나이가 많다는 이유로 설악무산의 입실건당을 주저하였다. 이때 시자 스님이 성준 화상께 말씀드리길 시를 쓰는 사형이 한 분 있었으면 좋겠으니 받아주시길 청하였다. 비로소 만남이 이루어지고 입실이 허락되었으며, 〈호자무수〉 화두가 설악무산에게 주어진다. 설악무산은 설악산을 뒤로하고 내려갔다.[8] 그 후 《현대시학》에 작품의 내력과 함께 〈달마십면목〉을 발표하였다. 고암상언, 정호성준, 설악무산 사이에서 이루어진 전법 내력[9]의 중심에 〈달마십면목〉이 있다. 이로써 설악무산의 법맥은 태고보우로부터 환암혼수 – 구곡각운 – 벽계정심 – 벽송지엄 – 부용영관 – 청허휴정 – 편양언기 – 풍담의심 – 월담설제 – 환성지안으로 이어진다. 그 후 200여 년을 뛰어넘어 원사(遠嗣)한 용성진종 – 고암상언 – 정호성준 – 설악무산[10]으로 이어졌고, 법검우송을 통하여 법맥이 현재에 이르렀다.

---

8) 〈傳佛心燈 證悟無生 雪嶽禪風 詩禪行化 雪嶽堂 霧山大宗師 碑銘〉 및 당시 성준 화상의 시자로 있었던 김병무의 회고 글.

9) 조오현 역해(2007), 위의 책, p.164. "조계종 종정 고암상언(古庵尙彦, 1899~1988) 노사는 만년에 설악산 신흥사의 조실로 주석했다. 영광스럽게도 그때 잠시 모시고 배울 기회가 있었다."; 조오현 역해(2007), 위의 책, p.183. "성준 화상은 육조의 깃발과 오 헨리의 소설 마지막 잎새를 비교한 뒤 늘 이런 말씀으로 얘기를 마무리했다. '마음이 늘 도를 향해 깨어 있는 사람은 깃발을 보고도 도를 깨우치고, 소설을 읽다가도 큰 깨우침을 얻을 수 있다.'"; 김병무·홍사성 《설악무산 그 흔적과 기억》 인북스, 2019, p.40. '2016년 5월, 설악무산은 설악산문 현판 제막법회에서 법검우송에게 훗날 문도들 사이에 문제가 생기면 현판을 보라면서 당신의 법을 전했다.'

10) 송준영 〈선종의 선맥보와 선맥도〉 《지혜의 언덕 너머 춤추는 기호》 2018, p.1007, p.1008.

5. 달마의 독살림과 일색과후(一色過後)

〈달마십면목〉 첫 편에 제시된 '독살림'이란 무엇인가? 달마가 양 무제와의 만남 이후 양자강을 건너 소림의 숭산에서 9년간을 면벽하며 지낸 것이 달마의 독살림이다. 소림굴에서의 면벽 사건은 선승들에게 많은 영감을 주었고 그 결과 게송들이 만들어져 회자되었다. 《선문염송 염송설화회본(禪門拈頌 拈頌說話會本)》에는 다음과 같은 시편들이 수록되어 있다(이하 이 글에 인용하는 인용하는 게송들의 출처는 《염송》 卷三이다).

> 거룩한 진리의 확연함을 어떻게 가려 알꼬? 척척 들어맞는 일이 백천만억이로구나.
>
> 한 구절을 부질없이 전해 준다고 9년 동안 공연히 벽을 향해 앉았네.
>
> 홍(興)이 다하자 옛날의 놀던 시절 생각났던가. 남몰래 신 한 짝 들고 서쪽 나라 가셨네. (大洪恩의 頌)

> 확연히 거룩한 진리 없단 말 믿는 이 드무니 모르겠단 말 거듭거듭 기회를 잃게 했네.
>
> 벽을 향해 9년 앉기 원수 같은 고통이었는데 또 어찌 신작 들고 서쪽으로 갔을까?(混成子의 頌)

설악무산은 달마의 9년 면벽의 독살림에 대하여 '세상 파장머리에 한 물건을 내놓고' 팔고자 한다고 다음과 같은 선시조의 절창으로 노래한다.

서역(西域), 다 줘도 쳐다보지도 않고
그 오랜 화적(火賊)질로 독살림을 하던 자가
이 세상 파장머리에 한 물건을 내놓았네.

—〈달마 1 – 독살림을 하던 자가〉

달마는 서역 땅을 거들떠보지도 않고, 중국에 도착하여 양 무제를 만난다. 그 자리에서 진정한 거룩함은 확연하게 명징한 것으로서 세속적 차원의 것으로 계산될 수 없기에 거룩하다고 말할 수조차 없음[廓然無聖]을 갈파하였다. 무비불(無非不)이라는 단 세 마디로 양 무제의 입을 다물게 하였다. 달마의 독살림은 그에게 '벽관의 바라문[人謂之壁觀婆羅門]'이라는 새로운 이름을 준다. 면벽하고 '소실(小室)에 혼자서 쓸쓸히' 독살림을 하지만 사실은 세상을 향하여 화적질을 하고 있는 것이다. 양 무제를 따돌리고 청년 신광(神光)을 낚은 이가 달마 아니던가? 신광을 낚아 그에게 혜가라는 이름을 주었다. 달마의 화적질은 출렁이는 파도를 만들어 세월의 강물을 흐르게 한다.

소실(小室)에 혼자서 쓸쓸히 앉았던 날, 한 물건도 전하거나 받을 것 없었네.
신광(神光)이 팔을 끊어 기력이 다했는데 또다시 마음 편키 바라니 어리석구나.
허리에 닿도록 눈 쌓인 소림사에서 스승에게 방편 청해 마음이 편해졌네.
그 사람의 독약을 마신 뒤로는 공연히 사람들을 무색케 만들었네(曹溪明의 頌)

소실산 앞의 바람결 귀를 스치니 아홉 해의 세월이 강물 따라 흘렀

네.

만일 헤엄에 능숙하지 않거든 출렁이는 파도 속 뛰어들지 말라.(竹庵珪의 頌)

위에서 본 것처럼, 〈달마십면목〉의 모티브는 《선문염송》의 달마 관련 항목에서 추출할 수 있다. 둘째 송에서도 선어록이 그 중심에 있음을 확인하고자 한다.

살아도 살아봐도 세간은 길몽도 없고
세업(世業) 그것까지 개평 다 떼이고
단 한판 도리를 가도 거래할 물주(物主)가 없네.

—〈달마 2－世業 개평 다 떼이고〉

달마에게는 양 무제조차도 부질없는 인물로 여길 정도였기에, 그와 더불어 거래할 물주(物主)가 없음을 한탄하고 있다. 달마에게 "세업(世業) 그것까지 개평 다 떼"였으니 세상살이가 재미없음은 물론이다. 달마의 물주 없음에 대한 책임은 불심천자인 양 무제에게 있다. 양 무제조차도 물주가 되지 못하였음을 노래한 시편들은 다음과 같다.

확연하다 하니 한 화살이 허공을 꿰뚫고 모르겠다 하니 거듭 송곳질을 했구나.

양무제는 어디로 가버렸는가? 천고만고에 소식이 없네.(薦福逸의 頌)

기회를 맞추어 마주 보며 일렀거늘 양 무제는 여전히 어리둥절했구나.

신발 한 짝 들고서 홀홀히 돌아갔으니 오던 길 총령(葱嶺)으로 넘었겠지. (法眞一의 頌)

달마에게 물주는 없으나 신광이라는 인주(人主)가 다가와 한판의 도리를 거래한다. 신광은 혜가라는 새로운 이름을 얻어 진정으로 사람의 주인[人主]이 되었기에 달마의 골수를 얻어내고 2조로 등극하게 된다. 설악무산의 〈달마 2〉는 혜가의 전법에 대하여 다음과 같은 노래를 참고한 것이다.

2조가 소림에 서 있던 날, 뜰에는 눈이 쌓여 허리까지 닿았네.
두 손을 가슴에 모으고 아무 일도 없었으니
구하지도 찾지도 않고 마음마저 편하지 않았네. (竹庵珪의 頌)

제각기 얻은 바를 말하는데 누가 감히 아뢸까?
가죽과 뼈란 것은 견해의 차이일 뿐. 신광만이 세 번 절하고 자리에 섰거늘
어찌하여 골수를 얻었다고 마음을 전하는고?(法眞一의 頌)

설악무산은 〈달마 3〉에서 제사상의 음식을 눈으로 집어 먹고는 급기야 입덧으로 시방세계를 토악질하는 달마의 이야기를 그리고 있다.

바위 앞에 내어놓은 한 그릇 제석거리를
눈으로 다 집어 먹고 시방세계를 다 게워내도
아무도 보지 못하네. 돌아보고 입덧을 하네.

—〈달마 3－十方世界를 다 게워내도〉

설악무산이 그려놓는 달마의 세 번째 면목이란 귀신들의 이야기이다. 제사상의 음식을 눈으로 먹어야 하는 존재들이란 망령과 귀신들이다. 그들이 제사 음식을 먹고는 어떤 이유인지 모두 토해 놓았다는 이야기이다. 그 토악질이 있다고 하여도 세상 사람들은 보지 못하는 것이다. 그리고 중음에 있던 신령들이 모태로 들어가게 되어 임신의 징후로서 입덧을 하고 있다는 아주 섬뜩한 이야기에 대한 게송은 다음과 같다.

바다 속의 여의주를 들여다본 이 없었나니 깊이 잠겨 귀신도 알아 본 적이 없네.
이루(离婁)는 눈이 있어도 보기 어렵고 망상(罔象)은 무심하여도 도리어 알았네.
알았음이여, 한산과 습득이 모두가 눈썹을 찡그리네.(海印信의 頌)

노골적으로 귀신과 이루(离婁), 망상(罔象)[11]을 이야기하고 급기야는 한산과 습득의 이름까지 거론하고 있다. 눈이 밝아 대낮에도 귀신을 본다는 이루의 총명함도 헛되이 끝나자 망상이 나서서 현주(玄珠)라는 각성(覺性)을 찾았다는 이야기이다. '아무도 보지 못하네'라는 구절은 바로 이루의 그 총명함조차도 오히려 눈이 멀어 볼 수가 없음을 이야기한 것이다. 또 다른 관련 구절은 다음과 같다.

신광(神光)이 절을 하고 물러나 섰으니 벼랑 끝 폭포에는 물이 길

11) 탄허 현토역해《육조단경》교림출판사, 1959. 옛적에 황제씨(皇帝氏, 마음을 비유함)가 적수(赤水: 妄想) 가에 놀다가 현주(玄珠: 覺性)를 잃고서 지(知, 지혜 많은 신하)를 시켜 찾으려다 찾지 못하고 또 이루(离婁, 총명한 신하)와 설후(說詬, 말 잘하는 신하)를 시켜서 찾으려다가 역시 종일토록 찾지 못했다. 최후에 할 수 없어서 지혜도 총명도 웅변도 없는 망상(罔象, 일체상이 끊어짐)이라는 신하를 시키게 되어 찾았다.

고 급하네.

능엄회상(楞嚴會上)에서 원통(圓通)을 드러낸 것 같으니.

도리어 노로(老盧)가 눈물을 흘리게 됐네.(天衣懷의 頌)

노로(老盧) 즉 노행자였던 혜능이 눈물을 흘리게 된 이유는 무엇인가? 달마의 독살림은 끝내 한 물건을 통하여 전수되어 6조 혜능에게 이어진다. 혜가에게 이어진 달마의 법맥은 안심법문으로, 결코 넉넉하지 못해 '벼랑 끝 폭포의 물'처럼 아슬아슬한 것이었다. 그러나 노로(老盧)의 눈에서 눈물이 흐르는 지경으로 부흥한 것이다. 전설적인 인물인 달마의 흐릿한 면모는 차츰 구체화된다.

한 그루 목숨을 켜는 날이 선 바람소리

선명한 그 자리의 끊어진 소식으로

행인은 길을 묻는데 일원상을 그리네.

―〈달마 4－끊어진 소식으로〉

'끊어진 소식'이란 언어도단의 자리를 말함일진대, 그곳에는 목숨을 걸고 수행에 매진하는 달마 일족들의 목숨을 요구하는 날카로운 바람소리만 나부끼고 있다. 수행자는 길을 가는 행인으로서, 그 언어도단을 직지(直指)하는 자리에서 길을 묻고 있다. 달마는 말없이 일원상만 그려내고 있다. 이 처절한 수행의 면목은 다음 게송들에서 표현되고 있다.

제1의(第一義)는 확연하고 적료해서 상제(象帝)를 초월했네.

여러 해 동안 책력을 보지 않았으니 춘분(春分)과 하지(夏至)를 어떻게 알랴.

요동(遼東)의 백학(白鶴)이 날아간 자취 없는데 삼산(三山)이 공연히 청천 밖에 떨어지네.(雪溪益의 頌)

'백학이 날아간 자취가 없음이나 청천 밖으로 떨어짐'은 단적으로 불립문자로서 언어도단의 자리이다. 그 소식 끊어진 곳에서 일원상을 그려 내놓은 물건을 통해 불안한 마음은 안심을 얻게 된다. 이것이 일원상의 핵심이다. 게송은 단비사건을 통하여 달마족의 최초 일원으로 등극하는 혜가의 내력을 보여주고 있다. 혜가는 한 그루 나무처럼 서 있으며 자신의 목숨을 켠 것이다. 그 안심법문의 핵심은 다음처럼 표현되고 있다.

눈 속에 서서 괴로움을 잊고 팔을 끊어 구했건만
마음을 찾을 수 없는 곳에 비로소 마음 편했네.
그 후에 편안히 앉아 생각을 모으는 사람들아.
뼈를 갈아 보답해도 못다 갚을 은혜일세.(雲居元의 頌)

《무문관》의 제49칙 〈칙어(則語)〉에서는 안만(安晩)이 했던 말을 통하여 자그마한 동그라미 즉 일원상의 공덕과 효능을 다음처럼 보여준다.

"급히 생각하기 어렵다는 글자 위에 한 작은 동그라미를 그려서 모든 사람에게 보이고 부처님의 일대장경 5천 권도, 말없이 보인 유마의 불이법문도 모두가 이곳에 있다."

달마의 일원상을 그려냄으로써 행인의 발목을 잡던 바람 소리들이 되돌아가도 좋다는 피리 소리로 변한다. 다음과 같은 게송을 통해 일원상 이후의 소식을 유추할 수 있다.

3경의 달빛 아래 무쇠 관문 닫혔는데 얼마나 많은 행인 간 길을 못 돌아오나.

좋구나, 돌아가라는 피리 한 소리, 밤 깊은데 멱라(汨羅) 강변을 불며 지나가는구나.(雪溪益의 頌)

야심한 삼경, 피리 소리를 신호 삼아 되돌아오는 발걸음은 멱라의 강변을 소란하게 하고 있다. 급기야 달마가 잡아낸 한밤중의 달빛은 창백한 자화상을 보여준다. 한 인간의 진면목이란 이처럼 처량하다는 것을 노골적으로 제시하고 있다. 설악무산의 달마는 다섯 번째 진면목으로 병색이 짙어져 가는 인간 실존의 모습이다.

매일 쓰다듬어도 수염은 자라지 않고
하늘은 너무 맑아 염색을 하고 있네
한 소식 달빛을 잡은 손발톱은 다 물러 빠지고.

—〈달마 5 – 수염은 자라지 않고〉

인간은 쉽사리 안심의 자리에 도달하지 못한다. 그래서 당연한 듯 매일 만져지던 그 수염조차 자라지 않았다는 것을 깨닫는다. 수염이 보여주는 상징성은 권위이거나 어른다움일 것이다. 어른이지 못하여 마음을 찾은 것이고, 어리광을 부린 것이다. 그에게 새삼 하늘은 염색한 것처럼 푸르다. 달빛을 부여잡아 외로움을 넘어서고자 했으나 그는 결코 한 소식도 얻지 못하여 빈손이 되었음을 알아차린 것이다. 손발톱이 다 물러 빠지도록 헛수고를 하였으니 문둥이처럼 형상이 누추해져 있다. 독살림을 하며 호기를 보여주던 배짱 두둑했던 달마는 이제

사라지고, 그 자리에 어느덧 설악무산을 읽는 독자들이 자리하고 있다. 초라하게 자신의 머리카락을 달빛인 양 잡고서 초췌한 자신을 확인하는 것이다.

마음을 못 찾음이 마음 편하다 허락하니 남을 속였을 뿐 아니라 자신까지 속였네.
동안(同安)이 도 깨친 일 곰곰이 추억하니 마음이 없다 해도 또 한 관문이 막혔네. (承天懷의 頌)

안심법문은 근본적으로 반상합도적 양상으로 적기(賊機)[12] 한다. 찾지 못한 마음이 어떻게 안심으로 이어진다는 것인가? 이는 남도 자신도 속인 것이다. 인간소외의 국면은 종국에는 자기소외를 경험하게 한다. 동안상찰의 묵조적 행위를 검토한다 하여도 당면하는 것은 철위산간이며 무간지옥의 관문 앞에 도달하는 것이다.

신광(神光)이 세 번 절하고 자리에 섰으니 견해가 모두 없어져도 완전치 못하구나.
가죽과 터럭을 설했으나 친소가 있으며 골수를 얻으면 망정(妄情)을 쉰다 누가 말했나?
그분은 퍽이나 딱하여서 일 없는 곳에서 도리어 분주를 떨었네.
분주를 떨지 말라. 돌 성(石城)의 산 밑에 물이 항상 급하다. (法雲秀 頌)

---

12) 송준영 《禪, 언어로 읽다》 소명출판, 2010, p.15의 각주 2, 3 참조: 적기어법(賊機語法)은 간화선의 최상승 방편으로 스승이 제자의 슬기를 탈취하는 방식이다. 이는 실재와 비실재, 존재와 비존재 같은 비대립의 공황상태에 직면한 상태이며 결국 포월에 의한 反常合道로 직입하여 수승한 세계(歡待의 場)로 재현되는 심리적 공간이다.

게송은 "일 없는 곳에서 도리어 분주를 떨고[無事却翻成啾唧]" 있는 인간 실존을 제시하고 있다. 인간의 삶이 가난하다는 것은 간난(艱難)한 현장 때문이다. 그래서 "수염이 나야 할 입술의 자리를 콧구멍이 덮는 것[鼻孔纍垂盖口唇]"이다. 이 현장성이 간난이다. 이 간난에 대한 내용은 다음과 같다.

> 형제가 제각기 공능(功能)을 뽐내는데 형님만이 몹시도 가난했구나.
> 세 번 절하고 한마디 없으니 콧구멍이 처져서 입술을 덮었네. (翠嵓宗 頌)

이제 달마는 백척의 간두에서 퇴로를 차단당하는 형국이다. 달마는 장강을 건너 총령의 도중에서 신발 한 짝 겨우 챙겨 '빚을 물리'면서 '세상 길 가로막고 서' 있다.

> 다 끝난 살림살이의 빚 물리는 먼 기별에
> 단벌 그 목숨도 두 어깨에 무거운데
> 세상길 가로막고서 타방으로 도망가네.
>
> —〈달마 6 – 세상 길 가로막고서〉

달마의 이미지는 가시밭길을 걸어야 하는 형극의 삶으로 나타난다. 양 무제에게 모르겠노라![不識] 한마디 던지고, 그 말빚의 값어치를 하느라 떠난 것이다. 그 빚잔치는 온 나라 사람들이 뒤쫓는다 해도 돌아오지 않겠지만, 그 무거운 삶을 짊어진 달마 조사는 소환되어 발을 씻어주어야 한다.

거룩한 진리의 확연한 길을 어떻게 분명히 할꼬?

상대하여 묻는 이가 누군가 하니 도리어 모른다 하네.

이로 인해 가만히 강을 건너가니 그 어찌 가시밭길을 면할 수 있었으랴.

온 나라 사람 뒤쫓아도 돌아오지 않나니. 천고만고에 공연히 생각만 나네.

생각하지 말라. 맑은 바람이 대지를 스침이 끝이 있으랴.

그리고는 좌우를 돌아보면서 말하였다. "여기에 조사가 있는가?"

곧 스스로 대답하였다. "있다면 와서 내 발을 씻어다오."(雪竇顯의 頌)

게송에서 달마의 외로운 발길은 종국에는 서천의 도성으로 향한다고 설파한다. 2조 혜가의 내력은 물론 총령도중의 이야기를 거들먹거리다가 달마 조사께서는 지금 여기에 계신 분이라고 밝혀낸다. 다음의 게송들은 각각 달마의 삶을 되짚어주고 있다.

남국의 큰스님은 두 눈이 푸르렀고 양나라 어진 임금 한쪽 눈만 밝았네.

'모르겠다' '확연하다' 쓸모가 없었던가?

외로운 발길 허탕치고 서천의 도성[西京]으로 돌아갔네.(承天懷의 頌)

눈썹을 곤두세운 이여. 가죽을 얻었다, 골수를 얻었다 하여 당나라를 속였네.

소실(小室)의 바위 앞엔 티끌 하나 없거늘 뉘라서 신 한 짝 들고 인도로 갔다 하는가?

꽃들이 해 아래 방글거리니 봄이 깊었고 낙엽이 바람에 나부끼니 가을이 저무네.

조사께서 오셨다. 빨리 살펴라. 대중들은 보았는가?(南明泉의 頌)

"다 끝난 살림살이의 빚을 물리는" 달마의 모습이나 "가죽과 골수를 잔뜩 늘어놓고는" 후다닥 어깨에 신발 한 짝 걸머 매고 연이어 목숨을 매달고 떠나는 모습이 보여주는 게송에서 초월적 은유의 깊이를 확인할 수 있다.

소림 앞에서 벽을 향해 앉았을 때, 법이나 옷을 전했다고 뉘라서 말하는가?

가죽과 골수를 늘어놓고는 총령(葱嶺)에서 공연히 한 짝 신 들고 떠났네.(天寧照의 頌)

6. 바람과 물의 원형적 이미지, 달마의 풍수(風水)

달마는 무사히 타방으로 도망치는 데 성공한 듯하다. 양 무제는 달마를 찾아 빚을 물리고자 무덤까지 열었으나, 거기에는 외짝 신발만이 남아 있었다고 한다. 이제 달마에게 남은 것은 이제 원형적 물의 이미지이다.[13] 설악무산은 '화적질'에서 찾아낸 불의 이미지와 날 선 바람소리에서 제시한 바람의 이미지로 달마의 면목을 그려내다가 〈달마 7〉에서 비로소 잔잔한 물결 위에서 노니는 달마의 이미지를 다음처럼 제시한다.

---

13) Frye, H. N.의 〈원형비평이론〉에 힘입어 지수화풍의 이미지를 비평함.

그 순한 초벌구이의 단단한 토질(土質)에
먹으로 찍어 그린 대가 살아남이여
그 맑은 잔잔한 물결을 거슬러 타고 가네.

—〈달마 7 – 물결을 타고〉

달마의 일곱 번째 면목에서 "먹으로 찍어 그린 대"에서도 먹물의 원형은 어디까지나 물이다. 그럴 때 물은 생명을 담보하는 마법적 힘을 지닌다. 그리하여 먹물로 그린 대나무이지만 생명력을 회복하고 살아나게 된다. 그러니 모든 생명은 본질적으로 자연을 거스르는 힘을 통해 자기복제나 자기 회복을 도모한다. 물과 생명의 상관성은 원형에 대한 은유로서 낚시와 연결되어 나타난다.

황금 자라 한 마리 건지면 바다도 마를 것인데 공연히 작은 배를 유유히 띄웠구나.

오늘 파도에 낚을 길 없다면 새 달에 다시 낚을 필요조차 없느니라.(雲門杲의 頌)

팔 끊기는 눈에 섰기보다 더 어렵거늘 마음을 찾을 수 없을 때 비로소 마음이 편하였네.

만경(萬頃)의 끝없는 갈대밭 속에 도사린 어부마다 낚싯대 가진 줄 뉘 알았으랴.(智海逸의 頌)

맑은 물에 머리를 헹구어도 비듬이 있다고 느껴지는 것은 과도한 청결의식 때문이다. 그리고 가려움증으로 고생하며 생긴 부스럼이란 삶의 완전성에 도달하고자 시도할 때 발생하는 심리적 소양증의 일환이다. 그리하여 피부병을 앓거나 문둥병으로 고생하는 것은 성인의 표식이기도 하다. 그들에게는 속인들이 관심을 가지는 육신의 상태가 아니라 지상과 천상 사이의 괴리에서 도래하는 단절감으로 인한 정신적 고통이 문제이기 때문이다. 〈달마 8〉은 이러한 지경을 보여주고 있다.

> 감아도 머리를 감아도 비듬은 씻기지 않고
> 삶은 간지러워 손톱으로 긁고 있네
> 그 자국 지나간 자리 부스럼만 짙었네.
>
> —〈달마 8 – 삶은 간지러워〉

인천(人天)이 어리둥절하여 머리를 긁어대는 이유는 소양감 때문이 아니며 비듬이 생겨서도 아니다. 털끝보다도 작은 호리의 차이도 없는 완전함을 어떻게 구할 수 있는가? 1근은 16냥이니 당연히 '8냥이 반 근'이라 노래하고 있다.

> 털끝만큼이라도 전해 준 것 있다면 혜가는 어떻게 온전할 수 있었으랴?
> 인간이나 하늘들이 어리둥절하는 곳에 여덟 냥(八兩)은 원래가 반 근(半斤)이라네. (佛眼遠의 頌)

고개를 갸우뚱하며 의심하는 것이 좋을까? 있지도 않은 비듬을 씻으려 머리를 헹구는 게 좋을까? 공연히 긁어 부스럼 만들 필요가 있을까? 설악무산의 문제의식이나 게송의 시선이나 진배없이 도달하는 곳은 소림굴의 전법에 대한 실체이다.

달마와의 인연은 이처럼 처절하고 진정한 것에 속하는 것이라 다음처럼 노래한다.

소림(小林)의 진정한 법의 사손으로 온전한 재사(才士) 구하는데
여러 사람 저마다 고개를 갸웃하네. 의법(衣法)을 전해 받기 쉽다 고 하지 말라.
일찍이 세 번 절해 좋은 인연 맺었네.(智海逸의 頌)

비로소 "한 송이의 꽃에 다섯 잎이 피어나는[一花開五葉]" 이유를 과감하게 설명하고 있다. 달마는 눈꺼풀을 베어 냈으니 눈이 감기지 않는다고 한다. 그러나 부처님의 눈은 언제나 반개하여 실눈으로 그려진다. 그렇다면 쪽 찢어진 실눈은 누구의 눈인가? 그 '도신(刀身)의 눈'은 세상을 외면하고 있는 자의 것이다. 세상에 볼 것 없으니 칼처럼 외돌아서서 눈을 감고 있다. 그를 위하여 상문풀이가 필요하다.

아무리 부릅떠도 뜨여지지 않는 刀身의 눈
그 언제 박힌 명씨 한 세계도 보지 못하고
다 죽은 세상이라고 喪門풀이 하고 있네.
—〈달마 9—한 세계도 보지 못하고〉

불교철학에서 무명(無明)과 불식(不識), 즉 보지 못함은 언제나 알지 못함과 동의어가 된다. 그 확연함을 알지 못함은 그 사람 탓이다. 주인과 손님을 사이에 두고서 빈주(賓主) 간의 책임소재를 밝혀야 한다. 그래서 콧구멍을 잡고 있다며 천둥같이 고함지르며 상문을 풀어주는 염(拈)을 하고, 달마를 들어[擧] 그를 소환하며 상문을 푼다.

"뚜렷하거늘 그 사람이 알지 못했네. 일러 보라.
손이 몰랐는가. 주인이 몰랐는가? 설사 분명히 가려낸다 해도
콧구멍이 내 손아귀에 있느니라."(蔣山泉의 拈)

"분명히 달마의 얼굴 앞에 있거늘 어느 것이 모르겠다는 도리인가?"

스님이 말하였다. "모르겠습니다." 이에 선사가 불자(拂子)를 번쩍 세우면서 말하였다.

"달마가 여기에 있느니라."

마음 찾을 곳 없는데 어찌하여 편안했나? 시뻘건 무쇠덩이 통째로 삼켰다네.

제아무리 눈이 트이고 뜻이 열린들 노호(老胡 ,달마)의 속임에 빠지지 않은 것만 같으랴. (雲門杲의 頌)

"박힌 명씨 한 세계도 보지 못하"는 존재에게 주어지는 수수께끼는 "호랑이 잡아먹은 자라"이며, 해답은 진흙으로 만들어진 소가 물을 건넌다 하여도 뼈다귀가 드러나지 않는 법이라고 노래한 것이다.

세 번 절하고 말 없는데 골수를 얻었다니 허공이 땅에 떨어졌다가 다시 일어나는구나.

우물 속의 자라가 호랑이[大蟲]를 잡아먹고

물을 건너는 진흙 소는 뼉다귀(觜)를 드러내지 않는다. (牧庵忠의 頌)

달마는 경천동지하며 지축을 흔들어대는 문화적 유전자(meme)로 맹위를 떨치고 있다. 이런 달마에 대한 현상을 "한 생각 화재뢰(火災雷)로 천지간을 다 울렸"다고 표현한다. 달마의 열 번째 면목은 과감하다.

흙바람 먼지도 없는 강진을 일으켜놓고

한 생각 火災雷로 천지간을 다 울렸어도
마침내 짖지 못한 나는 喪家之狗였구나!
—〈달마 10 – 天地間을 다 울렸어도〉

달마가 일으킨 강도 높은 지진은 흙바람이나 먼지도 없다. 그것은 정신적 충격일 뿐 물리적 시공간에는 아무런 흔적도 남긴 것이 없다. 달마의 한 생각은 큰불이 났을 때 화연(火煙) 속에 일어나는 큰 소리로 울려퍼지는 화재뢰(火災雷)로 기존의 모든 것을 집어삼킨다. 마치 새벽 누각의 범종소리가 시방세계로 퍼지는 것 같고, 봉황대의 법고가 소리 울리는 것만 같은 것이다. "서역 오랑캐 소리를 들으며 혼신의 힘을 다 한 달마[胡僧費盡平生力]"는 그저 "저 멀리 소림(小林) 향해 발길을 돌리"고 있을 뿐이다. "봄바람 스친 곳에 꽃잎이 낭자(狼藉)"한 이러한 사정을 게송에서 뚜렷하게 밝혀 놓고 있다.

누각(樓閣)의 종소리 처음 들릴 제 따사로운 햇빛 아래 창룡(蒼龍)의 잠 고단했고
봉황대(鳳凰臺)의 북소리 거듭 들릴 땐 밤중의 난새(鸞)도 아직 깃을 안 치네.
황제의 기반이 반석같이 길이 굳어서 호승(胡僧)이 평생의 힘 다 들였네.
저 멀리 소림(小林) 향해 발길을 돌리니 봄바람 스친 곳에 꽃잎이 낭자(狼藉)하네. (佛鑑勤의 頌)

상갓집의 개가 달마에 대한 마지막 결구에는 나타난다. 뜻을 헤아리기 힘든 불식(不識)의 탄식 "마침내 짖지 못한 나는 상가지구(喪家之狗)였구나!" 이 탄식은 누구를 위한 일구인가? 설악무산은 달마를 그려

놓았지만 한 마디도 말하지 못한 자신을 상가지구라고 고백하고 있다. 옛 노래들에서도 달마에 대하여 해답인지 질문인지 모를 내용이 나타나고 있다.

마음을 찾을 수 없을 때 마음이 편해지니 도살장과 음녀의 집이 소림을 계승했네.
그렇건만 자손들은 곧은 길을 싫어해서 여러 곳을 헤매면서 선지식을 찾아가네.(無盡居士의 頌)

몰골을 찡그려서 아무도 모르나니 당나라 백성 속여 바보로 만들었네.
가죽이다, 골수다, 늘어놓더니 신발 한 짝 들고 간 이 누구이던가?(曹溪明의 頌)

7. 일품(逸品)의 격외도리(格外道理)

백운연(白雲演)은 "거짓은 한 사람이면 족하고 천만의 사람들은 이에 대하여 진실을 전한다[一人傳虛 萬人傳實]"는 기상천외의 선기를 전하고 있다. 또한 《염송》의 〈중간염송설화(重刊拈頌說話) 서(序)〉에서 천은자[天隱子 亦號日三教了父]는 다음과 같은 표현으로 문자의 값어치를 높이고 있다.

천경만론(千經萬論)도 말과 이름 속에 숨어 있는 도리를 외면하지 못하나니, 설산노자도 또한 반드시 이 말을 귀담아듣고 감동하리라.
세상의 계산으로 측량이 불가능한 무가보(無價寶)의 진정한 의미는 값어치가 없는 모든 것들에 적용이 가능하다. 천은자의 격외도리(格外道理)에 대한 감동을 유산으로 물려받은 설악무산은 그 '천경만론조차 바람에 일렁이는 파도'일 뿐이라고 노래하고 있다.

밤늦도록 불경(佛經)을 보다가 밤하늘을 바라보다가
먼 바다 울음소리를 홀로 듣노라면
천경(千經) 그 만론(萬論)이 모두 바람에 이는 파도란다

천은자의 감동을 '은일적 삶에 내재한 초범탈속(超凡脫俗)을 추구하는 미의식의 발로'에 해당하는 일품(逸品)의 미학[14] 으로 되받아 서술하며 격외적 선기로써 시적 파격을 제시한 것이다. 달마의 면목들은 살펴본 것처럼 반상합도이거나 불류짐적 또는 초월의 은유로 가득한 필치로 그려진 이미지이다. 달마의 '흔적없이 사라진다'는 몰종적한 소식은 설악무산의 십면목에 내재한 그 목소리와 중첩된다. 《선문염송》의 〈중간염송설화 서(重刊拈頌說話 序)〉에 쓰인 몰종적 관련 내용은 다음과 같다.

달마, 이 몸은 본래 텅 비어 하늘과 물이 한 색이듯
흔적 없이 사라지네 맑은 바람 밝은 달
그 속에 숨은 뜻은 모른다, 오직 한 마디뿐.

또한 청허휴정의 《선가귀감(禪家龜鑑)》에는 달마와 관련된 격외의 선지를 언설로 설명함이 부당하다고 선언한다. 또한 그러한 부질없는

14) 조민환 《동양 예술미학 산책: 동아시아 문인들이 꿈꾼 미의 세계》 성균관대학교출판부, 2018, pp.235-245.

일을 만들었기에 하택신회는 지해종자였을 뿐이라고 평하고 있다. 공안과 화두를 선불리 입에 담는 것은 위험한 일인가? 전법과 관련한 선승들의 법거량 내용을 들추는 것은 아주 조심스러운 세태가 된 지 오래다. '언설로써 종지를 설명하는 이러한 일[如斯擧唱明宗旨]'이란 '서쪽에서 온 푸른 눈의 수행자를 웃겨서 죽이는[笑殺西來碧眼僧]' 일에 해당한다고 선가귀감은 일할(一喝) 한다. 이를 알게 된 수행자로서는 이러한 사실을 비밀로 봉인해야 하는 것인가 보다.

〈달마십면목〉에 대한 담론은 서서히 자취를 감추고 그 모습을 드러내지 않는 경향이 뚜렷하다. 그러나 낭중지추는 삶의 당연한 이치여서 설악무산은 마침내 천지를 놀라게 하는 말후의 일구(末後 一句)를 토해낸다. 천지를 놀라게 한 설악무산의 마지막 일구는 당연히 임종게[15] 라고 할 수 있다. 그의 임종게를 감당할 사람은 시방 어디에 있는가?

15) 천방지축(天方地軸) 기고만장(氣高萬丈)/ 허장성세(虛張聲勢)로 살다 보니/ 온몸에 털이 나고/ 이마에 뿔이 돋는구나// 억!

조오현 시인의 '절간 이야기' 연작에 나타난 '민중적 중생'의 의미

방민호

차 례

방민호 / 문학평론가. 1965년 충남 예산 출생. 서울대학교 국문과, 동 대학원 졸업. 1994년 제1회 《창작과비평》 신인평론상을 수상하며 평론 활동 시작. 2001년 《현대시》를 통해 시인 등단. 시집 《숨은벽》 등과 소설집 《대전스토리, 겨울》 등 다수가 있고, 저서로 비평집 《비평의 도그마를 넘어》와 《문명의 감각》과 《한국비평에 다시 묻는다》 등 다수. 현재 서울대 국어국문학과 교수, 한국현대문학회회장.

1. 들어가며
– 조오현 시의 선시적 본질과 '절간 이야기' 연작

줄잡아 220편에 달하는 조오현(曺五鉉)의 시 세계는 그가 시조 문학에 남긴 독보적인 발자취로 말미암아 앞으로도 넓고 깊은 탐구의 대상으로 남아 있게 될 것이다.

시인 조오현은 세속에서는 시인이지만 이는 필명이요, 법명은 무산(霧山), 법호는 만악(萬嶽)이며, 자호가 설악(雪嶽)이다. 본디 선승이어서 그 시 세계의 탐구는 반드시 이 선승으로서의 본색과 관련을 두지 않으면 안 될 것이라 생각한다.

권영민 교수가 편집한 《조오현문학전집》(문학사상사, 2012)을 보면 그의 시 세계의 몇몇 특징을 간취할 수 있다. 하나는 그의 시 창작의 장르적 양상으로서 시조다. 그는 일관되게 시조를 기저로 삼아 시 창작에 힘썼고 그 면목이 전집에 드러난다.

또 하나는 그가 연작에 힘쓴, 유장한 사유 세계를 가진 시인이었다는 점이다. 오늘 주제가 될 '절간 이야기' 연작은 《시와 시학》에 1991년 봄부터 연재한 것이다. 《전집》은 이것 말고도 '무산심우도' 연작, '무자화' 연작, '일색변' 연작, '무설설' 연작, '달마' 연작, '만인고칙' 연작, '일색과후' 연작, '해제초' 연작, '산일' 연작, '1970년 방문' 연작, '견춘삼제' 연작, '직지사 기행초' 연작, '산거일기' 연작 등의 존재를 보여준다. 《전집》에 어떻게 빠지게 되었는지 알 수 없지만 《절간 이야기》(고요아침, 2003)에는 '산승' 연작 세 편도 실려 있음이 보인다. 연작만이 주제적 일관성을 추구하는 방식은 아니지만 그로써 더욱 사유의 깊이와 치열성을 가늠할 수 있지 않을까 한다.

다음으로 그의 빼어난 시들은 선시 계열에 속한다고 할 수 있지 않을까 한다. 이 가운데에서 필자는 특히 〈아득한 성자〉 〈내가 나를 바라보니〉〈내가 죽어 보는 날〉〈적멸을 위하여〉 같은 시들은 불교의 전통적 선시를 한글 시로 실현해 보인 것이라 할 수 있다. 이에 관하여 다음과 같은 견해는 선시에 관한 일반적 견해로서 수용할 만하다. "선(禪)의 구현 방법에서는 철저하게 문자를 배격하고[不立文字] 오직 마음과 마음에 의한 표현이 그 전수방법[以心傳心]이다. 인간과 자아에서의 경이의 세계를 시적인 영감을 통하여 표현하는 것이 바로 선시(禪詩)라 할때, 선시는 절려망연(絶慮忘緣), 불립문자(不立文字)라는 선리(禪理)와는 어떤 함수를 지니는가. …… 결국 선과 시는 종교와 사상, 문학과 예술로서 그 영역을 달리하면서도 양자가 직관을 통해 추구하는 정신적 원천에서의 상통성과 그 격이 언어로 표현된 선어와 시어는 모두 일상성을 초월한 극도의 상징적 표현을 지닌다는 점에서 선과 시는 통하게 되는 것이다."[1)]

한편으로 필자가 위에서 열거한 조오현 선시의 하나의 특징으로서 삶과 죽음에 관한 그의 지속적인 천착을 꼽을 수 있지 않을까 한다. 이와 관련하여 권성훈은 다음과 같이 논의했다. "그의 시에서 목격되는 죽음은 현실의 귀하고 아름답고 숭고한 대상도 아니며 극적이고 비극적이고 해학적인 대상도 아닌 사소한 것과 비루한 것에서 출발한다. 그의 시에 죽음은 죽음 이미지와 함께 등장하는 늙은 어부, 부목처사, 옹장이, 염장이, 대장장이, 소작인 등 소외된 사람을 비롯하여 담쟁이, 갈매기, 절간 청개구리라, 하루살이, 똥구리, 피라미, 벌레, 좀거머리, 아지랑이, 허수아비, 대추나무, 모과, 허수아비, 지푸라기 등 생물에서 무생물까지의 죽음을 선적 사유로 관통하고 있다는 점이다. 죽음이 삶과 더불어 현실에의 장소에서 벌어지는 것으로써 삶과 죽음은 구분될 수도 없고, 분리하여 사유할 수도 없다는 것을 지속적으로 보여주는바

1) 김미선 〈한국 선시의 발달사〉《한문고전연구》 2006, 245~246쪽.

이것이 조오현 단시조에 나타난 선시의 특장이라고 할 수 있다."[2)]

비록 단시조에 국한된 논의라 해도 이와 같은 분석은 그의 시에 내재한 죽음에의 깊은 탐구를 잘 설명한다. 무릇 모든 종교가 그러하듯, 불교는 죽음이라는 자명한 현상의 존재로부터 발원하는 절대적 구원 추구의 한 방식이라 할 때 조오현의 시는 불교적 구도의 중심선을 따라 전개되고 있다고 말할 것이다.

이 글은 이러한 조오현 시의 선시로서의 본색에 대한 인식을 바탕으로 그의 시 가운데 가장 산문적이고 또 서사적인 특성이 강한 '절간 이야기' 연작의 의미와 가치를 새롭게 분석해 보고자 하는 것이다. 선시라 하는 것이 극도의 상징성과 역설의 미학을 중심으로 하는 것이라면 '절간 이야기'는 이미 그 연작 이름이 시사하듯이 일종의 '이야기'라는 점에서 선시로서의 본색에서 멀어져 있다고 말할 수 있지 않은가? 이와 같은 물음 앞에서 이 연작들이 얼마나, 어떻게 그 존재론적 가치를 주장할 수 있는가 하는 것이 이 논의에서 살피고자 하는 주제이다.

2. '절간 이야기' 연작에 나타난 인물들에 대한 분석과 평가

조오현의 시에 내재된 선시적 특질에 대해서는 얼마간의 논의들이 있어 왔던 것으로 확인되는데, 이러한 중에도 '절간 이야기' 연작에 대한 분석을 시도한 논문들, 글들이 있음은 다소 이례적으로 여겨진다. '절간 이야기' 연작은 전형적인 선시 계열의 시라고 할 수도 없는 까닭에 다소 중심, 본령에서 벗어난 보이는 연작시에 대해서 관심을 갖기는 쉽지 않을 것이기 때문이다.

---

2) 권성훈 〈조오현 단시조의 죽음 연구〉《춘원연구학보》 9, 2016.12, 394~395쪽.

이러한 '절간 이야기'에 가장 적극적인 의미와 가치를 부여한 연구자는 아마도 정효구일 것이다. 그는 '절간 이야기' 연작에 관한 한 논문을 통하여 그 의미와 가치를 다음과 같이 평가했다.

> 본고에서 다루고자 하는 절간 이야기 연작 32편은 이와 같은 조오현의 시작품 가운데 최고의 역작이자 문제작이라 평가하여도 부족함이 없는 경우이다. 이 연작 32편은 시인의 분명한 시작 목표와 방법 속에서 기획되어 창작된 것이라 할 수 있다. 그러니까 때에 따라 쓰인 작품들을 모아 놓은 경우와 달리 기획성과 의도성 및 일관성이 이 작품 속에 들어 있다는 것이다. 구체적으로 이 작품은 절간의 세계를 세속의 공간에 전하면서 절간과 세속 혹은 세속과 절간이 소통할 수 있는 길을 마련한 하나의 의도적인 장이었다고 판단된다. 그리고 이 연작 절간 이야기에는 시로서 갖추어야 할 상상력과 미학성의 높이는 물론 '절간'이라는 특수한 세계의 경험적인 이채로움과 더불어 수준 높은 정신성과 종교성이 내재해 있다.[3)]

정효구는 이와 같이 '절간 이야기'의 '절간'을 시인의 의도적 고안의 장으로 간주하면서 이러한 공간의 미학을 변주함으로써 높은 문학적 효과를 자아낼 수 있었다고 평가한다.

'절간 이야기'에 대한 고평의 맥락에서 그 대화적 특성에 주목한 권영민의 논의는 주목해 볼 만하다. 그는 미하일 바흐친의 이론이라 할 수 있는 소설에서의 '대화 이론'을 원용하여 그 연작들의 다성악적 특성을 부각시키고자 한다.

---

3) 정효구 〈조오현의 연작시 절간 이야기의 장소성 고찰—'절간'을 중심으로〉《개신어문연구》 47집, 2017, 156쪽.

> 여기서 시인이 이끌어가고 있는 것은 통일적이고도 독백적인 어어가 아니다. 시인은 여러 목소리를 각자의 언어로 해방시킨다. 그러므로 이들 작품에서는 언어는 일상적인 생활 속에서 각각 자기 목소리를 가지고 나타난다. 수많은 억양과 목소리가 들리는 가운데 다양한 암시와 기지와 비유가 그 속에서 살아 움직인다. 시인이 이 말들을 자기 목소리로 통제하는 것이 아니라 그 본래의 자리로 본래의 소리로 풀어 놓고 있기 때문이다. 결국 이들 작품은 모든 언어의 가능성을 드러내면서 그 이야기조의 시적 특징을 살려낸다.
>
> 조오현의 새로운 시법은 구어의 직접적인 수용을 통해 생생하게 살아 있는 말들의 현장인 삶의 일상적 공간을 그대로 시적 공간 속에 재현한다는 점에 그 특징이 있다. 그러므로 이들 살아 있는 말들은 서로 뒤섞이면서 다양한 목소리의 대화적 상황을 연출한다. 이 대화적 공간이야말로 조오현의 시가 창조해내고 있는 새로운 시적 영역이다. 이 공간 안에서 다양한 목소리의 충동을 없애는 것이 아니라 그것을 살려내고 그 충동을 다시 시적 긴장으로 변용한다. 여기서 중요한 것이 말과 말들의 대화이다. 이 대화는 정적으로 존재하는 것이 아니라 역동적으로 상호 충돌하면서 삶의 본질적인 문제들을 이야기하게 되는 것이다.[4)]

실제로 '절간 이야기' 연작에는 위의 글이나 조오현 단시조에 관한 권성훈의 논의에서 열거된 여러 인물들, 사물들이 등장하고 있고 이들 사이에 어떤 대화적 관계가 형성되어 있다. 이 대화적 특징을 어떻게 이해하는가는 '절간 이야기' 연작으로 들어가는 한 통로 역할을 할 수

---

4) 권영민 〈조오현, 시조 혹은 운명의 형식〉《조오현문학전집 – 적멸을 위하여》 문학사상사, 2012, 289~290쪽.

있을 듯하다.

미하일 바흐친은 그의 《도스토옙스키 시학》에서 도스토옙스키 소설의 새로움을 설명하기 위해 이른바 '대화 이론'이라는 것을 제시했다. 그에 따르면 소설들은 구래의 '독백적' 양식과 새로운 '대화적' 양식으로 구별될 수 있다. 도스토옙스키 소설이 독보적인 것은 그의 소설 속에서는 어떤 '최종화(finalization)' 하는 인물이 나타나지 않는다는 것이다. 통상적인 작중 인물들, 예컨대 주인공이나 그 밖의 인물들은 물론 화자조차도 어떤 결론을 섣불리 제시하지 않고 소설 속 세계를 일종의 담론적 투쟁의 장으로 변모하게 '내버려 둔다' .

예를 들어, 《카라마조프의 형제들》에 등장하는 세 형제, 드미트리, 이반, 알료사 등은 각기 다른 세계관을 대표하는 인물들인데, 이들뿐 아니라 아버지 표트르나 사생아인 스메르자코프 같은 인물들조차도 각기 다른 세계인식을 갖추고 있어 그 '위력'을 다른 이에게 양보하지 않는다. 화자조차도 이들 가운데 누가 옳은가를 판정하지 않은 채 소설의 마지막 결말까지 이야기를 밀어붙이는 양상을 보인다. 한국 작가 김동인은 일찍이 도스토옙스키와 톨스토이에 대한 평론 〈자긔의 창조한 세계〉(《창조》 1920.7)에서 다음과 같이 썼다.

> 먼저 써스터예으스키－를 보자. 그는 마츰내 「인생」이라 하는 것을 창조하엿느냐.
>
> 하엿다. 그것도 훌륭한－참 인생의 모양에 갓가운 인생을 창조하엿다. 「사랑으로써 모든 것은 해결된다」는 인생을 창조하엿다. 그러치만 그 뒤가 틀넛다. 그는, 자기가 창조한 인생을 지배치를 안코 그만 자기 자신이 그 인생 속에 빠저서, 엇절 줄을 모르고 헤매엿다. 〈죄와 벌〉에서, 그는, 차차 자기가 빠젓던 자기 인생 가운데서 써오르다가, 또 맥업시 푹 빠지며 「모든 죄악은 법률로써 해결된다」와

「맑은 사랑이 제일이다」라는 큰 모순된 부르지짐을 당연한 듯이 발하엿다. 〈칼-마조ᅋ 형제〉도, 이와 가티 되여 버렷다. 〈악령〉도 그러코 〈백치〉〈학대바든 자들〉〈불상한 사람들〉 모도 이와 가치 되엿다. 자기가 창조한 인생을 지배할 줄을 몰낫는지, 능력이 업섯는지는 모르되, 엇더턴, 그는 지배를 못하고, 오히려 자신이 거긔 지배를 바닷다. 극단으로 말하자면, 그는 자기가 지은 인생의게 보기 싫흔 패배를 당하엿다.

그러면, 톨스토이는 엇더냐, 그도 한 인생을 창조하엿다. 하기는 하엿지만, 그 인생은 틀린 인생이요 소규모의 인생이다. 그는, 범을 그리노라고 개를 그린 화공과 한가지로, 참 인생과는 다른 인생을 창조하엿다. 그러고도, 그는, 그 인생에 만족하엿다. 그러고, 그 인생을 자유자재로, 인형 놀리는 사람이 인형 놀리덧 자기 손바닥 우에 올려노코 놀렷다. 썩구러도 세워 보고, 바로도 세워 보고, 웃겨도 보고, 울리워도 보고, 자기 마음대로 그 인생을 조종하엿다.

톨스토이의 위대한 점은 여긔 잇다. 그의 창조한 인생은, 가짜던 진짜던 그것은 상관 없다. 예술에서는 이런 것의 구별을 허락지를 안는다. 뿐만 아니라 자기의 요구로 말 암아 창조한 그 세계가 가짜던 진짜던 무슨 상관이 이슬가, 자기의 요구로 말믜암아 생겨나스니까……. 톨스토이의 주의가 암만 포악하고, 써스터예ᅋ스키－의 주의가 암만 존경할만 하더라도, 그들을 예술가로써 평할 째는 써스터예ᅋ스키－보담 톨스토이가 아무래도 진짜이다. 톨스토이는, 자기가 창조한 자기의 세계를 자기 손바닥 우에 올려노코, 자기가 조종하며, 그것이 가짜던 진짜던 거긔 만족하엿다. 이것이 톨스토이의 예술가적 위대한 가치일 수밧게 없다.[5)]

---

5) 김동인 〈자긔의 창조한 세계－톨스토이와 써스터예ᅋ스키－를 비교하여〉《창조》

한국 근대소설의 개척자 김동인이 보기에 도스토엡스키는 자기가 창조한 세계를 지배하지 못했던 반면, 톨스토이는 자기의 주인공을 자신이 원하는 방향으로 인형을 조종하듯 밀고 갈 수 있었다는 것이다. 김동인이 보기에 톨스토이는 독백적 소설 양식, 즉 작가가 자신의 인물들을 자기 의도대로 움직여 나가는 단일한 목소리의 소설을 완성한 대가라면, 도스토엡스키는 자신의 인물들을 제대로 다스리지 못한 능력 결핍의 작가였다는 것이다.

그러나 같은 현상을 가리키면서도 미하일 바흐친은 도스토엡스키가 자신의 인물들로 하여금 자기 사상을 소설 속에서 충분히 개진하도록 배려한 작가였다고 말하고 있다. 심지어 도스토엡스키는 자신의 사상을 자신의 인물들에게조차 배분하거나 강요하지 않은 독특한 소설 작법의 선구자였다는 것이다.

이러한 바흐친의 대화 이론은 본래 장편소설에 관한 장르 이론이어서 '절간 이야기' 연작에 전면적으로 적용하는 데는 다소 무리가 있을 것으로 판단된다. '절간 이야기' 연작이 여러 인물을 등장시키고 있고, 이들 사이에 모종의 대화적 양상이 나타나고 있는 것은 사실이다. 하지만 필자가 보기에 이들 시의 화자는 자신의 세계인식, 다시 말해 선적인 경지를 추구하는 인물의 시선으로 자신의 시에 등장하는 인물들을 분석, 평가하면서 제시하는 양상을 보인다는 점에서 여러 인물의 목소리를 다성악적으로 들려주면서도 본질적, 근본적으로는 독백적이라 할 수 있으며 바로 이러한 양상을 통하여 선시적인 이야기시로서의 일관성을 확보한다.

이 점에서 '절간 이야기' 연작의 인물들은 서로 대등하다거나 담론적 쟁투를 벌인다고 판단하기 어렵다.

1920.7, 52쪽.

3. '절간 이야기' 연작의 화자와 그를 통해 나타나는 시인의 세계 인식

한편으로, '절간 이야기'를 고평한 연구자 정효구는 그 연작에 나타난 인물들에 관해 다음과 같은 진단을 내리고 있다. '절간 이야기' 연작에서는 "평범한 인물들의 비범함"이 지속적으로 발견된다는 것이다.

> 조오현의 절간 이야기를 읽어가다 보면 그 '절간'에서 일어나는 일 가운데 가장 먼저 눈에 띄는 것은 평범한 인물들의 비범함을 발견하여 부각시키는 일이다. 일반적으로 범인, 세속인, 중생, 범부 등으로 불리는 세간의 사람들과 성인, 도인, 각자(覺者), 선지식 등은 서로 대비되는 관계에 있는데, 이 시에서 그와 같은 대비 구도가 해체되고 와해된다. 그것은 바로 시인의 안목에 의한 것인데, 시인은 범인, 세속인, 중생, 범부로 불리는 자들에게서 성인, 도인, 각자, 선지식의 모습을 읽어낼 수 있는 능력을 지닌 까닭이다.[6]

이러한 평가의 맥락에서 조오현의 '절간 이야기'는 "범성불이(凡聖不二)"[7] 라는 이법을 드러내는 시들로 평가된다. 여기서 이 연작들에 나타나는 "범인, 세속인, 중생, 범부"들은 곧 오래고 비범한 구도자의 모습을 띠고 나타나게 된다. 이러한 진단은 필자가 보기에 '절간 이야기' 연작 속에서 "평범한 인물"들이 행하는 역할에 대한 본격적인 분석으로 들어갈 수 있게 해주는 매개 역할을 하는 것으로 보인다. 비록 '절간 이야기' 연작들이 유형화되어 제시, 분석되어 있지는 않지만, 이 시들

---

6) 정효구, 앞의 논문, 158쪽.

7) 위의 논문, 같은 쪽.

에서 어떤 문학적, 미학적인 면에서 흥미를 자아내는 것은 확실히 이들 "평범한 인물"들이 등장하는 시라고 할 수 있다.

이러한 맥락에서 더 나아가 '절간 이야기' 연작에 나타난 인물들의 문제를 이 연작들의 서사적 특성과 관련지어 서술이론의 도구를 활용한 분석적 접근을 꾀한 연구자는 우은진이다. 그는 '절간 이야기' 연작을 일종의 '서술시'로 개념화하면서 이에 대한 분석적 접근을 시도한다.

> 조오현 시인의 시작에서 드러나는 초월의 양상은 장르적 차원에서도 발견된다. 〈절간 이야기〉 연작시편에서 확인할 수 있는, 서정/서사, 산문/운문이라는 일반화되어 있는 장르 구분 관념을 초월하는 서술시(narrative poem)의 양상이 바로 그것이다. 그런데 〈절간 이야기〉 연작시편은 시를 통해 이야기를 서술한다는 측면에서 서술시에 해당하는 텍스트이면서도, 시 텍스트 내 이야기에 등장하는 인물을 일방적으로 대상화하지 않는 특징도 보인다. 복수의 발화 주체가 시적 공간에서 수평적 관계를 빚어내며 중층적인 소통구조를 형성하고 있는 것이다.[8)]

이처럼 우은진은 '절간 이야기' 연작들을 "서술시"라는, "서정/서사, 산문/운문" 개념으로 이항대립화할 수 없는 경계에 놓인 양식, 장르 개념으로 포착한다. 확실히 장르나 양식들 사이에는 이러한 경계적 양식, 장르들이 존재한다. 예를 들어, '시간적인 예술'들 중에서 가장 조형적인 예술이 문학이라면 가장 비조형적인 예술은 음악이다. 그리고 시

---

8) 우은진 〈조오현 서술시의 주체와 소통구조 연구 – '절간 이야기' 연작을 중심으로〉 《어문론총》 69, 2016.9, 205~206쪽.

는 이 문학 가운데에서 음악 쪽으로 가장 근접한 예술이다. 우리는 흔히 시의 생명은 그 음악성, 즉 리듬에 있다고 말하는데 이는 바로 시가 원리적으로 문학과 음악이 만나는 경계지대에서 발생한 예술 양식이기 때문이다.[9)]

그렇다면 이러한 시들 가운데 가장 음악적인 시는 시조 같은 정형시일 것이며 그다음이 자유시이고 가장 문학적인, 다시 말해 산문적인 시는 산문시일 것이다. 그리고 우은진 연구자가 위에서 '서술시'라 한 것은 음악성을 기준으로 본 산문시와는 다른 개념이지만 내러티브를 개진하려면 아무래도 음악성 면에서 산문적인 요소가 다분히 개입하기 쉽기 때문에 산문시와도 겹쳐지는 측면이 없지 않다고 할 수 있을 것이다.

'절간 이야기'를 서술시 또는 산문시의 개념으로 포착해 보고자 할 때 가장 미학적인 시로 부각될 수 있는 작품은 연작 15번 〈개살구나무〉일 것으로 믿어진다.

> 지난 입춘 다음다음 날 여든은 실히 들어 보이는 얼굴의 캉캉한 촌 노인이 우리 절 원통보전 축대 밑에 쭈그리고 앉아 아주 헛기침까지 해가면서 소주잔을 홀짝홀짝거리고 있었는데 그 모양을 본 노전스님이 "어르신, 여기서 술을 마시면 지옥 갑니다. 저쪽 밖으로 나가서 드십시오." 하고 안경 속의 눈을 뜨악하게 치뜨자 가뜩이나 캉캉한 얼굴을 짱땅그려 노전스님을 치어다보던 노인이 두 볼이 오무라들도록 담배를 빨더니 어칠비칠 걸어 나가면서 "요 절에도 중 냄새 안 나는 시님은 없다캐도. 내 늙어 요로코롬 시님들이 괄대할 줄 알았다캐도 고때 공비놈들이 대홍사에 불처지를라칼 고때 구경만

---

9) 모이세이 카칸《미학강의》2, 진중권 옮김, 새길 아카데미, 2012, 참조.

했을끼이라캐도. 쩌대는 무논에서 뼈 빠지게 일을 했다캐도 타작마당머리에서는 뼈 빠진 놈은 허접스런 쭉정이뿐이라캐도 시님들 공부 잘 하시라고 원망 한번 안했는디 아 글쎄 공비놈들이 나타나고 전쟁이 터지자 생가가 똑같다카든 대홍사 시님들은 불사처를 찾아다 떠나고 절은 헌 벌집처럼 휑뎅스렁 비어 있을 고때 여름 장마에 담장과 축대가 허물어지고 총소리와 비행기 소리에 기왓장이 다 깨지고 잡초가 무성하고 빗물이 기둥과 서까래를 타고 내릴 고때 공비놈들이 은신처가 되었을 고때 공비놈들이 소 잡아묵고 떠나면서 대웅전에 불을 지를라칼 고때 그 불 누가 막고 그 절 누가 지켰나캐도……, 그 절 지킨 시님 있으마 당장 나와봐라캐도. 화재 막고 허물어진 축대 담장 쌓고 잡초 뽑아내고 농사지어놓으니 불사처에서 돌아와 검누렇게 뜬 낯짝 쌍판대기가 게접스러운데다 어깨와 갈빗대가 뼈 가죽을 쓰고 있는 것 같은 소작인들을 불러놓고 절 중수한다꼬칼 고때도 낯짝만 몇 번이고 문질렀을 뿐이라캐도. 내 늙어빠져 요로코롬 시님들이 업신여기고 박절하게 괄대 천시할 줄 알았다캐도 고때 나도 불구경이나 했을끼이라캐도……"

이렇게 욕지거리를 게워내는 것이었는데 그 욕지거리를 우리 절 일주문 밖 개살구나무가 모조리 다 빨아먹고 신물이 들 대로 다 들어 올봄 상춘객에게 이 세상에서 제일로 환한 꽃을 보여주었습니다. 이 세상에서 제일로 환한 웃음을 선사하였습니다.[10)]

이 시는 확실히 어떤 이야기를 전달하고 있다는 점에서 서술시일 뿐 아니라 그것을 아주 공교로운 산문적인 리듬에 실어 나르고 있다는 점

---

10) 조오현 〈개살구나무 – 절간이야기 15〉《조오현문학전집》 문학사상사, 2012, 38~39쪽.

에서 산문시라고 할 수 있다. 그리고 이 시를 잘 빚어진 산문시로 만들어주는 데 결정적인 역할을 하는 것은 이 시에 등장하는 “캉캉한 촌 노인”의 ‘대사’다.

이 촌로께서는 이 시의 화자가 수행하고 있는 절 원통보전 축대 밑에서 소주잔을 홀짝거리고 있다가 노전스님에게 꾸중 아닌 꾸중을 듣고 쫓겨 나가면서 궁시렁거리는 혼잣말을 쏟아내는데, 바로 이 대사 부분의 완벽한 리듬이야말로 이 시가 한 편의 산문시로서 ‘성공’하게 된 결정적인 요인이다. 이 대사 부분은 “~캐도” “고때”와 같은 어미나 어휘를 반복해 가면서 리듬을 가라앉지 않고 출렁거리게 해주며 이를 통해 획득되는 리듬감을 통하여 이 시가 끝까지 시적 긴장을 잃어버리지 않게 해주는 결정적인 역할을 한다.

그러나 우리는 이 촌로께서 화자가 이 일을 목도한 당시에 이 시에 제시된 것과 같은 완벽한 리듬을 가진 말로써 노전스님에게 긴 응수를 하지는 않았을 것임을 충분히 추측할 수 있는데, 그렇다면 이 시 안에서 촌로의 완벽한 구어체 리듬을 재현해 보이는 화자의 음악적인 감각과 의식에 관심을 돌리지 않을 수 없다.

이 시는 크게 보면 이 촌로와 노전스님의 대화 장면을 다룬 앞부분과 이 촌로의 “욕지거리”를 들은 개살구나무의 소식에 관한 뒷부분으로 크게 나누어지는데, 이 두 부분 모두가 서로 다르면서도 공히 음악적인 리듬을 창출되고 있음을 감지할 수 있고, 이렇게 서로 다른 두 리듬을 하나의 시 안에서 ‘완벽하게’ 구사할 수 있었던 것은 바로 이 시의 화자이자 그를 통해서 표상되는 ‘암시된 저자’의 장본인 조오현 바로 자신이었던 것이다. 그리고 바로 이 ‘암시된 저자’와 그를 통해 텍스트에 대한 영향력이 ‘비로소’ 확인되는 시인 조오현은 촌로와 노전스님의 ‘싸움’의 관전자로서 완연히 그 “캉캉한 촌 노인”의 편에 서는 양상을 보인다.

다시 말해 이 시 속에서 등장하는 두 인물은 전혀 대등한 역할을 배분받아 출연하는 것이 아니다. 이 시에 등장하는 제3의 인물로서의 화자, 그리고 그로 인해 표상되는 이 시의 '암시된 저자'는 무식하기 짝이 없는 것 같고 상식에 어긋하는 것 같은 행동을 보인 촌로의 말이 오히려 "우리 절 일주문 밖 개살구나무"로 하여금 "이 세상에서 제일로 환한 꽃"을 피우게 했다고 함으로써 촌로로 하여금 이 유머러스한 논전에서의 승리를 배분받도록 해주는바, 우리는 이 '암시된 저자'가 두 인물 모두를 관용적으로 대할 수 있는 사람이자 동시에 원통보전 축대 밑에서 소주잔이나 홀짝거리는 촌 노인이야말로 절의 주인 행세깨나 하는 스님들보다 훨씬 더 부처님 가르침에 가까운 존재라는 것을 인식하는 사람임을 깨닫게 된다. 그리고 바로 이 '암시된 존재'를 통하여 우리는 이 시의 창작자인 조오현이라는 실제 시인의 세계 인식에 접근할 수 있는 것이다.

이와 같이 세속적 시선으로 보아 보잘것없는 신분을 가진 인물들로부터 삶과 불법에 대한 깊은 깨달음을 얻는 '암시된 저자'의 존재를 보여주는 시들이, '절간 이야기' 연작에 여러 편 들어 있다고 할 수 있다. '절간 이야기' 연작 1번 〈업아, 네 집에 불났다〉 2번 〈갈매기와 바다〉 6번 〈물속에 잠긴 달〉 8번 〈눈을 감아야 얼비치니〉 12번 〈늙은 대장장이〉 17번 〈시님도 하마 산을 버리셨겠네요〉 20번 〈종〉 22번 〈염장이와 선사〉 25번 〈수달과 사냥꾼〉[11] 26번 〈돌배나무꽃〉 29번 〈청개구리〉[12] 등은 그 대표작들이며, 그 밖에도 이와 같은 인물을 변주하고 있는 양상이 다른 연작시들에서도 산견됨을 볼 수 있다. 여기서는 이 가운데

---

11) 이 연작시는 일연의 《삼국유사》에 등장하는 혜통의 일화를 시로 옮긴 것이지만, 여기 등장하는 어미 수달의 모습은 위에서 열거한 민중 인물들의 또 다른 현현이라고 보아도 무방할 것이라 생각된다.

12) 주 11)에서 언급한 바와 같은 이유로 이 계열의 연작시로 간주하고자 한다.

〈눈을 감아야 얼비치니 – 절간 이야기 8〉을 한 편 더 음미해 본다. 그 공교로움이나 선시적인 미학적 완성도 면에서 이 시가 얻은 성취를 중시하지 않을 수 없기 때문이다.

그러니까 한 20년 전 금릉 계림사 가는 길목에서 어떤 석수를 만난 일이 있었지요. 쉰 줄은 실히 들어 보이는 그 석수는 길가의 큰 바위에 먹줄을 놓고 정을 먹이고 있었는데 사람이 곁에 서서 "무엇을 만드십니까?" 하고 물어도 들은 척 만 척 대답이 없었지요. 그 후 몇 해가 지나 무슨 일로 그곳을 가다가 보니 그 바위덩어리가 방금이라도 금구(金口)를 열 것 같은 미륵불과 세상을 환히 밝혀들 사자석등으로 변해 있었는데 그 놀라움에 한동안 그곳을 떠나지 못했지요. 그로부터 십수 년이 지난 어느 날 내설악 백담계곡에서 우연히 그 석수를 만났는데 "요즘도 돌일을 하십니까?" 하고 물어도 그 늙은 석수는 희넓직한 반석 위에 쭈그려 앉아 가만히 혼자 한숨을 삼키며 말이 없더니 "시님, 사람 한평생 행보가 다 헛걸음 같네요. 이날 평생 돌에다 생애를 걸었지만 일흔이 되어 돌아보니 내가 깨뜨린 돌이 일흔 개도 넘는데 그 모두가 파불(破佛)이 되고 말았거든요. 일찍이 돌에다 먹물과 정을 먹이지 않고 진불을 보아내는 안목이 있었다면 내 진작 망치를 들지 않았을 텐데……" 이렇게 말끝을 흐려트리고는 한동안 허공을 바라보더니, "시님, 우리가 시방 깔고 앉은 이 반석과 저 맑은 물속에 잠겨 있는 반석들을 눈을 감고 가만히 들여다보시지요. 이 반석들 속에 천진한 동불(童佛)들이 놀고 있는 모습이 나타날 것입니다. 저쪽 암벽에는 마애불이, 그 옆 바위에는 연등불이, 그 앞 반석에는 삼존불이, 좌편 바위에는 문수보살님이……. 헌데 시님 젊었을 때는 눈을 뜨고 봐도 나타나지 않아 먹줄을 놓아야 했는데……. 이제 눈이 멀어 왔던 길도 잘 잊어버리는데……. 눈을 감아야 얼비치니……. 눈만 감으면 바위 속에 정좌해 계시는 부처님이 보이시니……. 징만 먹이면 징만 먹이며 이제는 정말이지 징만 먹이면……." 무슨 통곡처럼 말하고 무슨 발작처럼 실소하더니 더는 말이 없었지요.[13)]

이 시는 부처님 이야기 쪽으로 훨씬 더 직접 들어와 있지만 그럼에도 수십 년 부처님 만드는 석수장이 일을 해온 노인을 통하여 깨달음을 구하고 전한다는 점에서 앞에서 분석한 시와 다르지 않은 양상을 보인다.

또한 이 시에서 화자가 구사하는 서술과 대사 속에 들어 있는 독특하고도 섬세한 시어들, 예를 들어, "희넓직한" "흐려트리고는" "얼비치니" 같은 것들이 이 시의 시적인 분위기를 조성하는 중요한 역할을 하고 있다는 점에서도 앞에서 분석한 시에서와 다르지 않다. 거기에서도 "캉캉한" "홀짝홀짝거리고" "뜨악하게 치뜨자" "짱땅그려" "오무라들도록" "요로코롬" 등등의, 양태를 드러내는 섬세한 구어체 어휘들이 자칫 긴장을 잃어버리기 쉬운 이야기시, 서술시의 분위기를 한껏 시적인 상태로 끌어올려 주고 있었다.

이러한 시어들을 구사하며 자신이 만난 민중적 인물들의 초상과 그들의 행위와 말을 통하여 삶에 관한 진정한 깨달음을 구하고자 하는 '절간 이야기' 연작의 화자, 그리고 그를 통해 표상되는 '암시된 저자'는 어떤 모습을 가지는가? 필자가 보기에 그는 세속적 상식, 세속화한 불법에 개의치 않고, 또 그것을 멀리하고, 신분과 계층에 구애되지 않고 가르침을 구하고, 또 오히려 세속적 계급 낮은 사람들의 삶 속에서 진

13) 조오현 〈눈을 감아야 얼비치니 – 절간 이야기 8〉《조오현문학전집》 문학사상사, 2012, 28~29쪽.

정한 가르침과 깨달음을 발견하고자 하는, 그러면서도 상식과 아집에 사로잡힌 사람들을 향해서도 유머러스한 관용을 베풀기를 주저하지 않는, 그것을 웃음으로 포용할 줄 아는 어떤 독특한 인격체로서의 구도자에 다름 아니다.

4. '절간…' 연작에 나타나는 '민중적 중생'의 의미 맥락

조오현의 '절간 이야기' 연작에 관하여 서술 이론의 여러 개념을 적용하여 입체적이고도 체계적인 분석을 꾀한 우은진은 앞에서 언급한 '서술시' 개념에 토대를 두고 더 나아가 '절간 이야기' 연작시들의 소통 구조를 크게 두 개의 유형으로 나누어 설명하고자 한다.

> 〈절간 이야기〉 연작시편에서는 그중 두 가지 유형의 소통구조 양상이 두드러지게 나타난다. 첫째, 이야기 외부에 존재하는 서술 주체가 외부의 수신자에게 이야기를 전달하는 유형이다. 둘째, 이야기 내부에 존재하는 서술 주체가 외부의 수신자에게 인물을 관찰한 이야기를 전달하는 유형이다. 전자는 대체로 선승(禪僧)의 일화 이야기를 서술하는 경우에 볼 수 있고, 후자는 세속 인물의 이야기를 서술하는 경우에 주로 발견된다.[14)]

이 전자의 유형에 드는 것으로 연구자는 선승의 일화를 전달하는 시들을 제시하고 있으며, 후자의 유형에 속하는 시로는 "자신의 삶 자리에서 헛된 욕망 없이 성실하게 살아온 인물들의 이야기를 담고 있는

---

14) 위의 논문, 209쪽.

작품"[15] 들을 꼽는다.

특히 후자의 시들에 대해 연구자는, 이 "세속 인물들은 이야기 내에서 각각 자신의 목소리를 가진 발화 주체로 존재하고 있으며, 서술 주체는 이야기 내부에서 그들의 발화를 수신하는 동시에 그 발화를 이야기 외부의 수신자에게 전달하는 역할을 한다."[16] 라고 설명한다.

'절간 이야기' 연작을 각각 13편과 10편이라는 큰 분량을 차지하는 '불가 이야기'와 '세속 이야기'로 나누고 그 각각에 대해 "이야기 외부에 존재하는 서술 주체가 외부의 수신자에게 이야기를 전달하는 유형"과 "이야기 내부에 존재하는 서술 주체가 외부의 수신자에게 인물을 관찰한 이야기를 전달하는 유형"으로 변별화하는 이 연구는 매우 시사적이다.

물론 필자는 이 분석에 나타나는 '주체'나 '수신' 같은 서술적 개념들이 어딘지 모르게 중의적으로 사용되고 있는 듯한 인상도 받게 되며, 텍스트를 둘러싼 의사소통 구조에 관한 채트먼의 도식이 얼마나 정합적으로 적용되어 있는가에 대해서도 얼마간의 의문을 갖게 되기는 한다. 그러나 이런 '난점'들은 이 연구자가 '절간 이야기' 연작들을 유형화, 변별화하고 이를 통하여 이 연작의 의미와 가치를 분석한 성과에 비하면 아주 작은 것이라고 할 수 있을 것이다. 필자는 그의 유형 분류를 얼마간 승인하면서 앞의 장에서 언급, 제시한바 민중적 인물들이 등장하는 '절간 이야기' 연작들에 담긴 의미와 가치 쪽으로 관심의 대상을 좀 더 좁혀 보고자 한다.[17]

---

15) 위의 논문, 214쪽.

16) 위의 논문, 같은 쪽.

17) 우은진이 두 번째 유형으로 분류한 '절간 이야기' 연작 10편은 1번 〈업아, 네 집에 불났다〉 2번 〈갈매기와 바다〉 7번 〈기쁘고 즐겁고 좋은 날〉 8번 〈눈을 감아야 얼비치니〉 12번 〈늙은 대장장이〉 15번 〈개살구나무〉 17번 〈시님도 하마 산을 버리셨겠네요〉 20번 〈종〉 21번 〈몸을 잃어버린 사람〉 22번 〈염장이와 선사〉 등이다.

앞에서 필자는 '절간 이야기' 연작들이 본디 선적인 경지를 지향하는 시들이며 이 점에서 조오현 시의 선시적 본질의 측면에서 검토를 요하는 것이라고 논의하였다. 이와 관련하여 '절간 이야기' 연작들 가운데 선문답에 관련된 시들이 여러 편 섞여 있음은 주목해볼 만하다. 필자는 연작 2번 〈갈매기와 바라〉 5번 〈옷 한 벌〉 8번 〈눈을 감아야 얼비치니〉 10번 〈진달래〉 12번 〈늙은 대장장이〉 14번 〈매실이 다 익었으니〉 16번 〈들오리 떼 울음소리〉 18번 〈이 소리는 몇 근이나 됩니까〉 21번 〈몸을 잃어버린 사람〉 23번 〈서산대사〉 26번 〈돌배나무꽃〉 27번 〈매우 고마운 대답〉 등을 대략 이러한 선문답에 관련 깊은 시들이라고 생각하지만, 그 밖에도 이러한 선문답적 성격이 숨어 있는 시들을 더 찾을 수 있으리라고 생각하고 있다.

그렇다면 이러한 선문답적인 맥락에서 읽힐 수 있는 연작시들을 대상으로 어떻게 그 성취를 논의할 수 있을까? 이러한 물음과 함께 필자가 떠올리게 되는 한 권의 책은 이원섭의 《깨침의 미학》(법보신문사, 1991), 그 가운데에서도 선승 조주(趙州)의 '조사서래의(祖師西來意), 정전백수자(庭前柏樹子)'에 관한 설명글이다.

> 이에 대해 조주의 대답에는, 질문과의 어떤 논리의 이어짐도 없다. 그렇다고 대답도 못 되는 동문서답이냐 하면 그런 것도 아니다. 대답이 못 되기는커녕, 만 원의 빚을 백억, 천억의 돈으로 갚는 것처럼 질문을 압도해 버려 질문 자체를 박살내는 답변이다. 그는 질문의 내용에 어울리는 대답을 주는 것이 아니라, 질문 자체를 박탈한다. 조사서래에 관한 의문만 아니라, 상대가 일으킬 수 있는 온갖 의혹을 차단하고, 분별을 향해 작용하고자 하는 마음의 움직임 자체를 끊어버린다.
>
> 정전백수자! 이 앞에서는 천 권, 만 권 불경을 읽어 통달했다 해도

소용이 없고, 천재적인 사고능력을 가졌다 해도 소용이 없다. 그런 것으로는 처음부터 상대할 수 있는 성질의 것이 아닌 때문이다. 그리하여 지금껏 지니고 있던 온갖 것을 송두리째 박탈당하고 만다.

굶주린 자에게서 밥을 뺏고, 추위에 떠는 자에게서 옷을 벗기는 것 같은 이런 교화 방법에는 어떤 의도가 숨겨져 있는 것일까. 첫째로 그것은 질문 이전으로 되돌려 놓으려는 뜻이라 할 수 있다. 분별은 벗어나려고 몸을 움직이면 움직일수록 깊이 빠져드는 수렁과도 같은 세계다. 진리에 대한 지식이 진리의 장애가 되며 해탈하려는 의식이 해탈을 가로막는 것이니, 언어를 초월한 차원에서 설해진 부처의 가르침을 듣고는 그 말씀에 매이고 마는 우리들의 비애가 여기서 생겨난다.

그러기에 분별이 나오기 이전으로 환원시키려는 것이니, 조주의 정전백수자는 이런 구실을 감당하기에 족한 언어 이전의 언어라 할 수 있다.

또 그것은 실상 자체의 제시인 듯 여겨진다. 온갖 사려분별이 끊어진 절대가 실상이라 할 때 잣나무라는 구체적 사물은 그 자체로서 충족무결한 하나의 절대다. 절대자의 표현이라거나 그 일부라고 하면 범신론이 되겠지만, 그런 무엇과의 연관도 배제된 채 그 자체가 완결이요 충족인 것이다. 이(理)의 흔적조차도 말끔히 씻겨나간 사(事)의 세계라 할 수 있으니, 꼭 뜰 앞의 잣나무만이 그런 것이 아닐, 눈에 띄는 모든 것치고 실상 아님이 어디에 있으랴.[18]

이 구절은 필자가 화두, 즉 공안을 둘러싼 선문답이나 선시에 관해 생각할 때 반복해서 돌아가곤 하는 대목이다. "상대가 일으킬 수 있는

---

18) 이원섭 〈2. 뜰앞의 잣나무〉 《깨침의 미학》 법보신문사, 1991, 15~16쪽.

온갖 의혹을 차단하고, 분별을 향해 작용하고자 하는 마음의 움직임 자체를 끊어버린다"는 것, "굶주린 자에게서 밥을 뺏고, 추위에 떠는 자에게서 옷을 벗기는 것 같은 이런 교화 방법" "질문 이전으로 되돌려 놓으려는 뜻"이 담긴, "실상 자체의 제시"라는 선문답의 제일의적 특성들은 필자의 마음속에 깊이 담겨 선시와 선문답을 가늠하는 하나의 척도와도 같은 역할을 해왔다고 할 수 있다. 비록 조오현은 〈이 소리는 몇 근이나 됩니까 – 절간 이야기 18〉에서 "칭(秤)"가를 자처한 소동파를 혼낸 승호 스님의 일화를 소개하고는 있지만 말이다.[19)]

이러한 선문답의 본령에 대한 인식을 바탕으로 '절간 이야기' 연작들을 살펴볼 때 가장 두드러진 작품 가운데 하나는 바로 2번 〈갈매기와 바다〉 12번 〈늙은 대장장이〉 등이다.

이 시들은 모두 민중적인 인물들을 내세워 선문답의 본령으로서 분별의 세계에서 벗어나 실상 그 자체로의 직입을 가르치는 또 다른 예화들이라 할 수 있다.

(가)

어제 그끄저께 일입니다. 뭐 학체 선풍도골은 아니었지만 제법 곱게 늙은 어떤 초로의 신사 한 사람이 낙산사 의상대 그 깎아지른 절벽 그 백척간두의 맨 끄트머리 바위에 걸터앉아 천연덕스럽게 진종일 동해의 파도와 물빛을 바라보고 있기에

"노인장은 어디서 왔습니까?"

하고 물었더니

"아침나절에 갈매기 두 마리가 저 수평선 너머로 가물가물 날아가

19) 조오현 〈이 소리는 몇 근이나 됩니까 – 절간 이야기 18〉《조오현문학전집》 문학사상사, 2012, 45쪽.

는 것을 보았는데 여태 돌아오지 않는군요.”

하고 혼잣말로 중얼거리는 것이었습니다. 그런데 그다음 날도 초로의 그 신사는 역시 그 자리에서 그 자세로 앉아 있기에

“아직도 갈매기 두 마리가 돌아오지 않았습니까?”

했더니

“어제는 바다가 울었는데, 오늘은 바다가 울지 않는군요.”

하는 것이었습니다.[20)]

(나)

하루는 천은사 가옹스님이 우거(寓居)에 들러

“내가 젊었을 때 전라도 땅 고창 읍내 쇠전거리에서 탁발을 하다가 세월을 담금질하는 한 늙은 대장장이를 만난 일이 있었어. 그때 ‘돈벌이가 좀 되십니까?’하고 물었는데 그 늙은 대장장이는 사람을 한 번 치어다보지도 않고 ‘어제는 모인(某人)이 와서 연장을 벼리어 갔고 오늘은 대정(大釘)을 몇 개 팔고 보시다시피 가마를 때우고 있네요.’ 한다 말이야. 그래서 더 묻지를 못하고 떠났다가 그 며칠 후 찾아가서 또다시 ‘돈벌이가 좀 되십니까?’ 하고 물었지. 그러자 그 늙은 대장장이는 ‘3대째 전승해온 가업(家業)이라…….’ 하더니 ‘젠장할! 망처기일(亡妻忌日)을 잊다니.’ 이렇게 퉁명스레 내뱉고 그만 불덩어리를 들입다 두들겨 패는 거야.” 하고는 밖으로 나가 망망연히 먼 산을 바라보고 서 있기에

“어디로 가실 생각입니까?”

하고 물었더니 가옹스님은

---

20) 조오현 〈갈매기와 바다 – 절간 이야기 2〉 《조오현문학전집》 문학사상사, 2012, 21쪽.

"그 늙은 대장장이가 보고 싶다 말이다."

하는 것이었습니다.[21)]

이 즈음에서 필자는 지금까지 사용한 '민중'적 인물이라는 말 대신에 '중생'이라는 불교적 용어를 논의에 도입하는 것이 적절할 것이라고 생각한다. (가)의 〈갈매기와 바다 – 절간 이야기 2〉에는 승려인 화자 자신과 "초로의 신사"가 등장하여 일종의 선문답을 나누고 있는데, 이 장면을 통하여 화자는 자신이 목격한 "초로의 신사"의 행위와 대사를 선사, 조사의 것으로까지 격상시키고 있다고 말할 수 있지 않을까 한다. 같은 맥락에서 (나)는 시의 화자와 천은사 가옹스님의 이야기 안에서 제시되는, 가옹스님과 고창 쇠전거리의 "한 늙은 대장장이"의 대화가 선문답적인 의미망을 형성하고 있으며, 이를 바탕으로 다시 가옹스님과 화자 사이의 대화 역시 선문답을 방불케 하는 의미망을 이중적으로 형성하는 양상을 띤다.

너는 어디서 왔느냐, 너는 누구냐, 너는 무엇을 하느냐, 저것은 무엇이냐 하는 물음은 선가에서 가장 빈번하게 던져지는 질문이며, 이에 대해 '제대로 된 답'을 내놓지 못한다면 아직은 깨달음의 길이 멀리 있는 것으로 여겨지곤 한다. 이와 관련하여 '절간 이야기' 연작 가운데에는 시인 자신이 겪었을 듯한 하나의 선문답 경험이 제시되어 있음을 확인해 볼 수도 있다.

해인사 백련암 백련이 피었다기에 백련을 보러 갔더니 백련은 다 지고 때마침 가야만악을 가부좌로 깔고 앉았던 한 선승이

21) 조오현 〈늙은 대장장이 – 절간 이야기 12〉《조오현문학전집》 문학사상사, 2012, 34쪽.

"니 어디로 왔뇨?"

"……."

"니 여기 전에 와봤나?"

"……."

"니 누구 상좌고?"

"……."

이렇게 물었지만 진작 답을 못하고 돌아오다가 보니 갈 때는 보이지 않았던 홍류동 폭포수 바위틈에 발을 담근 늦진달래가 마치

"그 설도(舌刀) 혀 끝에 죽은 사람이 해인사 대장경 바다에 빠져 죽은 사람들보다 더 많다! 더 많다!"

하고 함성을 내지르듯이 붉은 꽃물을 한꺼번에 터뜨리고 있었습니다. 그 꽃물은 홍류동 계류를 따라 끝없이 흘러가고 있었습니다.[22]

지금 인용한 〈진달래 – 절간 이야기 10〉의 선사와의 선문답 경험담도 흥미진진하지만, 필자에게는 위에서 인용한 2번 〈갈매기와 바다〉와 12번 〈늙은 대장장이〉의, 중생과의 선문답 경험이 더욱 깊은 생각거리를 제공하는 것으로 여겨진다. 그리고 여기서 중생은 단순히 깨닫지 못한 이를 가리킴이 아니요 오히려 불성을 이미 간직한 이라는 《화엄경》 화엄종의 교리를 생각하게 된다.

《화엄경》에는 중생이 존재하지 않는다. 적어도 번뇌로 가득 차 있는 번뇌의 덩어리를 토대로 하는 존재로서의 중생은 존재하지 않는다. 《화엄경》에서 말하는 중생은 번뇌의 덩어리를 토대로 하고 있

22) 조오현 〈진달래 – 절간 이야기 10〉 《조오현문학전집》 문학사상사, 2012, 31쪽.

는 것이 아니라, 지혜의 덩어리를 토대로 하고 있는 중생이며, 그 자체로서 지혜 덩어리이기 때문이다. 《화엄경》에 있어서 중생이 중생으로 불리는 이유는, 그 중생이 번뇌를 본질로 하고 있기 때문이 아니라 본질인 지혜가 번뇌에 의해 일시 가려져 있는 상태를 중생이라고 부르는 것에 불과하기 때문이다. 흔히 말하는 '깨달음'은 번뇌를 토대[依持]로 하는 중생의 상태가 지혜를 토대로 하는 붓다의 상태로 근본적인 전환을 이룸을 말한다. 그런데 화엄의 관점에서 중생이 붓다로 전환한다는 사태는 발생하지 않으며, '이미' 붓다인 중생이 붓다임을 자각하고 붓다로서의 상태를 현실에 구체화시켜 현현할 따름이기 때문이다. 그리고 그것을 화엄에서는 '成佛'이라고 표현한다. 成佛, '붓다를 이루는 것'이니 굳이 말하자면 '깨달음'일 수도 있겠다. '成正覺'이란 말 역시 '정각을 성취한다'는 의미이지만, 화엄가들은 이 단어 역시 '成佛'로 이해한다. 그리고 화엄가들이 '成佛'이라고 할 때는 말 그대로 '부처를 이룬다/성취한다'는 의미이며, 그 '이룸' 혹은 '부처임을 드러냄'에는 上下와 頓漸이 존재하지 않는다. 그리고 그 '이룸'은 말 그대로 '부처였음' 혹은 '부처임'을 드러냄에 불과한 것이어서, 그 '이룸'의 전후에 토대[依持]의 차별은 없다. 물론 이렇게 말한다고 해서 현실의 중생이 사라지는 것은 아니다. 하지만 중생을 바라보는 視點이 중생의 그것이 아니라 붓다의 그것이라는 점은 중요하다. 붓다의 세계 안에, 깨달음의 세계 안에 중생이 존재하는 것이기 때문이다.[23)]

여기서 필자가 《화엄경》의 중생과 부처에 관한 설명글을 길게 인용한 것은 이것이 비단 화엄종의 담론일 뿐만 아니라 오늘날에는 차라리

23) 석길암 〈화엄종에서 바라보는 깨달음의 유형과 방식〉《불교학연구》 54, 2018.3, 214~215쪽.

보편화한 불교적 논리로 이해될 수 있다고 생각하기 때문이다. 이 대목에서 말하듯이 현대 불교에 있어 대체적으로 중생이란 "지혜가 번뇌에 의해 일시 가려져 있는 상태"를 가리킬 뿐이요 바로 그러하기에 얼마든지 '부처를 이룰 수 있는' 존재를 가리킨다고 필자는 생각한다. 문제는 이러한 '중생 – 부처'의 '대승적' '화엄적' 인식이 실제로는 실천적으로 사유되지 않는다는 실태일 것이다.

이러한 시각에서, 조오현의 '절간 이야기' 연작 가운데 특히 2번 〈갈매기와 바다〉와 12번 〈늙은 대장장이〉는 이미 깨달음을 이룬 듯한 중생과 승려의 선문답 진경이라 할 수 있을 것이다.

'절간 이야기' 연작 중에는 바로 그렇게 깨달음을 이룬 민중을 빼어난 형상으로 제시하고 있는 경우가 많은데, 1번의 부목처사, 8번의 늙은 석수장이, 12번의 늙은 대장장이, 22번의 염장이, 26번의 오종종한 한 늙은이 등이 바로 그러하다. 특히나 다음의 연작시에 나오는 '종두꾼'의 모습은 바로 그렇게 중생이 자신의 시종여일한 삶을 통하여 하나의 마음에 다다르는 과정을 보여주는 수작이라고 할 수 있을 것이다.

> 우리 절 종두(鐘頭)는 매일같이 새벽 3시만 되면 천근이나 되는 대종을 울리는데 한번은 "새벽 찬바람이 건강에 해롭다 하니 다른 소임을 맡는 것이 어떻겠느냐?"고 물어보니 "안 됩니다. 노덕(老德) 스님 열반종(涅槃鐘)도 저가 칠 것입니다. 20여 년 전 조실 스님 종성도 저가 했는데 그 종소리 흐름이 얼마나 맑고 크고 길었는지…… 그 종성 듣고 울지 않는 사람이 없었습니다. 한데 그날 이후 이날까지 그 소리 한 번도 못 들었습니다. 그날보다 더 조심을 해도 그 소리가 나오지 않는 것을 보니 종도 뭘 아는가 모르지만 노덕스님 열반에 드시면 그 소리 나올 것 같습니다." 하고는, "좌우지간 그 소리 한번 더 듣고 그만둬도 그만둘 것입니다." 하고 그 누구도 맡기 싫어하

는 종두를 계속하겠다는 것이었습니다.[24)]

5. 나가며
–'절간 이야기' 연작에 나타난 '중생'을 향한 '사랑'

본래 선시는 고도의 상징성을 추구하는 시이며, 언어도단(言語道斷)의 진리를 전달하기 위한 역설로서의 언어인 탓에 훌륭한 선시일수록 상징과 역설, 그리고 나아가 아이러니와 같은, 현대적 수사학의 용어로 설명할 수 있을 만한 시적인 장치들을 보여주게 된다.

조오현의 시에 나타난 시인 자신의 선사로서의 형상과 그의 선시조들에 나타난 빼어난 수사적 장치들에 대해서는 상당히 많은 연구가 축적되어 있거니와, 필자는 그의 '절간 이야기' 연작의 '이야기' 역시 선적인 경지를 지향하는 선시로서의 특성을 지니고 있음을 논의하고자 했다.

여기에 이르러 필자는 특히 승려 시인으로서 조오현이 중생들을 깊이 사랑하고 바로 그들의 불성으로부터 많은 것을 퍼올려 자신의 것으로 수득하고자 했다는 사실을 강조하고자 한다. 그가 지원했던 불교시 잡지 《유심》은 이른바 전문가 시인들의 시뿐 아니라 비전문적이라 평가될 수 있는 시인들의 시도 함께 수록하기를 즐겨 했는데, 이는 중생이 불성을 간직하고 있으며 이 불성이 발현된 언어로서의 시야말로 진정한 시가 될 수 있을 만하다는 인식을 바탕으로 한 것이었다고 생각한다.

그런데 조오현은 승려 시인으로서 이 중생을, 단지 불교적 의미에서

---

24) 조오현 〈종 – 절간 이야기 20〉 《조오현문학전집》 문학사상사, 2012, 48쪽.

깨닫지 못한 상태, 불성이 가려진 상태로서의 중생이자 동시에 부처를 이룰 수 있는 존재로서의 중생이라는 의미를 넘어, 이 삶의 세계에서 고단하게 일하며 자신들과 식구들을 먹여 살려야 하는 존재로서의 민중을 의미하는 범주로까지 확장해서 인식한 사람이었다.

'절간 이야기' 연작 가운데에서 이러한 민중에 대한 애착이 나타난 시로는 〈수달과 사냥꾼 – 절간 이야기 25〉와 함께 〈청개구리 – 절간 이야기 29〉를 꼽을 수 있다. 이 가운데 후자의 시는 목숨을 이어가는 것, 생명의 필사적인 유지 그 자체를 본성으로 삼는 민중적 중생의 실상을 제시하고 그로부터 깊은 깨달음을 얻는 시인 자신의 모습을 그려낸 것으로서 주목하지 않으면 안 될 작품이다.

> 어느 날 아침 게으른 세수를 하고 대야의 물을 버리기 위해 담장가로 갔더니 때마침 풀섶에 앉았던 청개구리 한 마리가 화들짝 놀라 담장 높이만큼이나 폴짝 뛰어오르더니 거기 담쟁이넝쿨에 살푼 앉는가 했더니 어느 사이 미끄러지듯 잎 뒤에 바짝 엎드려 숨을 할딱거리는 것을 보고 그놈 참 신기하다 참 신기하다 감탄을 연거푸 했지만 그놈 청개구리를 제(題)하여 시조 한 수를 지어볼려고 며칠을 끙끙거렸지만 끝내 짓지 못하였습니다. 그놈 청개구리 한 마리의 삶을 이 세상 그 어떤 언어로도 몇 겁을 두고 찬미할지라도 다 찬미할 수 없음을 어렴풋이나마 느꼈습니다.[25)]

또한 다음의 시는 이와 같이 "청개구리"를 "찬미"하여 그침이 없는 조오현 시인의 시 정신의 근본에 놓인 민중적 중생을 향한 가없는 '사랑'을 노래한 것이다.

---

25) 조오현 〈청개구리 – 절간 이야기 29〉 《조오현문학전집》 문학사상사, 2012, 64쪽.

사랑은 넝쿨손입니다
철골 철근 콘크리트 담벼락
그 밑으로 흐르는
오염의 띠 죽음의 띠
시뻘건 쇳물
녹물을
빨아먹고 세상을 한꺼번에 다
끌어안고 사는 푸른 이파리입니다
잎덩굴손입니다
사랑은 말이 아니라
생명의 뿌리입니다
이름 지을 수도 모양 그릴 수도 없는
마음의
잎넝쿨손입니다
떼찔레꽃 턱잎입니다
굴참나무 떡잎입니다[26)]

이 시에 나오는 이 넝쿨손은 바로 청개구리가 매달려 숨어 있던 담쟁이넝쿨의 넝쿨손이 아니고 무엇일까.

조오현 시인의 '절간 이야기' 연작들은 바로 이러한 민중적 중생에 대한 사랑과, 나아가서는 믿음을 바탕으로 그네들을 통하여 삶의 이법과 실상에 다다르고자 했던 그 자신의 불교적 수행의 언어들이었다고 할 수 있다. 바로 이러한 체험적 과정을 담고 있기에 그 시적 형식은 '단순한' 서정시나 시조가 아니라 '이야기시' '서술시'라는, '서사적 요소'

---

26) 조오현 〈늘 하는 말〉 《조오현문학전집》 문학사상사, 2012, 163쪽.

를 중요하게 함축하는 형태를 취하지 않을 수 없었던 것이라고, 필자는 생각해 보는 것이다.

선시조와 득의망상(得意忘象)의 미의식

— 조오현의 시조 세계

홍용희

차 례

홍용희 / 문학평론가. 1966년 경북 안동 출생. 경희대 국문과 및 동대학원 졸업. 1995년 〈중앙일보〉 신춘문예 평론 등단. 저서 《김지하 문학연구》《한국문화와 예술적 상상력》《꽃과 어둠의 산조》《아름다운 결핍의 신화》《대지의 문법과 시적 상상》《현대시의 정신과 감각》 등. 젊은평론가상, 애지문학상, 시와시학상, 김달진 문학상, 유심문학상, 편운문학상 수상. 계간 《시작》 주간. 현재 경희사이버대학교 미디어문예창작과 교수.

1. 서론

조오현의 시조 세계는 활연(豁然)하다. 그는 시조를 노래하지만 시조에 갇히지 않고, 깨달음을 추구하지만 깨달음에서 자유롭다. 그는 스스로 "중은 끝내 부처도 깨달음까지도/ 내동댕이쳐야하거늘/ 대명천지 밝은 날에/ 시집이 뭐냐"(〈시인의 말〉《아득한 성자》 시와시학, 2007)고 일갈하듯, 부처를 따르면서 부처로부터 벗어나고자 하고 시집을 간행하면서 시집을 부정한다. 마치 강을 건너고 나면 뗏목은 버려야 할 대상이지 머리에 이고 다닐 대상이 아닌 것과 같은 이치이다. 그래서 조오현은 자신의 시집 서문에서 다시 이렇게 말을 잇는다. "건져도 건져 내어도/ 그물은 비어 있고/ 무수한 중생들이/ 빠져 죽은 장경(藏經) 바다/ 돛 내린 그 뱃머리에/ 졸고 앉은 사공아." '장경'을 금과옥조로 받들면서 반복하여 모두 눈 감고 외울 수 있다 한들 "그물"에 건져 올려지는 것은 아무것도 없는 공(空)일 뿐이라고 설파하고 있다. 그래서 "무수한 중생들이" "장경(藏經) 바다"에 빠져 죽어 왔다고 전언한다. 수많은 수도승들이 팔만대장경에 묻혀 한평생을 소진하고 있다는 지적이다. 경전 역시 절대 자유와 구도를 위한 방편이지 목적일 수 없다는 것이다. 부처를 만나면 부처를 죽이고 스승을 만나면 스승을 죽이라(殺佛殺祖)는《임제록》의 선(禪)의 가르침을 환기시킨다.

이와 같이, 조오현의 시조 세계는 중국 위나라 왕필(226~249)의 득의망상(得意忘象)의 미의식을 체현하고 있다. 정신을 터득한 후 형상을 버리라는 내용을 요체로 하는 득의망상의 미적 방법론을 상술하면 다음과 같다.

> 무릇 상(象)이란 의(意)에서 나온 것이고 언(言)이란 상(象)을 밝히는 것이다. 의(意)를 극진히 함에는 상만 한 것이 없고 상을 극진히

> 함에는 언(言)만 한 것이 없다. 언은 상에서 오는 것이므로 언을 자세히 탐구하게 되면 상을 알 수 있게 된다. 상은 의(意)에서 나온 것이니 상을 자세히 탐구하게 되면 의를 알 수 있게 된다.
>
> 그러나 언과 상에 집착하면 본래의 언과 상에서 벗어난다. 언이란 상을 표명하는 수단이고 상이란 의를 담아 놓는 수단이므로 상을 얻게 되면 언을 잊어야 하고 의를 얻게 되면 상은 잊어야 한다.[1)]

언(言)이 상(象)을 드러내고 상이 의(意)를 드러내지만, 상을 알았다면 언에 집착하지 않아야 상을 얻을 수 있고 의를 알았다면 의에 집착하지 않아야 상을 얻을 수 있다. 마치 획을 중첩해서 그 뜻을 다 실은 그림을 볼 때 획은 잊어도 되는 것(重畫以盡精, 而畫可忘也)과 같은 이치이다.

조오현의 시조 세계는 이와 같은 득의망상의 미의식을 체감하게 한다. 마치 문(門)을 통해 문이 없음을 일깨우는 무문관(無門關)의 가르침과 같다. 그래서 그의 시조 세계는 선시조(禪時調)로 지칭해 볼 수 있다. 선시조란 선과 시조의 합성어로서 선적인 시조, 즉 선을 추구하는 시조를 가리킨다. 조오현은 시조 장르를 통해 시선일여(詩禪一如)를 구현한 것이다. 그렇다면 불립문자를 종지로 하는 선(禪)과 문자에 의존하는 시조가 어떻게 서로 만나서 공존할 수 있을까? 다시 말해, 그가 시조 장르를 붙잡아 선의 심지를 밝히고 '무설설' '무자화'의 공(空)의 세계와 공명할 수 있는 시조의 장르적 특성은 무엇일까? 이것은 시조 장르의 양식론적 특성과 선적 가능성에 대해 논의하는 것과 연관된다. 그리고 이러한 논의 과정이 조오현 시조 세계의 득의망상(得意忘象)의

---

1) 왕필은 《주역약례》의 명상 편에서 득의망상(得意忘象)에 대해 설명한다. 최병식 《동양회화미학》 동문선, 1994, 32쪽 참조.

미의식을 인식하는 첩경이 될 것이다.

2. 시조의 심지와 궁리(窮理)

조오현에게 시조는 뜻을 구하여 밝히는 형식론이면서 동시에 버려야 할 형상이다. 그렇다면 그가 득의망상의 대상으로 시조를 선택한 배경은 무엇일까? 물론 이것은 기본적으로 시선일여, 즉 "선의 핵심이나 시의 핵심 모두 깨달음에 있다"[2] 는 인식을 전제로 한다. 그러나 대체로 선시가 한시로 구현되어 왔으나 그가 시조를 선택하게 된 구체적인 개연성은 무엇일까? 이것은 시조 장르가 지닌 '깨달음'을 기조로 한다는 점에 대한 이해의 선행이 요구된다.

주지하듯, 시조는 성리학적 이념을 근간으로 발생한 민족문학의 대표적인 시가 장르이다. 시조시인이 모델로 삼는 형식미학은 민족적 정서와 사회의식의 반영태이다. 이를테면, 시조는 시조 시인들이 T.S 엘리엇이 〈전통과 개인적 재능〉에서 강조한 작가의 몰개성화를 통해 획득한 보편적 개성의 양식인 것이다.[3] 여기에서 '몰개성화란 주체의 상실이 아니라 전통의식과 역사의식 속에 용해되어 있는 완전한 보편성을 획득한 개성'을 가리킨다. 따라서 시조의 정형은 창작자에게 구속이면서 해방의 양식이다.

시조는 보편화된 전통 미학의 리듬에 따라 움직이는 언어들의 미적 양식이다. 그래서 시조를 거듭 음미해 보면 개념들이 운을 맞추는 것을 느끼게 된다. 리듬의 역동성은 시인으로 하여금 말 사이에 존재하

---

2) 嚴羽《滄浪詩話》. 禪道惟在妙悟 詩道亦在妙悟.

3) T.S. 엘리엇, 이창배 역 〈전통과 개인적 재능〉《T.S. 엘리엇 문학비평》 동국대학교출판부, 1999 참조.

는 끌어당김과 밀침의 힘을 사용하게 함으로써 언어의 우주를 창조하도록 이끈다. 리듬은 자석처럼 어떤 단어들은 서로 끌어당기고 어떤 단어들은 서로 밀치면서 상응의 관계망을 이룬다. 리듬의 작용에 따라-박자, 각운, 변주, 유사어 그리고 다른 방법을 통하여- 시인은 말들을 불러 모은다.

그렇다면, 시조의 전통적인 리듬감을 형성시키는 이면의 힘은 무엇일까? 그것은 물론, 성리학적 이념이다. 시조가 성리학자들에 의해 고려 중엽부터 시도되어 고려 말에 이르러 완미한 형식을 갖춘 데에서도 분명하게 드러난다. 특히 초반기의 시조가 대체로 절의, 훈민, 강호, 학문, 충정 등에 집중되고 있는 점은 이를 거듭 확인시킨다.

시조의 형성 원리를 이루는 성리학적 세계관의 기조는 크게 본연지성(本然之性)과 기질지성(氣質之性)의 유형으로 나누어볼 수 있다.[4] 본연지성과 기질지성은 주자(朱子)의 성(性)에 관한 논의에서 구체적으로 드러난다. 주자에 따르면, 본연지성은 천부자연의 심성으로 지선(至善)이다. 기질지성은 타고난 기질과 성품을 가리키는데, 타고난 기질의 청탁(淸濁)과 편색(偏塞)에 따라 선하게 나타나기도 하고 악하게 나타나기도 한다. 이기론으로 말하면, 본연지성은 이(理)에 해당하고, 기질지성은 기(氣)에 해당한다. 그러나 기질지성은 고정 불변하는 것이 아니라 수양에 따라 탁한 것(濁)을 맑은 것(淸)으로 만들 수 있다.[5]

---

4) 이러한 시각의 논리는 조동일 〈시조의 이론, 그 가능성과 방향 설정〉(《우리 문학과의 만남》 기린원. 1988)에서 제기된 이래, 임종찬《시조에 담긴 주제와 시각》(국학자료원, 2010, 160쪽) 등에 의해 거듭 언급된 바 있다.

5) 동방의 주자로 불리는 이황의 사단칠정론 역시 이러한 문맥에서 나온다. 그는 측은지심(惻隱之心)·수오지심(羞惡之心)·사양지심(辭讓之心)·시비지심(是非之心)의 4단(四端)을 본연지성에서 드러난 정(情)으로, 희노애락애오욕(喜怒哀樂愛惡慾)의 7정(七情)은 기질지성에서 드러난 정(情)으로 보았다. 그리고 4단(四端)은 도심(道心), 7정(七情)은 인심(人心)이라 하였고, "4단은 이의 작용으로 나타나며(四端理之發), 7정은

따라서 유가(儒家)에서는 기질지성을 정화시켜 지선(至善)의 본연지성을 회복하고 발현할 수 있도록 하기 위한 수행의 중요성을 강조한다. 사람은 인욕을 억누르고 천명으로 받은 고유한 마음이 그대로 표현된 도심(道心)의 천리를 따르기 위해 노력해야 한다는 것이다. 이러한 노력의 방법론으로 유가에서는 '거경궁리(居敬窮理)'가 강조된다. 거경(居敬)은 정신을 올곧게 집중시켜 도덕적 본성을 지키고 북돋우는 내적 수양이고, 궁리(窮理)는 인간과 사물의 이치를 알아내는 외적 수양을 뜻한다. 거경궁리를 통해 사물의 본성과 이치를 터득하여 이를 내면화하여 적연부동(寂然不動)한 경지에 이르는 것이 성리학의 요체이다.

시조의 형식미학 형성 원리에는 이와 같은 성리학에서의 학문하는 실천 방법론이 직접적으로 작동하고 있는 것으로 해석된다. 다시 말해, 기질지성의 현상으로부터 그 이면의 원리를 터득하여 본연지성의 경지에 도달하는 양상이 시조의 형식미학의 근본 규정력으로 작동하고 있다는 것이다. 물론, 시조의 형식미학에는 기질지성과 본연지성을 이원적으로 분리하는 주리론적 세계관뿐만 아니라 이 둘을 일원론적인 연속성으로 파악하는 주기론의 세계관도 포괄되고 있다. 그러나 대체로 사설시조 양식으로 드러나는 이러한 경우, 역시 시조 종장의 첫 음보를 주일무적(主一無敵)의 비약적 전환점으로 삼아 현상적 사실 속에서 보편적 원리를 도출해내는 거경과 궁리의 수양과 성찰의 방법론은 동일하게 구사된다.

이 점은 시조의 기본 형식인 4 음보격 3장 형식에서 구체적으로 확인해 볼 수 있다.

기의 작용으로 나타난다(七情氣之發)"고 설명한다. 정재현 〈四端七情論辯의 名學的解釋〉《중국학보》46집, 2002 참조.

	제1음보	제2음보	제3음보	제4음보
제1행(초장)	▬	▬	▬	▬
제2행(중장)	▬	▬	▬	▬
제3행(종장)	▬	▬	▬	▬

시조의 가로 행의 음보를 이루는 짝수의 4는 안정수이고 세로 행의 홀수의 장을 이루는 3은 역동수이다. 안정수의 반복은 시조가 궁극적으로 지향하는 자아와 세계의 합일을 이루는 보편, 이치, 본질, 근원, 평정, 형이상 등을 향해 나아가는 장중하고 진중한 리듬으로 해석된다. 또한 세로의 3장의 역동수는 초장과 중장의 개별, 차이, 감각, 갈등, 형이하 등의 현상적 사실로부터 거경궁리를 통해 그 이면의 본질과 가치를 터득하여 내면화하는 노력의 과정이 반영된 것으로 파악된다.

이 점은 특히 종장의 형식론을 통해 뚜렷하게 드러난다. 종장의 제1음보는 기준 음절수 미만이고 2음보는 기준 음절수 초과이다. 첫 음보의 음절수 미만은 내적 집중의 응축적 전환의 긴장을, 2음보의 초과는 질적 고양 속에서 도달하는 평정의 이완을 드러낸다. 여기에서 기준 음절수 미만의 응축적인 긴장의 첫 음보는 성정(性情)을 통합하고 이기(理氣)를 합일시키는 거경의 자리에 가깝고, 기준 음절수 초과의 2음보는 궁리의 체득을 통한 고양된 해소에 가까운 것으로 파악된다. 거경은 아직 발하지 않은 상태를 암시하는 정(靜)의 단계이다. 따라서 이 점은 대부분의 시조 종장의 첫 음보가 감탄적 어사로 시작되는 '제시부'이고, 마지막 음보가 감탄적 종결형으로 끝나는 '종결부'[6] 의 양상이라

6) 김흥규 〈평시조 종장의 율격, 통사적 정형과 그 기능〉《월암 박성의 박사 환력기념논총》고려대학교 국어국문학과, 1977 참조. 김흥규는 시조 종장의 특성을 제시부와 종결부라는 용어를 통해 예리하게 지적하고 있으나 그 내용가치를 규명하는 단계에까

는 점에서도 확인된다. 이때 제시부는 초장, 중장과는 다른 새로운 차원으로 향하는 계기점이며, 종결부는 그것이 구체적으로 실현되는 해소의 단계를 가리킨다.[7)]

특히, 종장에서 격물치지를 통해 획득하는 이(理)를 설명하는 자리에서 주자는 "만물은 모두 한 그루의 나무와 한 포기의 풀에 이르기까지 각각 '이(理)'를 갖추고 있다. '이'를 궁구해 나가면 활연(豁然)해지는 단계에 이를 수 있다고" 설파한다.

이러한 '이'의 구체적인 실체에 대해 송나라의 주자보다 오히려 더욱 많이 천착한 것으로 알려진 퇴계 이황(1501~1570)의 설명을 직접 들어보기로 하자.

만일 이를 탐구해서 투철하게 깨닫는다면, 이것은 지극히 텅 비어

지 나아가지는 않고 있다.

7) 시조 작품을 통해 이러한 시조의 형식미와 내용가치에 대한 이해를 좀 더 실감 있게 규명해 보기로 하자.

古人도 날 몯 보고 나도 古人 몯 뵈
古人을 몯 뵈도 녀던 길 알퓌 잇네
녀던 길 알퓌 잇거든 아니 녀고 엇뎔고

— 이황 〈도산십이곡〉 일부

초장과 중장이 현상적 사실과 인식이라면 종장은 이로부터 그 이치를 내적 집중을 통해 터득하여(居敬窮理) 내면화함으로써 세계의 자아화를 이루는 서정의 세계를 보여준다. 초장은 "古人"이 나를 보지 못한 것처럼 나도 "古人"을 보지 못했다는 사실을 서술하고 있다. 물론 여기에서 강조하는 것은 "古人"이 나를 못 본 것이 아니라 내가 "古人"을 보지 못하고 있다는 사실의 전언이다. 서로 다른 감각적 욕구와 성질에 따라 가치관의 갈등과 충돌이 지속되는 현실 세계의 혼란 속에서 삶의 지표가 될 수 있는 "古人"을 직접 만날 수 없다는 사실을 전언하고 있다. 중장은 초장의 현상적 사실 인식에서 한 걸음 더 나아간 직관적 추상의 세계를 보여주고 있다. "古人"들은 볼 수 없어도 그들이 살았던 삶의 흔적, 즉 "녀던 길"은 찾을 수 있다는 것이다. 초장과 중장의 현상적 사실과 인식에 대한 전언이 종장에 이르면 초장과 중장의 내용의 응축을 바탕으로 돌연하게 자각되는 격물치지(格物致知)의 비약적 전환을 통한 궁리가 일어난다.

있지만 동시에 지극히 진실한 이치를 가지고 있고(至虛而至實) 지극한 무이지만 동시에 모든 유를 가능하게 하는 지극한 유이고(至無而至有) 만물을 움직이게 하면서도 스스로 운동하지 않고(動而無動) 만물을 고요하게 하면서도 스스로는 따로 고요함이 없는(靜而無靜) 희고 깨끗하여 순수하며 터럭 하나도 더하거나 뺄 수 없이 완전하며 음양과 오행 그리고 만사와 만물의 근본이 되면서도 음양오행과 만사만물의 가운데에 갇히지 않는다.[8)]

'이'의 위상과 존재성을 면밀하게 해명하고 있다. 이의 속성은 있음/없음, 정/동, 구속/자유의 이분법으로 규정되지 않으면서 이들을 동시적으로 모두 포괄하는 존재의 근원이며 원리이고 주체이다. 따라서 이러한 '이'에 대한 인식이 부재하면 감각적이고 말초적이고 표면적인 현상에서만 헤매게 된다.[9)] 시조 장르는 바로 이러한 이(理)를 심지로 체현하는 것이다.

3. 득의망상(得意忘象)과 무(無)의 도정

조오현의 시 세계가 추구하는 궁극 역시 거경궁리에서의 이(理)의 세계와의 연속성에서 해석된다. 그의 시조 세계의 중심음 역시 "지극히 텅 비어 있지만 동시에 지극히 진실한 이치를 가지고 있고(至虛而至實) 지극한 무이지만 동시에 모든 유를 가능하게 하는 지극한 유(至無而至有)"와 상통하는 본래무일물(本來無一物)의 세계가 근간을 이룬다.

---

8) 퇴계학연구원《陶山全書 二》권22, 1988.

9) 이 글은 졸고 〈시조 미학의 성리학적 세계관과 현재적 가능성〉(《한국언어문화》 45권, 2011.8)을 바탕으로 서술함.

본래무일물은 우리의 본래성품, 즉 청정자성은 본래 아무것도 없이 허공처럼 텅 비어 있다는 것이다.[10] 우주만유는 본래 아무것도 없는 공(空)이어서 집착할 것도 탐욕할 것도 없다. 다시 말해, 본래무일물 역시 그 기본 속성은 거경궁리에서 '이'의 있음/없음, 정/동, 구속/자유의 이분법으로 규정되지 않으면서 이들을 동시적으로 모두 포괄하는 텅 빈 존재의 근원이며 고요한 중심에 상응한다. 다만, 거경궁리의 '이'와 달리 본체 자체도 없다는 무(無)를 강조한다는 점에서 편차를 드러낸다. 그래서 그의 시조 세계는 가없는 활연대오(豁然大悟)의 경지를 열어 나가는 특성을 지닌다.

다음 시편은 이 점을 선명하게 드러낸다.

그날 밤 대중들이 잠이 들어 달빛을 받은 나뭇가지들이 산방 창호지 흰 살결에 얼룩덜룩한 그림을 그리고 있을 때 김행자는 '본래면목(本來面目)이란 어떤 물건인가?'라는 의문 때문에 잠이 오지 않아 마당으로 나왔지요. 땅바닥에 무릎까지 쌓인 풍경 소리를 한동안 밟다가 거기 보타전 맞은편 관음지(觀音池) 둑에 웬 낯선 사내가 두 무릎을 싸안고 앉아 있는 것을 보았지요.

'이 밤중에?' 김행자는 머리끝이 쭈빗쭈빗 곤두섰지만 무엇에 이끌리듯 사내의 등 뒤에 가 서서 사내의 동정을 살피고 있었지요. 그런데 그 사내는 인기척을 느꼈는지 못 느꼈는지 괴이적적한 수면에 떠오른 달그림자만 뚫어지게 바라보고 있을 뿐 마치 무슨 짐을 몽동

10) 남종 돈오(頓悟) 선시의 기원으로 꼽히는 혜능(638~713)의 본래무일물(本來無一物) 즉 본래 한 물건도 없다는 게송으로서 《육조단경》에 전한다. 게송의 전문은 다음과 같다. "보리는 본래 나무가 아니요, 명경 또한 대(臺)가 아니다. 본래 하나의 물건도 없는 것이니, 어디서 티끌이 일어나리오(菩提本無樹 明鏡亦非臺 本來無一物 何處惹塵埃)."

그려놓은 것처럼 미동도 없었지요. 마침내 달이 기울면서 자기 그림자를 거두어 가고 관음지에 흐릿한 안개비가 풀어져 내리자 사내는 늙은이처럼 시시부지 일어나며 '그것 참… 물속에 잠긴 달은 바라볼 수는 있어도 끝내 건져낼 수는 없는 노릇이구먼….' 하고 수척한 얼굴을 문지르며 흐느적흐느적 산문 밖으로 걸어나가는 것을 다음날 새벽녘에 보았지요.

—〈물속에 잠긴 달 바라볼 수는 있어도〉 전문

"'본래면목(本來面目)이란 어떤 물건인가?'라는 의문"에 사로잡혀 잠을 이루지 못하는 김행자의 발걸음 앞에 "수면에 떠오른 달그림자만 뚫어지게 바라보고 있"는 사내의 모습이 드러나고 있다. "마침내 달이 기울면서" 달의 그림자가 걷히기 시작한다. 이때 사내는 혼자 중얼거린다. "그것 참… 물속에 잠긴 달은 바라볼 수는 있어도 끝내 건져낼 수는 없는 노릇이구먼…." 사내의 독백이 담고 있는 뜻은 무엇인가? 물속에 잠긴 달을 건지고자 했던 노력은 애초에 잘못된 것이었다는 전언이다. 물속에는 처음부터 달의 실체가 없었던 것이다. 처음부터 없는 달을 건지려고 하는 행위란 얼마나 어리석은 짓인가. 그러나 본래면목을 찾는 중생들의 행렬들이란 결국 이처럼 어리석은 행위의 반복이었다는 것이다. 조오현의 시조 세계의 전반은 이와 같이 일체만상과 만법이 모두 비어 있다는 것이 출발이며 궁극을 이룬다. 다시 말해, 그의 시조 세계는 공(空)과 무(無)를 강조하고 지향하는 득의망상(得意忘象)의 미의식을 주조로 한다.

이러한 점은 조오현의 시조 세계의 출발을 이루는 〈무산심우도〉[11)]

11) 〈무산심우도〉는 1978년 간행된 시조집 《심우도》에 발표된다. 조오현이 1968년 《시조문학》으로 등단한 이후 초기에 창작한 시조편에 해당한다. 한편, 심우도(尋牛圖)는 선(禪)의 수행 단계를 소와 동자에 비유하여 도해한 그림으로서, 자기의 참마음

에서도 선명하게 부각된다. 불교의 선사상을 이해하는 중요한 길잡이 중의 하나인 심우도의 종지는 삼라만상 모두 실체가 없는 공(空)임을 깨닫고 이를 실현하는 수행의 도정이다.

히히히 호호호호 으히히히 으허허허
하하하 으하하하 으이이이 이 흐흐흐
껄껄걸 으아으아이 우후후후 후이이

약 없는 마른버짐이 온몸에 번진 거다
손으로 짚는 육갑 명씨 박힌 전생의 눈이다
한 생각 한 방망이로 부셔버린 삼천대계여

—〈인우구망(人牛俱忘)〉 전문

1연은 깨달은 자의 통쾌한 원초적 웃음소리이다. 이 점은 2연을 통해 확인된다. 온몸에 마른버짐이 생기고 눈은 "명씨"가 박히도록 시달리던 번뇌가 벼락처럼 부서지고 있다. 광대무변한 세계가 오직 텅 빈 원상이라는 것이다. "인우구망", 즉 소와 자기 자신을 모두 잊어버린 상태이다. 객관적 대상이었던 소를 잊었으면 주관인 자아 또한 성립되지 않는다는 주객 분리 이전의 상태에 상응한다. 본래무일물(本來無一物)에 이르는 득의망상(得意忘象)의 도정이다.

을 찾고 깨달음에 이르기까지의 과정을 10단계로 도해하여 십우도(十牛圖)라고도 한다. 이를 순차적으로 정리하면 다음과 같다. 소를 찾아 나선다.(尋牛) – 소 발자국을 발견한다.(見跡) – 소를 발견한다.(見牛) – 소를 잡는다.(得牛) – 소를 길들인다.(牧牛) – 소를 타고 집으로 돌아온다.(騎牛歸家) – 이제 소는 잊어버리고 안심한다.(忘牛存人) – 사람도 소도 모두 본래 공(空)임을 깨닫는다.(人牛具忘) – 산은 산으로 물은 물로 있는 그대로의 세계를 깨닫는다(返本還源) – 중생구제를 위해 저잣거리로 나선다(入廛垂手). 곽암《십우도(十牛圖)》 한국불교연구원, 1995 참조.

조오현의 시조 세계의 근간은 바로 이와 같은 본래무일물을 지향하는 득의망상의 미의식이 관류한다. 그가 노래하는 '성자'의 본모습에서도 이러한 특성을 읽을 수 있다.

하루라는 오늘
오늘이라는 이 하루에

뜨는 해도 다 보고
지는 해도 다 보았다고

더 이상 볼 것 없다고
알 까고 죽는 하루살이 떼

죽을 때가 지났는데도
나는 살아 있지만
그 어느 날 그 하루도 산 것 같지 않고 보면

천년을 산다고 해도
성자는
아득한 하루살이 떼

—〈아득한 성자〉 전문

"하루살이"는 늘 오늘을 산다. 일생에 걸쳐 어제와 내일이 없다. 그러므로 지난 세월에 대한 어떤 집착도 다가올 세상에 대한 허욕도 있을 리 없다. 그래서 하루살이는 항상 처음이자 마지막으로 오는 하루를 있는 그대로 직시하고 향유한다.

과거에 대한 집착과 미래에 대한 욕망으로 인해 반복되어 온 왜곡된 현재에 대한 성찰이다. 대부분의 사람들이 한 번도 온전한 오늘을 향유하지 못한 채 사라져갔다. 그래서 인간 삶은 정작 "하루살이" 만큼도 온전한 하루를 살아보지 못했다는 것이다.

이렇게 보면, "죽을 때가 지났는데도/ 나는 살아 있지만/ 그 어느 날 그 하루도 산 것 같지 않"다는 목소리에는 모든 집착과 욕망에서 완전히 벗어난 '참나'의 경지, 그 부처의 세상에 이르지 못한 채 살아왔다는 회한의 정서가 스며 있는 것으로 보인다. 물론, 이러한 회한은 "내 평생 붙잡고 살아온 것이 아지랑이더란 말이냐"(〈아지랑이〉)라고 반문하는 성찰과 각성의 다른 모습이기도 하다. "천년을 산다고 해도/ 성자는/ 아득한 하루살이 떼"라고 하는 것은 성자는 천년을 산다고 할지라도 늘 '지금/여기'를 산다는 의미와 함께 하루살이야말로 성자의 삶이라는 일깨움을 전언하고 있다.

그렇다면, 또다시 다음과 같은 질문을 하게 된다. '지금/여기'를 있는 그대로 직시하고 향유하는 것이 그토록 어려운 까닭이 무엇인가? 다시 말해, "성자"에 이르는 길이 "아득"한 이유가 무엇인가? 그것은 우리 자신이 우리의 마음을 "들지도 놓지도" 못하고 있는 데서 기인한다. 마음이 집착과 욕망의 허상에 사로잡히면서 본래무일물의 근기를 상실하고 있기 때문이다.

그 옛날 천하장수가
천하를 다 들었다 놓아도

한 티끌 겨자씨보다
어쩌면 더 작을

그 마음 하나는 끝내
들지도 놓지도 못했다더라

—〈마음 하나〉 전문

시적 화자는 스스로 "마음"을 다스릴 줄 알아야 한다고 강조하고 있다. 그렇다면, 그 마음이란 무엇인가? 마음은 우리에게 너무도 익숙한 낱말이지만, 그러나 정작 이를 설명하고자 하면 그것은 모양도 색깔도 없는 대상이란 점에서 새삼 말문이 막히고 만다.

이 시는 마음의 부피와 질량을 암시적으로 집약하고 있다. "천하를 다 들었다 놓"을 수 있는 "천하장수"라 할지라도 "마음 하나"는 "들지도 놓지도" 못한다. 비록 마음의 크기가"한 티끌 겨자씨보다/ 어쩌면 더 작을"지라도 이 점은 마찬가지이다. 마음이란 처음부터 가시적인 대상도 아니며 물리적인 힘으로 상대할 수 있는 대상도 아니다. 이러한 마음의 실체에 대해 좀 더 감각적으로 가깝게 느껴볼 수는 없을까? 이 지점에서 중국 선종의 시조 달마의 예화는 많은 시사를 제시한다.

제자 혜가가 달마를 찾아와 말한다.

"제 마음이 평안을 찾지 못하고 있습니다. 청컨대 제 마음을 편안하게 해 주십시오."

이에 달마가 대답한다.

"어디 너의 마음이란 걸 내놓아 봐라. 그러면 내 그 마음을 편안하게 해 주겠다."

한참 동안 침묵이 흐른 뒤 혜가는 마음을 찾아보았으나 발견할 수 없다고 고백한다.

그러자 달마가 말한다.

"자, 이제 내 이미 너의 마음을 편안하게 해주었다."

이 일화에서 혜가가 괴로워했던 마음은 무엇이고 다시 평안해진 마음은 무엇인가? 이 둘은 서로 같은가 다른가? 달마가 내놓아 보라는 마음은 본래의 마음이 아니라 잘못된 환영을 스스로 객관화해 보라는 것이 아니었을까? 그래서 달마가 '내 이미 너의 마음을 편안하게 해주었다.'는 것은 본래의 참마음은 이미 평화롭고 고요한 무(無)로서, 이미 고치고 치유하고 진정시킬 대상이 아니라는 사실을 지적하기 위함이 아닐까. 그래서 혜능이 《법보단경》 첫머리에서 '참본성이 맑으니 다만 이 마음을 쓰라. 곧 성불할 것이다'라고 강조하지 않았을까. 마음이란 "한 티끌 겨자씨보다" 더 작다 할지라도 "천하장사"가 들었다 놓는 "천하"보다 더욱 무겁고 아득하다는 것은 본래무일물의 각성과 체현에 대한 어려움을 강조하고 있는 것이다.

다음 시편 역시 본래의 마음 찾기의 가치와 의미를 강조하고 있다.

사내라고 다 장부 아니여
장부 소리 들을라면
몸은 들지 못해도
마음 하나는
다 놓았다 다 들어 올려야

그 물론
몰현금(沒弦琴) 한 줄은
그냥 탈 줄 알아야

—〈몰현금(沒弦琴) 한 줄〉 전문

스스로 자신의 마음의 주인이 되는 경지에 이르면 "몰현금 沒弦琴 한 줄은/ 그냥 탈 줄 알"게 된다는 것이다. 줄 없는 거문고, 몰현금을 탄다는 것은 곧 마음으로 거문고를 자유자재로 탈 수 있게 된다는 것을 가리킨다. 그렇다면, 마음으로 줄 없는 거문고를 탄다는 것을 어떻게 이해해야 할까? 혜능의 다음과 같은 일화는 이에 대한 대답의 한 실마리가 될 수도 있지 않을까?

> 두 승려가 바람에 깃발이 펄럭이는 것을 놓고 열띤 논쟁을 벌였다. 한 스님은 바람이 움직이는 것이라고 주장하고 다른 한 스님은 깃발이 움직이는 것이라고 주장하였다. 이때 혜능이 끼어들었다.
>
> "움직이는 건 바람도 아니고 깃발도 아니다. 다만 그대들의 마음이 움직일 뿐이다."

혜능의 화법으로 이해하면 마음으로 거문고를 탄다는 것은 마음이 작용하여 거문고의 음률을 이미 감상하고 있다는 것을 가리킨다. 이와 같이 장부다운 장부란 스스로 마음의 주인이 되는 것이다. 마음의 주인이 되는 것은 집착과 욕망으로 가득 찬 허상들을 비워내서 마음의 텅 빈 원상으로 되돌아가는 것이다. 다시 말해, 마음을 자유자재로 들어 올리고 내려놓기 위해서는 물리적인 힘이 아니라 스스로 마음을 비워내서, 본래의 텅 빈 공(空)으로서의 마음을 회복하는 것이다. 집착과 탐욕은 물론 어떤 인위적인 의도나 의지마저도 벗어날 때 본래 마음의 평정에 이를 수 있다. 이러한 마음의 평정에 이르면, "바다에 가면 바다/ 절에 가면 절이 되"(〈무설설 2〉《산에 사는 날에》)는 경지에 도달할 수 있게 된다. 이때, "몰현금(沒弦琴) 한 줄은/ 그냥 탈 줄 알"게 된다.

그래서 마음을 비우고 본래의 마음으로 돌아가는 역정이 곧 수행자의 궁극적인 당위적 과제이며 목적이 된다. 본래의 텅 빈 마음을 찾는 과정은 곧 자신의 본모습을 발견하는 과정이다. 이 점은 외부의 대상에 대한 의존에서 결코 가능한 것이 아니다.

한나절은 숲 속에서
새 울음소리를 듣고

반나절은 바닷가에서
해조음 소리를 듣습니다

언제쯤 내 울음소리를
내가 듣게 되겠습니까

—〈내 울음소리〉 전문

시조의 정조가 매우 섬세하고 애틋하다. 시적 화자의 삶의 일상이 청각적 심상의 반복을 통해 펼쳐지고 있다. 숲의 "새 울음소리"와 바닷가의 "해조음 소리"가 시적 화자와 일상을 함께 하는 대상이다. 그러나 1, 2연의 적요한 평화는 3연에 오면 안타까운 정조로 반전된다. 새소리와 해조음 소리는 선명하게 들리고 있으나 정작 자신의 내면의 소리는 듣지 못하고 있다는 것이다. 이것은 감각적인 청각은 트였으나 마음의 청각은 아직 열리지 않았다는 뜻으로 읽힌다. 그리하여 내외명철(內外明徹), 안팎이 환희 밝은 견성(見性)의 경지를 갈망하고 있는 것으로 해석된다. 바깥의 진경에만 의지하고 내적 본성을 직시하지 못한다면 제대로 견성한 것이 아니라는 것이다. 이 대목을 읽으면 그 유명한 '덕산의 촛불'에 대한 해석도 어느 정도 짐작이 갈 듯하다.

용담이 밤도 깊었는데 이제 가 봐야지 했다. 덕산이 인사를 하고 주렴을 걷는데 밖이 칠흑 같았다. 고개를 돌려 "깜깜한데요" 하자,

용담이 지촉에 불을 붙여 건넸다. 덕산이 받으려 하자 용담이 훅 불어 불을 꺼버렸다. 이에 덕산이 홀연 깨달았다.

이때 덕산이 깨달은 것은 무엇이었을까? 바깥의 불을 끄는 순간 마음의 불빛을 자각하게 된 것이 아닐까? 막다른 골목에 밀어 넣어지면서 안과 밖이 하나로 합쳐지는(自然內外打成一片) 찰나, 그는 존재의 대전회를 경험한 것이다.

그렇다면, 이와 같이 백척간두(百尺竿頭) 진일보(進一步) 이후의 세계는 과연 어떤 양상일까? 다시 말해, 깨달음의 세계, 즉 견성성불의 존재 방식은 무엇일까? 이러한 의문 앞에 다음과 같은 시편들을 만날 수 있다.

화엄경 펼쳐 놓고 산창을 열면
이름 모를 온갖 새들 이미 다 읽었다고
이 나무 저 나무 사이로 포롱포롱 날고……

풀잎은 풀잎으로 풀벌레는 풀벌레로
크고 작은 푸나무들 크고 작은 산들 짐승들
하늘 땅 이 모든 것들 이 모든 생명들이……

하나로 어우러지고 하나로 어우러져
몸을 다 드러내고 나타내 다 보이며
저마다 머금은 빛을 서로 비춰 주나니……

—〈산창을 열면〉 전문

"화엄경 펼쳐 놓고 산창을 열면" "이름 모를 온갖 새들", 이미 "화엄경"을 다 읽었다며 "포롱포롱 날고" 있다. 어찌 새들뿐이겠는가? 2연에 이르면 "풀잎" "풀벌레" "산들" "짐승들" 모두가 《화엄경》을 알고 있는 표정들이다. 이미 《화엄경》의 설법이 이러한 생명체들 속에 살고 있었던 것이다. 작은 생물 하나에도 불성이 내재되어 있다는 이치이다. 특히 이 모든 생명이 어우러져 "저마다 머금은 빛을 서로 비춰 주"고 있는 모습은 그 자체로 "법신"의 구현이며 존재 방식에 해당한다. 그래서 "산색은 그대로가 법신(法身)/ 물소리는 그대로가 설법(說法)"(〈이 소리는 몇 근이나 됩니까?〉)이라는 언명이 가능하다.

이 대목은 법안종의 선구자 현사의 다음과 같은 일화를 환기시킨다.

> 어느 날 그가 대중에게 설법을 하기로 되어 있던 때였다.
>
> 그가 마침 단상에 올랐을 때 밖에서 제비 지저귀는 소리가 들렸다. 그러자 그는 이렇게 말했다.
>
> "본체에 대한 이 얼마나 심오한 설법이며 분명한 법문인가!"
>
> 그리고는 마치 자기가 설법을 다 끝낸 양 단상에서 내려왔다.

이것은 결국 자신의 타고난 본성대로 가장 자연스럽게 살아가는 모습 그 자체가 곧 부처라는 것을 가리킨다. 이와 같은 부처의 존재를 자각하고 이를 향유할 수 있는 것은 '스스로 그러한' 무위자연의 본성을 잃지 않았을 때이다. 이것은 또한 무념무상(無念無想)이 곧 부처이며 도(道)라는 일깨움의 다른 표현이기도 하다.

> 풍년이 드는 해나 흉년이 드는 해나
> — 논두렁 밟고 서면 —
> 내 것이거나 남의 것이거나
> — 가을 들 바라보면 —

가진 것 하나 없어도 나도 웃는 허수아비

사람들은 날더러 허수아비라 말하지만
맘 다 비우고 두 팔 쫙 벌리면
모든 것 하늘까지도 한 발 안에 다 들어오는 것을

—〈허수아비〉 부분

노자는 '학문을 하면 날로 늘어나고 도를 닦으면 날마다 덜어지거니와 덜고 또 덜면 이윽고 함이 없음에 이르게 되고 함이 없으면 되지 않는 일이 없다. 그러므로 천하를 얻음에는 언제나 무위로써 해야 한다(爲學日益 爲道日損 損之又損 以至無爲 無爲而無不爲 故取天下 常以無事).'고 설파한다.

허수아비가 "하늘까지도 한발 안에 다" 안을 수 있었던 것은 위도일손(爲道日損)의 극치, "맘 다 비우고 두 팔 쫙 벌"리는 단계에 이르렀기 때문이다. 허수아비는 어느새 무위로써 천하를 얻는 성과를 구가하고 있다. 물론, 허수아비는 천하를 얻었다고 할지라도 이를 지배하려 하지 않는다(萬物歸焉而不爲主). 그래서 천하가 영원히 제 품 속에 함께한다. 이러한 도(道)의 존재성은 자연의 조화로운 풍경 속에서 언제나 생생하게 만날 수 있다.

그렇게 살고 있다 그렇게들 살고 있다
산은 골을 만들어 물을 흐르게 하고
나무는 겉껍질 속에 벌레들을 기르며

—〈숲〉 전문

숲의 일상적 풍경이 곧 지극한 도이며 마음의 본성이라는 사실을 환기시킨다. 이처럼 "맘 다 비우"고 무위의 리듬에 맡기는 도(道)에 이르면 어느새 스스로 걸림 없는 우주의 주인이며 부처가 된다. 이것은 또한 '평상심이 곧 도'라는 이치를 떠올린다. 도(道)란 의도적인 목적과 생각이나 논리적 사유를 통해 얻어지는 것이 아니라 이를 의식하지도 못하는 채 체현되는 견성(見性)의 산물이다. 그리하여 스스로의 마음이 부처가 되면 외부 세계 또한 부처가 사는 마을이 된다.

> 시님, 우리가 시방 깔고 앉은 이 반석과 저 맑은 물속에 잠겨 있는 반석들을 눈을 감고 가만히 들여다보시지요. 이 반석들 속에 천진한 동불(童佛)들이 놀고 있는 모습이 나타날 것입니다. (중략) 언네 시님 젊었을 때는 눈을 뜨고 봐도 나타나지 않아 먹줄을 놓아야 했는데…. 이제 눈이 멀어 왔던 길도 잘 잊어버리는데…, 눈을 감아야 얼비치니…. 눈만 감으면 바위 속에 정좌해 계시는 부처님이 보이시니….
>
> —〈눈을 감아야 얼비치니〉 일부

시적 정조가 어눌하면서도 아름답고 아름다우면서도 감동적이다. 늙은 석수의 성근 목소리는 이미 부처의 목소리이다. 그래서 그의 눈에 세상은 부처의 나라이다. "젊었을 때는 눈을 뜨고 봐도 나타나지 않"던 부처가 "이제 눈이 멀어 왔던 길도 잘 잊어버리는" 상황에서 오히려 선명하게 보이기 시작한다. 육안의 눈이 멀어지면서 마음의 눈이 아침 햇살처럼 밝아진 것이다. 보려는 의도를 가지고 있을 때는 차별상에 머물렀지만, 그 의도 자체를 버리자 본질의 세계를 환하게 보게 되는 형국이다. 이렇게 보면, 이 시에서 시적 화자는 살아 있는 "아득한 성자"와 대화를 나누고 있는 것이다.

실제로 조오현은 시조를 통해 사물의 현상과 본질을 통찰하는 법안

(法眼)의 눈으로 "아지랑이"(〈아지랑이〉) 같은 삶의 현실에 대한 직시와 그 너머의 근원적인 "공(空)"의 세계를 수시로 드나들면서 이를 동시적으로 노래하고 있다.[12] 그래서 그의 시조 세계의 궁극은 본래무일물(本來無一物)을 지향한다. 다시 말해, 본래무일물이 그의 시조 세계를 생성하는 심지이며 이를 통해 발견하는 자신과 세계의 본래면목인 것이다. 이렇게 보면, 그의 시조 세계는 이(理)를 추구하는 시조 장르를 통해 시조 장르마저 부정하는'본래무일물'의 지점에 이른다. 그래서 그의 시조 세계는 가없는 활연(豁然)의 경지를 체감하게 한다.

4. 결론

조오현의 시조 세계는 선시조의 특성을 지닌다. 시조는 문자에 의존하는 양식이라면 선은 불립문자를 강조하는 "무설설"이며 "무자화"이다. 그렇다면 이처럼 상반된 속성을 지니는 선과 시조가 공존할 수 있는 개연성은 무엇일까? 그것은 시조의 양식이 성리학적 이념의 요체인 거경궁리의 표현태라는 점과 조오현의 선적 세계관이 근간을 두고 있는 본래무일물이 상응한다는 점이다. 시조의 종장을 통해 집중하는"지극히 텅 비어 있지만 동시에 지극히 진실한 이치를 가지고 있고(至虛而至實) 지극한 무이지만 동시에 모든 유를 가능하게 하는 지극한 유(至無而至有)"의 속성을 지닌 이(理)의 세계에 대한 지향은 선적 세계의 모든 생성의 근원이면서 아무것도 없는, 활동하는 무를 표상하는 본래무일물과 상통한다는 것이다. 물론 본래무일물은 성리학의 이(理)와 달

---

12) 졸고 〈마음, 그 깨달음의 바다〉(《대지의 문법과 시적 상상》 문학동네, 2007)를 바탕으로 하고 있음

리 본연지성(本然之性)의 본체마저 없다는 차원이다.

조오현이 시조를 통해 선을 추구하는 배경이 여기에서 찾아진다. 이 점은 또한 선(禪)이 그의 시조 세계의 심지이며 동시에 형식과 내용 가치의 궁극이라는 점을 가리키기도 한다. 그래서 그의 시조 세계는 기본적으로 득의망상(得意忘象)의 미의식을 체현한다. 여기에 이르면 그가 스스로 "중은 끝내 부처도 깨달음까지지도/ 내동댕이쳐야 하거늘/ 대명천지 밝은 날에/ 시집이 뭐냐"(〈시인의 말〉《아득한 성자》 시와시학, 2007)고 일갈하던 연유를 좀 더 분명하게 짐작할 수 있다. 그의 본래무일물을 지향하는 득의망상의 미학에는 "깨달음"과 "부처"와 "시집"까지지도 차별 없이 포괄되고 있는 것이다.

설악-무산 시조의 형태 분석

홍성란

차 례

홍성란 / 시조시인. 1989년 중앙시조백일장(경복궁 근정전)으로 등단. 시집《춤》《바람의 머리카락》《칭찬 인형》, 시선집《애인 있어요》《소풍》 시조감상 에세이《백팔번뇌-하늘의 소리 땅의 소리》 외 다수. 중앙시조대상신인상, 유심작품상, 중앙시조대상, 대한민국문화예술상, 이영도시조문학상, 조운문학상 등 수상. 현재 유심시조아카데미 원장.

1. 머리말

시조는 우리 문학사에서 '노래하기 정신에 의한 서술의 억제를 진술 방식'으로 하는 가장 절제된 서정시다. 주지하다시피, 문학으로서의 시조는 평시조(平時調) 한 수(首)로 완결하는 단시조(單時調)를 정전으로 삼아 시대의 변화와 관계없이 일관되게 유지해왔다.[1] 시조의 형식적 정체성은 3장(章) 6구(句) 12음보(音步)에 있다. 시조는 초장·중장·종장으로 이루어지는 3장시다.[2] 장 단위는 구와 구가 결합하여 이루어지며, 구 단위는 음보와 음보가 결합하여 이루어진다. 각 음보는 4음절을 기준음량으로 한다. 시조 3장은 초장과 같은 구조를 단 한 번 반복하는 중장에 이어서 종장 첫마디는 3음절로 고정하고 둘째 마디에서는 4음절 음보가 두 개 이어지는 정도의 음량으로 늘어나는 '변형 4보격'이 됨으로써 3장 6구 12음보(마디)라는 형식적 정체성을 가진다. 시조를 하위장르로 구분하면 3장 6구 12음보라는 형식적 요체를 따르되 음절 수준에서 가벼운 파격을 보이는 평시조,[3] 각 장에서 한두 음보 정도 늘어난 파격을 보이는 엇시조(旕時調), 음절과 음보, 구의 수준에서 말수가 상당히 늘어난 파격을 보이는 사설시조(辭說時調)로 나뉜다.

---

1) 김학성 《한국고전시가의 전통과 계승》 성균관대출판부, 2008, 298면.

2) 김상옥을 필두로 시조를 '삼행시'라는 이름으로 장르표지를 삼아 현대시조를 창작한 바 있는데 이는 자칫 오해를 불러일으키거나 시조의 정체성을 벗어날 가능성을 갖게 한다. 시조는 분명 초장, 중장, 종장의 3장으로 1수를 이루는 3장시이지 3행으로 표출해야 하는 3행시가 아니다. 3행시는 3행으로 된 시이다. 시조가 아니어도 3행으로 쓰는 시는 얼마든지 있을 수 있다. 홍성란 〈시조의 형식실험과 현대성의 모색양상 연구〉 성균관대학교 박사학위논문, 2004, 22면 참조.

3) 평시조의 각 음보는 4음절(1음절은 1mora의 음량) 음량을 지켜야 하지만 시조의 음보 양식화 범위는 2모라에서 5모라 이내로서 1음절 정도의 음량을 넘어서는 경우는 파격으로 보지 않는다. 음보의 양식화 범위, 음량과 mora에 관하여는 성기옥 《한국시가율격의 이론》 새문사, 1986, 135~136면 참조.

이 논문의 목적은 평시조와 엇시조, 사설시조는 물론 산문시와 '이야기 시'로 현대 선시(禪詩)의 전범을 보인 설악무산 시조의 형태 분석에 있다. 따라서 선의 종지를 드러낸 불교 사상에 대한 논의는 선행 연구를 수용하면서, 무산 시조의 다양하고 개성적인 형식 운용과 시적 형식 구사를 중심으로 논의한다. 동시에 무산 시조에 나타난 제반 양상이 불교적 사유에 어떻게 닿아 있는지 구체적인 작품으로 논의한다. 먼저 단형의 평시조를 분석하는 가운데 다양한 시적 형식을 포함한 엇시조를 분류해낸다. 연시조와 연작시조에서도 다양한 시적 형식 구사와 평시조의 범위를 넘어서는 엇시조의 혼합 양상을 분석한다. 이어쓰기로서 말 엮음의 미학을 보여주는 무산 사설시조의 다양한 양상을 분석한다. 이 과정에서 대종사 설악무산 조오현 시인의 원융무애(圓融無碍)와 무상대도(無上大道)의 경계(境界)가 자재한 시적 형식으로 승화되었음을 규명하게 될 것이다.

2. 무산 시조의 시적 형식 운용

18세기 필사문화 시대의 고시조 가집이 보여주듯이 '노래하는 시조'는 '내리박이 줄글식', 종서(縱書)로 기사(記寫)하는 것이 가장 일반적이었다. 19세기에 이르러 가창상의 필요에 따라 장 구분 정도만 하여 가곡창의 경우는 5장으로, 시조창의 경우는 3장으로 표기하는 수준의 시적 형식을 보였다. 그러던 것이 20세기 인쇄문화시대에 접어들면서 '노래하는 시조에서 읽는 시조를 넘어 생각하는 시조'를 추구하는 서정시로서 시조의 형식이 '시적 형식'이며 '시적 구성'에 의한 '시 정신'을 표현하는 장치라는 인식이 구체적 작품으로 실현되기 시작했다. 이 시기 안확은 《시조시학》(1940)에서 시조의 정신과 운율이 얼마나 중요한지 강조하면서 시조의 문구(文句)와 운율이 서로 따르고 제어하는 상수상제(相隨相制)의 관계에 있다고 파악한 바 있다. 내용이 형식을 규제하고 따르기도 하고 거꾸로 형식이 내용을 규제하고 따르기도 한다는 유기적 통일체로서의 시적 텍스트를 지적한 것이다. 현대시조는 시조라는 양식틀(운율)에 현대의 정신(문구)을 담는 것이므로 시조의 정형틀이 현대정신을 규제하고 따르기도 하지만 반대로 현대정신이 시조의 정형틀을 규제하고 따르기도 한다는 것이다. 그만큼 시적 형식 운용의 중요성을 지적한 것이다.[4)]

무산 조오현(1932~2018)[5)] 시인은 《시조문학》으로 천료(1968)한 이후 《심우도》(1978)에서는 대체로 장 단위의 '율격 시행'을 그대로 가져와 '작품 시행'으로 기사하거나, 구 단위로 행을 배열하거나 구 단위로 연을 구성하는 정도의 시적 형식을 보여준다. 첫 시집 이후 《산에 사는 날에》(2000) 《설악시조집》(2006) 《절간 이야기》(2003) 《아득한 성자》(2007)에 이르면 다양하고 개성적인 시적 형식이 구사된다. 이는 시조 형식을 깨뜨리고 해체하려는 파격을 위한 파격이거나 형식 실험을 위한 일탈이 아니다. 무산 시조의 개성적인 시적 형식의 구축은 선적 오도의 경지에서 선지를 드러내는 원융무애한 무상대도의 경계가 이룩한 시적 성취다. 무산 시조는 단형의 평시조와 이 단시조를 몇 수 이어 쓴 연시조 그리고 대주제 아래 단시조 또는 연시조를 이어 쓴 연작시조, 단형의 평시조에서 가벼운 파격을 보여주는 엇시조와 말수를 늘여 상당한 파격을 보여주는 사설시조 등 시조의 하위장르는 물론이고 다양하고 개성적인 시적 형식의 진경을 이루었다.

무산 시조에 대한 선행연구 가운데 김형중은 무산 시조를 오언의 한

---

4) 홍성란, 앞의 논문, 20~21면 참조.

5) 대한불교조계종 원로의원 조오현 대종사의 필명은 조오현(曺五鉉), 법호는 설악당(雪嶽堂), 법명은 무산(霧山)이다.

시로 된 기존 선시에 대한 하나의 돌파요, 창조요 혁신으로 본다.[6] 배우식은 무산 시조는 불립문자와 언어도단을 최고의 가치로 보는 선과 정형성의 시조가 만나 형성된 '한글 선시조'로서 새로운 장르의 독립적인 문학이며 무산 시조의 가장 중요한 사상적 배경은 반야공, 중도, 불이 사상으로 본다.

이 사상의 중심에는 공사상이 자리 잡고 있다. 조오현은 이런 공사상의 시적 승화를 통해 개별적인 작품에서 자유와 평화 그리고 평등의 세계를 구현한다. 반야공의 자유 세계는 《반야경(般若經)》에서 말하는 공사상을 바탕으로 펼쳐지는 세계이다. 가장 핵심적인 내용은 '색즉시공(色卽是空) 공즉시색(空卽是色)', 즉 공의 세계를 나타내며 '절대의 경지'인 '공(空)'의 세계에서는 시공간이 없다. 그리고 조견오온개공(照見五蘊皆空) 도일체고액(度一切苦厄)은 오온이 공하다는 것을 깨치면 모든 괴로움에서 벗어난다는 말이다. 오온이 모두 공하다는 것을 깨친다는 것은 나의 공함을 깨친다는 말과 동일한 의미를 지닌다.[7]

고시조에 나타난 불교적 사유를 '불이·중도, 무심, 무상, 초탈·관조'로 범주화하여 논구한 사례에서 지적했듯이, 불교 사상은 사구백비(四句百非) 불일불이(不一不異)와 같은 불교적 사유로 보면 서로 통하지 않는 바가 없을 것이다.[8]

---

6) 김형중 〈한글 선시의 현대적 활용〉 송준영 편 《'빈 거울'을 절간과 세간 사이에 놓기》 시와세계, 2013, 123면 참조.

7) 배우식 〈설악 조오현 선시조 연구〉 중앙대학교 박사학위논문, 2018, 94면 참조.

8) 홍성란 〈고시조에 나타난 불교적 사유 – 진본(珍本) 《청구영언》을 중심으로〉 《불교평론》 2020, 여름호.

1) 단시조의 시적 형식 운용

(1) 평시조의 경우

선종의 종지는 '교외별전 불립문자 직지인심 견성성불'이다. 불도의 깨달음은 문자나 말로써 전하는 것이 아니라 마음에서 마음으로 전하는 것이며 선종의 오도는 좌선에 의지해서 바로 스스로의 심성을 꿰뚫어 볼 때 본래 면목이 나타나서 제불의 묘경(妙境), 즉 불가사의한 경계에 이른다는 의미다. 이 불가사의한 경계는 별안간 깨닫는 돈오(頓悟)의 선과 점점 깊이 깨달아가는 점오(漸悟)의 선을 가리킨다.

선은 언어를 부정하는 불립문자로부터 출발한다. 불립문자로서 직관적 깨달음을 표현하기 위해 임제는 제자들의 물음에 대답 대신 크게 고함을 질렀고(臨濟喝), 덕산은 무조건 몽둥이를 휘둘러댔던 것이다(德山棒). 일반의 상식에서 벗어난 이런 식의 미치광이 짓을 통해서 그들은 솟구치는 깨달음의 희열을 어느 정도 전달할 수 있었으나 이런 한계를 극복하기 위해 선승들은 자신들의 '깨달음을 시를 통해 표현(以詩寓禪)'했다.[9] 의언진여(依言眞如). 선가의 언어는 지극히 압축되고 고도로 상징화한, 비약적이고 역설적인 반상(反常)의 언어다. 일언지하(一言之下) 돈망생사(頓忘生死)하고 일초직입(一超直入) 여래지(如來地) 하는 촌철살인적 언어다.[10] 선시로서 무산 시조는 반상·격외(格外)의 도를 시조의 다양한 형태와 시적 형식으로 구사하고 있다.

남의 삶은 다 보이는데 내 삶은 보이지 않네
남의 죽음은 다 보이는데 내 죽음은 보이지 않네
그것 참 남의 허물은 다 보이는데

---

9) 석지현《선시》현암사, 2013, 19~24면 참조.
10) 김형중, 앞의 글, 참조.

내 허물은 보이지 않네

—〈허물〉

평시조에서 음보의 양식화 범위는 2~5모라로 실현된다. 〈허물〉은 평시조 음보의 양식화 범위인 2모라에서 5모라 이내로 각 음보가 실현된 단형의 평시조다. 초장과 중장은 장 단위로 연을 구성하고 종장은 구 단위로 분행(分行)하여 1연 4행의 시적 형식을 보인 이 작품에는 자성의 오도가 불이로 나타난다. 허물없는 매미가 있을까. 생명욕이라는 본능이 짓는 가여운 허물들. 남의 허물이 내 허물과 다르지 않다는 깨달음. 종장의 구 단위 분행은 남의 허물은 보면서 나의 허물은 보지 못하는 어리석음을 도드라지게 한다.

그냥 그렇게 먹이를 물고
새끼들 보금자리 찾아서 가는

어미 새
어미 새처럼 그냥 그렇게

—〈일념만년거(一念萬年去) – 혜일(慧日)에게〉

이 작품은 종장 둘째 마디에서 변형율격 규칙을 따른 점을 제외하고 나머지 음보의 음량은 2~3음절로, 무산 시조 가운데 가장 적은 음량으로 실현된 단형의 평시조다. 초장과 중장은 장 단위로, 종장은 2행으로 3연 4행의 시적 형식을 보인다. 종장에서는 장르표지가 되는 첫마디 3음절을 독립 행으로 하면서 둘째 마디에서 반복하여 '어미'라는 존재와 의미를 도드라지게 한다. "어미 새"는 일념으로, 무심으로 새끼가 배고프지 않고 즐겁고 건강하게 잘 살 수 있도록 "먹이를 물고// 새끼들 보금자리 찾아서" 간다. 이 어미의 일념으로 인류는 역사를 이루어왔다. 이 작품에서 진심과 자비 연민을 본다. 진심은 긴말이 필요 없다.

밤늦도록 책을 읽다가
밤하늘을 바라보다가

먼 바다 울음소리를
홀로 듣노라면

천경(千經) 그 만론(萬論)이 모두
바람에 이는 파도란다

—〈파도〉

깊은 선정(禪定)에서 온 깨달음. 그 직관을 종장에 담았다. 바람이 밀어붙이는 바다가 보내는 파도. 파도는 선승이 타고 넘어온 생의 너울 아닌가. 먼바다 울음소리에서 얻은 돈오. 천경 그 만론이 공 아닌 것이 없다. 이 경계가 잘 보이게끔 차분히 구 단위로 행과 연을 구성한다.

불교에서는 바다의 울음소리 즉 해조음을 불음(佛音) 또는 일음(一音)이라 한다. 언제 들어도 일음이기 때문이다. 부처는 중생의 근기에 따라 그 표현은 달라도 그 설법의 근원은 해조음처럼 똑같은 많은 설법을 하였다. 〈파도〉에서 바다 울음소리는 불음이며 작자의 울음소리 즉 영원의 모음(母音)이다. 작자는 자기 성찰을 통해 자신의 울음소리를 듣고 보니 천경 그 만론이, 이 세상 시시비비 사량분별 선악이 모두가 바람에 이는 파도라는 것이다. 그러니까 이 〈파

도〉는 작자 내면의 울음소리며 스님의 오도송(悟道頌)이다.[11]

(2) 엇시조의 경우

평시조는 각 장이 4음 4보격의 음량을 유지하며 주어진 율격 모형을 따르는 형태이지만, 1음절 정도 음절을 늘이며 시조의 엄정한 '절제미'를 살짝 벗어나기도 한다. 이는 2음절에서 5음절까지가 음보의 양식화 범위이므로 평시조 범위로 본다. 이처럼 5음절까지는 하나의 음보로 보지만 6음절 이상이 되면 두 개의 음보로 나뉜다. 6음절은 2음보의 음량이 되는 것이다. 이 경우는 엇시조에 해당한다.

엇시조는 고조된 홍취를 멋스럽게 드러내고자 할 때, 각 장에서 '한두 음보' 정도 늘이는 '음보' 수준의 파격미를 구현한다. '한 음보 정도'의 파격은 하나의 음보에 하나가 더 붙어서 기본 율격을 슬쩍 엇나가 하나의 구가 3음보 크기로 엇나가는데, 이러한 형태는 '엇구형 엇시조'에 해당한다. 나아가 앞구나 뒷구에 대등한 2음보가 붙어서 마치 구 하나를 더하여 한 장이 3구를 이루는 것처럼 보이는 형태는 '덧구형 엇시조'에 해당한다.[12]

먼저 '엇구형 엇시조'에 해당하는 작품을 분석한다.

해장사 해장(海藏)스님께 산일 안부를 물었더니, 어제는 서별당(西別堂) 연못에 들오리가 놀다 가고 오늘은 산수유 그림자만 잠겨 있다, 하십니다.

—〈들오리와 그림자〉

엇시조에 대한 이해를 바탕으로 〈들오리와 그림자〉의 율격을 분석

11) 이 글은 '2018년 5월 2일 조오현'이라고 서명한 육필을 옮긴 것이다.
12) 김학성, 앞의 책, 302~303면 참조.

하면 아래와 같다.

해장사 | 해장스님께 ‖ 산일 안부를 | 물었더니,
어제는 | 서별당 연못에 ‖ 들오리가 | 놀다 가고
오늘은 | 산수유 그림자만 ‖ 잠겨 있다, | 하십니다.

음보 단위는 '|'으로 구 단위는 '‖'으로 구분한다.[13] 밑줄 그은 중장 둘째 마디에 음보 하나가 더 붙었다. 일상발화 그대로 자연스러운 '엇구형 엇시조'이다.

백수 정완영(1919~2016)은 일찍이 자신의 시조가, 시조가 아니어도 좋다고 했다. 이 말은 백수가 시조를 포기한다는 말이 결코 아니다. 언지(言志)를 드러내기 위해 구어체 자연발화를 취하는 시어 운용으로 보면, 백수 시조가 종래의 음수율이라는 개념에서 벗어난 예가 많다는 점을 대변하기 위함이다. 백수가 가장 중요하게 생각하는 것은 천의무봉한 시어 구사와 리드미컬한 율격 운용으로 실경(實境)을 펼치는 것이다. 실경이란 동아시아 미학의 정수를 이해하기 위한 필독서로 꼽아온 《이십사시품(二十四詩品)》의 열여덟 번째 풍격(風格)으로서 진실한 경지를 가리킨다. 거짓되거나 허구적인 풍경도 아니고 들뜨고 과장된 감정도 아닌 있는 그대로, 보이는 그대로의 풍경과 감정을 가리킨다.[14]

---

13) 율격 분석에서 음보 단위를 나누는 기준은 첫째, 음보의 기준음량인 4모라의 등가성(等價性)을 기준으로 나눈다. 둘째, 의미의 응집력을 기준으로 나눈다. 셋째, 통사적 단위를 기준으로 나눈다.

14) 홍성란 〈단시조의 미학〉《유심》 2015년 10월호 참조.

실경에 대한 이해를 토대로 백수 시조를 이해하면 순간의 진실한 풍경과 정감을 적실하게 표현하기 위해 꼭 써야 하는 적중어(的中語)를 무조건 덜어낼 수는 없다는 것이다. 마찬가지로 무산 시조의 경우, 돈오의 깨침을 담은 전언이거나 평상심을 있는 그대로 자연스럽게 구사하여 '엇구형 엇시조'나 '덧구형 엇시조'와 같은 가벼운 파격을 보인다. 이러한 현상은 고시조가 구어체 일상의 말을 그대로 담아 가창(歌唱)함으로써 한두 마디 음보가 자연스럽게 늘어나는 엇시조를 포함해온 바와 같이, 시조의 언어 운용은 우리말 발화가 한 단위의 호기군(呼氣群)으로써 그대로 시조 율격이 되고 이것이 자연스러운 시조의 리듬 의식으로 체현된 것이다. 이런 의미에서 시조는 '자율적 정형시'이고, 《청구영언》의 사례에서 보듯이 무산 시조에 보이는 엇시조는 파격을 위한 파격이거나 형식 실험을 위한 일탈이 아니다.[15)]

〈들오리와 그림자〉의 초장에서 안부를 묻는 말에 동문서답이 나온다. 선문답이다. 깨달음이란 무엇인가. 그것은 지금 여기 있는 바로 그 평범한 마음을 깨닫는 것. 평범한 마음이란 조작이 없고 시비가 없으며 취하고 버림이 없고 끊어짐과 항상함이 없으며 성자와 속인의 차별심이 없는 바로 '지금 여기' 있는 이 마음이다.[16)] 아무 일도 없는 일만 못 하다니 어떤 것도 도모하지 않는 무위(無爲). 무위의 고요한 평화를 종서로 쓰던 고시조처럼 장 구분 없이 '이어 쓰기'한 이 작품은 아무 일도 없는 것과 같이 보이는 그대로, 있는 그대로 꾸미지 않은 마음 곧, 평상심시도(平常心是道)를 나타낸다.

---

15) 天地도 | <u>唐虞ㅅ적天地</u> ‖ 日月도 | <u>唐虞ㅅ적 日月</u>
天地 | 日月이 ‖ 古今에 | 唐虞ㅣ로되
엇더타 | 世上 人事는 ‖ 나날 달라 | 가는고
진본《청구영언》(1728) 삼삭대엽(三數大葉) 항목 가번 449. 이제신(李濟臣)의 이 작품은 초장 둘째 음보와 넷째 음보에서 음보 하나씩 늘어난 '엇구형 엇시조'에 해당한다.

16) 석지현, 앞의 글 참조.

손에 잡히는 대로 아무 우산이나
하나 들고 나간다. 이 우산도 꿈
이고 저 우산도 꿈이다. 비오는
아침 한 세상이 비를 뿌리고 지
나간다

—〈우산〉

손에 | 잡히는 대로 ‖ 아무 우산이나 | 하나 들고 나간다.
이 우산도 | 꿈이고 ‖ 저 우산도 | 꿈이다.
비오는 | 아침 한 세상이 ‖ 비를 뿌리고 | 지나간다

〈우산〉의 도식을 보면 초장 둘째 구에 해당하는 셋째, 넷째 음보가 각각 음보 하나씩 늘어난 형태로 마치 3개의 구가 하나의 장을 이루는 것과 같은 '덧구형 엇시조'에 해당한다. 바람 같은 의식의 흐름을 따르는 자연스러운 발화. 〈우산〉의 시적 형식은 지금까지 그 어떤 시조에서도 실험된 적 없는 격외의 형태다. 초장 넷째 마디를 2행에 놓고 중장 첫째 마디와 둘째 마디에 해당하는 의미단위 "꿈"을 2행에 함께 놓는다. 3행은 중장의 둘째 마디에 해당하는 활용어미 부분 "이고"를 포함하여 종장 첫 마디를 포함한다. 4행은 종장 둘째 마디와 셋째 마디 그리고 넷째 마디의 의미단위 "지나간다"를 분철한 "지"를 포함하고 나머지는 5행에 놓는다. 〈우산〉은 초장과 중장 끝에 마침표를 찍음으로써 선명한 장 구분 의식을 보여준다. 〈우산〉의 시적 형식은 자동기술 형태가 아닌 것도 아니고 낯설게 하기가 아닌 것도 아니다. 흐린 감식안으로는 알 수 없는 이 의식의 흐름을 그저 따라 읽을 뿐이다. 격외의 시조 3장. 처음 비롯된 상(相)이 그대로 시가 되었을까. 물에 비친 달그림자를 온전히 떠올린 것일까. 여몽환포영(如夢幻泡影), 인생은 꿈같고

허깨비, 물거품, 그림자 같다 했으니 우산인들, 비 뿌리고 지나가는 한 세상인들 꿈이 아니랴.[17]

이 작품은 《시와세계》 2013년 가을호 특집에서 신작 1편, 근작 3편, 설악시선 17편 가운데 끝에 수록된 작품으로 기간(旣刊) 시집에는 수록되지 않았다. '설악시선'에 속해 있으니 다른 지면에 발표했을 수도 있으나 발표된 지면이 없으므로 신작 발표일 가능성을 배제할 수 없다.

남산 위에 올라가 지는 해 바라보았더니

서울은 검붉은 물거품이 부걱부걱거리는 늪

이 내 몸 그 늪의 개구리밥 한 잎에 붙은 좀거머리더라

—〈이 내 몸〉

남산 위에 | 올라가 ‖ 지는 해 | 바라보았더니
서울은 | 검붉은 물거품이 ‖ 부걱부걱 | 거리는 늪
이 내 몸 | 그 늪의 개구리밥 ‖ 한 잎에 붙은 | 좀거머리더라

〈이 내 몸〉의 '장 단위 행 배열과 연 구성' 방식은 무산 시조에서 유일하게 보인다. 각 장에서 음보 하나씩 늘어난 '엇구형 엇시조'에 해당한다. 초장 넷째 마디의 "바라보았더니"와 종장의 넷째 마디 "좀거머리더라"는 하나의 의미단위에서 활용어미에 해당하는 음절이 늘어나 6음

17) 조오현 〈우산〉 오늘의 시 〈아시아엔〉 2019.9.14(http://kor.theasian.asia/archives) 참조.

절을 보이며 이 또한 2음보에 해당하는 음량이다.

〈이 내 몸〉은 실제로 남산 위에 올라가 석양을 바라보며 내 안을 들여다보는 자성의 오도시로 볼 수도 있다. "좀거머리"와 "이 내 몸"은 둘이 아니다. 내려갈 데까지 내려간 그 마음자리에서 보는 고요와 하심(下心). 불이요 공이다. 장 단위로 배행하고 장 단위로 연을 구성한 시공(時空)의 여백에서 공감과 감동의 사유가 마련된다.

울지 못하는 나무 울지 못하는 새
앉아 있는 그림 한 장

아니면
얼어붙던 밤섬

그것도 아니라 하면 울음큰새 그 재채기

—〈2007 서울의 밤〉

울지 못하는 | 나무 ‖ 울지 못하는 | 새
앉아 있는 | 그림 한 장 ‖ 아니면 | 얼어붙던 밤섬
그것도 | 아니라 하면 ‖ 울음큰새 | 그 재채기

3연 5행의 시적 형식을 보이는 이 작품은 장 구분 의식이 무화(無化)된 격외의 시조다. 초장 마지막 음보는 1음절로서 음보 양식화 범위인 2음절 미만으로 파격에 해당한다. 초장에서는 전통적인 시조에서 '뒤가 무거운 음보 형식'을 취해왔다는 점을 의식하여 율격을 깨뜨리는 파격을 피하기 위해 부러 꾸미지 않는 자연스러움이 있다. 도식에 보이듯 중장 뒷구에 해당하는 넷째 마디는 음보 하나가 늘어난 형태로서

이 작품은 '엇구형 엇시조'에 해당한다. 특별한 점은 중장의 뒷구를 앞구와 분리하여 2행의 단독 연으로 처리하는 격외성을 보인다는 점이다. 이 작품의 격외성을 두고 이숭원은 〈2007 서울의 밤〉이 전통적 율격에서 많이 벗어났다고 본다.[18] 이 작품은 현대 서정시로서 격외의 시적 형식을 취한 시조다. 이것저것 가려 따지지 않는 분별의식이 무화되었을 뿐, 시조라는 장르의식이 분명한 격외선을 보이는 시조다. 종장의 명확한 구도가 이를 증명한다.

2) 연시조의 시적 형식 운용

연시조는 평시조 몇 수를 이어 쓰는 형태가 일반적인데 이를 '평시조형'으로 항목화한다. 연시조 가운데 어느 장에서 엇시조의 형태가 혼합되어 나타나기도 하는데 이를 '평시조와 엇시조 혼합형'으로 항목화하여 논의한다.

(1) 평시조형

이른 봄 양지 밭에 / 나물 캐던 울 어머니
곱다시 다듬어도 / 검은 머리 희시더니
이제는 한 줌의 귀토(歸土) / 서러움도 잠드시고.

이 봄 다 가도록 / 기다림에 지친 삶을
삼삼히 눈감으면 / 떠오르는 임의 양자(樣子)
그 모정(母情) 잊었던 날의 / 아, 허리 굽은 꽃이여.

---

18) 이숭원 〈2007 서울의 밤〉 권성훈 편 《이렇게 읽었다 – 설악무산 한글선시》 반디, 2016, 452면 참조.

하늘 아래 손을 모아 / 씨앗처럼 받은 가난
긴긴날 배고픈들 / 그게 무슨 죄입니까
적막산(寂寞山) 돌아온 봄을 / 고개 숙는 할미꽃.

—〈할미꽃〉

평시조 3수로 이루어진 〈할미꽃〉은 《심우도》 자서에 밝힌 바와 같이 "60년대 말 백수(白水)의 영향을 받고 그때의 심경(心境)에 일고 지는 희비(喜悲)의 어룽을 그"린 것이다. 배우식은 〈할미꽃〉을 서정선시조의 대표작으로 본다. 어느 날 문득 어머니에 대한 그리운 감정이 일어 "밤새도록 끙끙거리며 시조 한 편을 썼는데 그게 '할미꽃'이라는 시조"라 하였으니 처음 쓴 시조인 〈할미꽃〉은 무산 선시조의 출발점이라는 점에서 그 의의가 크다 하겠다.[19]

(2) 평시조와 엇시조 혼합형

무산 연시조에는 어느 한 장이 평시조의 범위를 넘어서는 '엇구형 엇시조' 형태나 '덧구형 엇시조' 형태가 혼합되어 나타나기도 한다. '엇구형 엇시조'가 혼합된 연시조는 〈아득한 성자〉[20] 를, '덧구형 엇시조'

---

19) 배우식, 앞의 논문, 63~64면 참조. 배우식은 이 논문에서 조오현 선시조를 선적 오도의 개오선시조(改悟禪時調), 청정감성의 서정선시조(抒情禪時調), 독자 경지의 심우선시조(尋牛禪時調), 격외도리의 격외선시조(格外禪時調), 돈오몰입의 화두선시조(話頭禪時調)로 나누어 다섯 가지로 유형화했다.

20) 하루라는 | 오늘 ‖ 오늘이라는 | 이 하루에
뜨는 해도 | 다 보고 ‖ 지는 해도 | 다 보았다고
더 이상 | 더 볼 것 없다고 ‖ 알 까고 죽는 | 하루살이 떼//
죽을 때가 | 지났는데도 ‖ 나는 | 살아 있지만
그 어느 날 | 그 하루도 ‖ 산 것 같지 | 않고 보면
천년을 | 산다고 해도 ‖ 성자는 아득한 | 하루살이 떼
〈아득한 성자〉는 둘째 수 종장 셋째 마디에 '엇구형 엇시조' 형태를 포함하고 있다.

가 혼합된 연시조로는 〈허수아비〉를 예시할 수 있다.

새떼가 날아가도 손 흔들어 주고
사람이 지나가도 손 흔들어 주고
남의 논일을 하면서[21] 웃고 있는 허수아비

풍년이 드는 해나 흉년이 드는 해나
ㅡ논두렁 밟고 서면ㅡ
내 것이거나 남의 것이거나
ㅡ가을 들 바라보면ㅡ
가진 것 하나 없어도 나도 웃는 허수아비

사람들은 날더러 허수아비라 말하지만
저 멀리 바라보고 두 팔 쫙 벌리면
모든 것 하늘까지도 한 발 안에 다 들어오는 것을

— 〈허수아비〉

이 작품의 첫째 수와 셋째 수는 평시조 형태이다. 둘째 수는 초장과 중장에서 'ㅡ' 표로 행을 바꿔 각각 뒷구에 2개의 음보를 더하여 마치 3개의 구가 한 장을 이룬 것 같은 '덧구형 엇시조' 형태를 보인다.[22]

---

21) 첫째 수 종장 앞구에 해당하는 "남의 논일을 하면서"를 율격 분석하면 "남의 논 | 일을 하면서"와 같이 분할된다. 시조의 종장 첫마디는 3음절 고정형이며 이는 장르표지가 된다. 여기서 "논일"은 "남의 논"에 가서 하는 "일"이라는 의미다.

22) 桃花 梨花 | 杏花 芳草들아 ‖ 一年春光 | 恨치마라
너희ᄂᆞᆫ | 그리ᄒᆞ여도 ‖ 與天地 | 無窮이라
우리ᄂᆞᆫ | 百歲ㅅ뿐이매 ‖ 그를 슬허 | ᄒᆞ노라
가번 436. 우삼삭대엽(羽三數大葉)으로 즐겁고 호기롭게 불러 34개 가집에 실리며

풍년이 | 드는 해나 ‖ 흉년이 | 드는 해나 <u>－논두렁 밟고 서면－</u>
내 | 것이거나 ‖ 남의 | 것이거나 <u>－가을 들 바라보면－</u>
가진 것 | 하나 없어도 ‖ 나도 웃는 | 허수아비

사람과 새떼를 분별하지 않는 허수아비. 무욕과 탈속의 경계. 원만여의(圓滿如意), 분별심 없는 평등 화엄의 세계를 〈허수아비〉에 담고 있다.[23)]

3) 연작시조의 시적 형식 운용

《설악시조집》을 대상으로 연작시조를 살펴보면 〈무설설〉 〈견춘삼제〉 〈산일〉 〈산승〉 〈직지사 기행초〉 〈격외시 3수〉 〈무자화〉 〈일색변〉 〈만인고칙〉 1, 〈만인고칙〉 2 〈무산심우도〉 〈달마〉 〈해제초〉 〈1970년 방문〉 〈1980년 방문〉으로 나타난다. 이 연작시조들은 평시조와 엇시조, 연시조와 사설시조를 두루 포함한다. 연작시조에는 평시조 형식을 준수한 단시조를 이어 쓰거나 이 단시조 가운데 '엇구형 엇시조' 또는 '덧구형 엇시조'를 포함한 경우도 있다. 이러한 양상은 연시조로 쓰인 연작의 경우도 마찬가지로 나타난다. 이 가운데 대표적인 작품을 논의한다.

(1) 연작시조가 포함한 평시조의 경우

강물도 없는 강물 흘러가게 해놓고

인기를 누린 이 작품은 대사헌을 지낸 항제(恒齋) 유운(柳雲)의 노래다. 초장의 앞구에 복숭아꽃 배꽃 살구꽃과 같은 방초들을 호명하는 부분에서 구와 대등한 2음보가 늘어나 있다. 이는 '덧구형 엇시조'에 해당한다.

23) 엇시조 형태를 포함하고 있으나 이 논문에서 다루지 못한 작품들은 다음 논고로 미룬다.

강물도 없는 강물 범람하게 해놓고
강물도 없는 강물에 떠내려가는 뗏목다리

—〈무자화 6 – 부처〉

〈무자화〉 연작은 6수로 이루어지며 '부처'는 마지막 작품이다. 무산의 연작시조에서는 이 작품과 같이 단형의 평시조와 함께 엇시조를 포함한다. '무자화' 결구에 해당하는 '부처'는 공사상을 담은 대표적인 작품이다. 이름이 강물이지 강물은 없다고, 흘러가고 범람하고 떠내려간다는 세월도 없는 거라고, 이 세상이라는 강을 건너자면 살아가자면 건너가게 도와주는 뗏목이 필요하다고, 혼자는 못산다고, 도움을 주고받는 거라고, 뗏목다리는 연결고리라고 강을 건넜으면 뗏목은 버리라는 설법. 집착을 버린 반야공이다.

(2) 연작시조가 포함한 엇시조의 경우

그 옛날 천하장수가
천하를 다 들었다 놓아도

빛깔도 향기도
모양도 없는

그 마음 하나는 끝내
들지도 놓지도 못했다더라

—〈마음 하나〉

그 옛날 ㅣ 천하장수가 ‖ 천하를 ㅣ <u>다 들었다 놓아도</u>

빛깔도 | 향기도 ‖ 모양도 | 없는
그 마음 | 하나는 끝내 ‖ 들지도 놓지도 | 못했다더라

〈일색변 결구 8〉에 해당하는 이 작품은 초장 뒷구와 종장 뒷구에 음보 하나씩 늘어난 '엇구형 엇시조'에 해당한다. 일체유심조이나, 빛깔도 향기도 모양도 없는 마음이라는 허상이 중생을 쥐락펴락 번민하게 한다. 순간순간 겪는 마음의 천변만화. 그러니 천하장수도 없고 깽비리도 없다. 공이요 불이다.

그곳에 가면 할아버지 손주 사랑이 탱자로 익고 있다.
할머니 손주 사랑이 고추장으로 맛 들고 있다.
내 오늘 바닷가에서 해조음을 듣고 있다.
—〈2. 그곳에 가면〉[24)]

그곳에 | 가면 ‖ 할아버지 손주 사랑이 | 탱자로 익고 있다.
할머니 | 손주 사랑이 ‖ 고추장으로 | 맛 들고 있다.
내 오늘 | 바닷가에서 ‖ 해조음을 | 듣고 있다.

이 작품은 초장의 뒷구에서 2마디가 늘어나 마치 3개의 구인 것처럼 보이는 '덧구형 엇시조'에 해당한다. 상대적으로 앞구는 의미 단위 2마디로 음량이 적게 실현되고 있다. 그곳은 어디일까. 대가족 식솔을 위해 고추장을 담그는 할머니가 있고 손주를 돌보는 할아버지의 즐거움이 은은한 향기와 노오란 탱자 빛깔로 익어가는 곳. 그곳은 유년의 고

24) 〈격외시 3수〉 연작은 단시조 3수로 이루어진다. 〈1. 그곳에 가면〉은 평시조이며 〈3. 그곳에 가면〉은 초장 말음보에 2음절어 "있다"가 결합되어 하나의 음보가 늘어난 엇구형 엇시조에 해당한다.

향 아닐까. 바닷가에서 고요히 법음을 듣는 무위는 평상심. 무애자재한 선사의 경계가 비추는 정밀(靜謐)한 풍경이다.

(3) 연작시조가 포함한 사설시조의 경우

사설시조는 평시조의 4음 4보격 율격구조와는 다른 2음보격 연속체로서 경쾌 발랄하게 또는 낭창낭창 유려하게 말을 주섬주섬 엮어 짜는 형식이다. 4음보를 나누면 2음보가 되고, 이 짧게 이어지는 엮음이 말수를 늘여 '놀이'와 '풀이'의 정서를 한껏 펼쳐내게 한다. 그런데 2음보격이라 함은 짝수 음보인 2음보가 되기도 하고 음보 하나가 끼어들어 홀수 음보인 3음보가 되기도 한다는 것이니, 곧 사설시조의 엮음은 구어체 일상어가 자연스럽게 담긴다는 의미다. 고시조는 각 장의 사설이 자연스럽게 늘어나는데 대체로 중장의 사설을 길게 엮어 짜는 형태가 주를 이룬다. 현대시조에 와서는 초장과 종장은 시조의 형식적 요체를 견지하면서 중장에서 놀이와 풀이의 정서를 한껏 드러내는 사설의 특장을 확연히 살려 말수가 상당히 늘어나는 형태를 보인다.

강원도 어성전 옹장이 / 김 영감 장렛날

상제도 복인도 없었는데요 30년 전에 죽은 그의 부인 머리 풀고 상여 잡고 곡하기를 "보이소 보이소 불길 같은 노염이라도 날 주고 가소 날 주고 가소" 했다는데요 죽은 김 영감 답하기를 "내 노염은 옹기로 옹기로 다 만들었다 다 만들었다" 했다는 소문이 있었는데요

사실은 / 그날 상두꾼들 / 소리였대요

—〈무설설 1〉

이 작품은 무산의 대표적인 사설시조다. 〈무설설〉 연작 첫 번째 작품이므로 연작시조가 포함한 사설시조 항목에서 논의한다. 무설설이란 침묵의 좌선이 가리키는 무언무설(無言無說)의 설법. 무엇을 가리키려는 것일까. 아내는 이미 30년 전에 죽었으니 울어주는 사람 하나 없는 상여를 메고 상두꾼들이 노래한다. 죽은 아내 목소리로 "보이소 보이소 불길 같은 노염이라도 날 주고 가소" 앞소리가 나오면, 죽은 옹장이 김 영감 목소리로 "내 노염은 옹기로 옹기로 다 만들었다 다 만들었다" 뒷소리가 받는다. 옹장이 목소리에 '옹기장이=승려=시인'이라는 '예술의 본질'을 담고 있는 것으로 보는 신경림은 '시의 맛은 말로 완전히 설명될 수 없는 데 있다'고 했다. '정말 좋은 시는 합리적으로 설명될 수 없다'는 선인들의 말에 수긍한다고 했다.[25)]

중개서술자의 목소리가 엮어가는 〈무설설 1〉은 3연 구성으로 시조 3장이 확연히 드러난다. 초장은 구 단위 2행 구성으로 앞의 구가 한 마디 정도 늘어난 형태를 보이는데 말수 많은 사설시조의 자연스러운 형태다. 종장은 첫 마디와 둘째 마디를 각각의 행으로 하고, 셋째 마디와 넷째 마디에 해당하는 "소리였대요"를 1행으로 기사했다. 이 경우 2~5음절이라는 음보 양식화 범위의 2음절어 "소리"에 이어지는 3음절 어미 "였대요"가 단순한 어미활용의 수준을 넘어 종장 뒷구 넷째 마디에 해당하는 '율격적 의미'를 지닌다. 중장의 경우 '~는데요'를 반복하며 낭창낭창한 사설 엮음의 미학을 보여준다. "곡하기를"과 "답하기를"은 부인과 영감이 원만 상응하는 구조다.

4) 사설시조의 시적 형식 운용

무산 시조 가운데 대표적인 사설시조는 앞에서 살펴본 〈무설설 1〉

---

25) 신경림 〈무설설 1〉 권성훈 편, 앞의 책, 117면.

이다. 여기서는 먼저 〈무설설 1〉과 같은 말 엮음 방식으로 이어쓰기 한 사설시조의 구조를 분석한다.

내 나이 일흔둘에 반은 빈집뿐인 산마을을 지날 때

늙은 중님, 하고 부르는 소리에 걸음을 멈추었더니 예닐곱 아이가 감자 한 알 쥐어주고 꾸벅, 절을 하고 돌아갔다 나는 할 말을 잃어버렸다

그 산마을 벗어나서 내가 왜 이렇게 오래 사나 했더니 그 아이에게 감자 한 알 받을 일이 남아서였다

오늘도 그 생각 속으로 무작정 걷고 있다

—〈나는 말을 잃어버렸다〉

이 작품의 초장은 "내 나이 | 일흔둘에 ‖ 반은 빈집뿐인 | 산마을을 지날 때"로 분석되는데 뒷구에서 말수가 늘어났다. 사설시조의 본색, 중장에서는 아이와 선사가 감자 한 알을 주고받는 모습과 거기서 오는 선사의 오도를 두 개의 의미 단위로 나누어 사설을 엮었다. 종장에서는 아이와 선사의 연기(緣起) 인연을 정연한 종장 형식으로 표현했다. 이처럼 무산 시조의 시적 형식 운용에 보이는 격외성은 파격을 위한 파격이거나 형식 실험을 위한 일탈이 아니다. 사설시조에서조차 정전으로서의 종장 형식을 준수하고 있기 때문이다.

우리 절 상머슴은
논두렁을 하다가는

시님요 시님요 사람들은
지 몸에서 도랑물 흐르는 소리가
들린다 카는데요

삶이란 얼레미 논바닥
목마름은 끝없니더.

—〈무설설 6〉

우리 절 | 상머슴은 ‖ 논두렁을 | 하다가는
시님요 시님요 | 사람들은 지 몸에서 ‖ 도랑물 흐르는 | 소리가 들린다 카는데요
삶이란 | 얼레미 논바닥 ‖ 목마름은 | 끝없니더.

3연 7행의 시적 형식을 취한 이 작품은 2음보격 연속체로서 중장에서 5음보가 늘어나 하나의 장(4음보)을 넘어서는 엮음으로 무산 시조 가운데 가장 짧은 사설시조다.

人生 | 시른 수레 ‖ 가거ᄂᆞᆯ | 보고 온다
七十 고개너머 | 八十 드르흐로 ‖ 진동한동 건너가거ᄂᆞᆯ | 보고 왓노라다
가기ᄂᆞᆫ | 가ᄃᆞ라마ᄂᆞᆫ ‖ 少年行樂을 | 못내 닐러 ᄒᆞ더라

위와 같이 《청구영언》 만횡청류(蔓橫淸類) 항목(가번 467)에도 가장 짧은 사설시조가 실려 있다. 〈무설설 6〉에는 상머슴과 다르지 않은 선사의 고뇌와 오도가 담겨 있다. 갈증을 해소하고자 바닷물을 마시는 어리석은 행위처럼 범부의 욕망은 채워도 채워지지 않는 갈애(渴愛)라

한다. 상머슴이 머슴 일을 잘하는 사람이듯 이 상머슴의 비유에서 비울 대로 비운 선사의 마음자리 그 하심도 보인다. 공 아닌 바가 없다.

부음을 받는 날은 / 내가 죽어 보는 날이다.

널 하나 짜서 그 속에 들어가 눈을 감고 죽은 이를
잠시 생각하다가
이날 평생 걸어왔던 그 길을
돌아보고 그 길에서 만났던 그 많은 사람
그 길에서 헤어졌던 그 많은 사람
나에게 돌을 던지는 사람
나에게 꽃을 던지는 사람
아직도 나를 따라다니는 사람
아직도 내 마음을 붙잡고 있는 사람
그 많은 얼굴들을 바라보다가

화장장 아궁이와 푸른 연기 / 뼛가루도 뿌려본다.

—〈내가 죽어보는 날〉

부음을 | 받는 날은 ‖ 내가 죽어 | 보는 날이다.

널 하나 짜서 그 속에 들어가 눈을 감고 죽은 이를 잠시 생각하다가 이날 평생 걸어왔던 그 길을 돌아보고 그 길에서 만났던 *그 많은 사람* 그 길에서 헤어졌던 *그 많은 사람* 나에게 돌을 던지는 사람 나에게 꽃을 던지는 사람 아직도 나를 따라다니는 사람 아직도 내 마음을 붙잡고 있는 사람 *그 많은* 얼굴들을 바라보다가

화장장 | 아궁이와 푸른 연기 ‖ 뼛가루도 | 뿌려본다.

이해를 돕기 위해 중장에 '밑줄'과 '굵은 글씨'와 '빗겨 쓴 글씨체'를 표시하여 분석한다. 도식과 같이 초장과 종장은 정연한 평시조 수준의 발화다. 전술한 바와 같이 사설시조는 '놀이성'과 '풀이성'의 기능을 담당한 장르다. 이 사설시조에서는 풀어내고 싶은 말을 중장에서 계기적으로 한껏 풀어낸다. 연상의 계기인 '생각하다가/바라보다가', 과거를 표상하는 '걸어왔던/만났던/헤어졌던', 현재를 표상하는 '돌을 던지는/꽃을 던지는/따라다니는/붙잡고 있는' 그리고 '그 많은 사람'들의 반복은 유연한 리듬을 생성한다. 〈내가 죽어보는 날〉이 비애의 정서로 떨어지지 않는 이유가 이 유연한 엮음으로 사설의 맛을 잘 살려냈기 때문이다. 제행이 무상함을 알고 좋은 인연을 지으며 좋은 것만 기억하며 살라는 무언의 설법이다.

3. 맺는말: 원융무애 무상대도

한글 선시의 전범을 제시한 설악무산 대종사의 한글 선시조에는 공사상과 불이사상이 원융무애한 무상대도의 경계로 구현된다. 무산 시조는 단형의 평시조와 엇시조, 사설시조를 자재하게 구사하는 가운데 파격과 격외의 시적 형식을 보인다.

무산 시조를 분석하면서 이 논문은 현대 선시조에 엇시조의 '엇구형'과 '덧구형' 개념을 처음으로 적용하였다. 이 과정에서 무산 시조의 파격과 격외성은 파격을 위한 파격이거나 시조의 형식을 실험하기 위한 일탈 또한 아님을 논증하였다. 특히 사설시조에서조차 초장과 종장은 정전이 되는 율격을 실현하고 있다는 점에서 무산 시조의 파격이나 일탈이 시조의 형식 실험을 위한 실험이 아님이 증명된다. 고시조가 구어체 일상의 말을 그대로 담아 가창함으로써 한두 마디 음보가 자연스럽게 늘어나는 엇시조를 포함해 온 바와 같이, 무산 시조에는 돈오의 깨침을 담은 전언이거나 평상심을 있는 그대로 자연스럽게 구사한 엇시조 형태가 산견된다. 이 엇시조 형태는 선지를 담은 발화가 자연스러운 시조의 리듬 의식으로 체현된 것이다. 무산 시조에서는 파격을 피하기 위해 의도적으로 시어를 꾸며 쓰지 않는 파격이 보이기도 하고 장 구분 의식이 무화된 시적 형식이 보이기도 하는데 이는 분별의식이 무화된 것일 뿐, 장르의식이 분명한 격외선을 담은 시조다.

본고는 무산 시조가 전통적 율격을 벗어난 파격이나 일탈이 아님을 고시조 580수를 엮어놓은《청구영언》의 구체적인 작품을 예시하며 논증하였다. 설악무산은 시조 형식으로 한글 선시의 전범을 제시함으로써 문학사의 새 장을 썼다. 조오현 시인의 다양하고 개성적인 시적 형식 구축은 설악무산 대종사의 원융무애한 무상대도의 경계가 확립해 놓은 한글 선시조와 시조문학사의 위 없는 시적 성취다.

설악·무산의 시조부흥 운동

이경철

차 례

이경철 / 시인, 문학평론가. 저서로 《천상병, 박용래 시 연구》《미당 서정주 평전》《현대시에 나타난 불교》 등과 시집 《그리움 베리에이션》, 편저 한국 현대시 100년 기념 명시, 명화 100선 시화집 《꽃필 차례가 그대 앞에 있다》《시가 있는 아침》 등이 있음. 현대불교문학상, 질마재문학상, 유심작품상 등 수상.

1. 들어가며

설악무산 오현 스님을 처음 뵌 건 1980년대 말 인사동 허름한 식당에서다. 스물 남짓의 시조 시인들이 모인 조촐한 저녁 식사 자리였다. 시조의 현실참여와 현대화를 응원하기 위해 조그마한 상이라도 하나 만들어야 하지 않겠느냐는 이야기가 무르익어갈 무렵, 남루하기 짝이 없는 스님이 합석했다. 한 마디도 없이 그런 이야기를 귀 기울여 듣고만 있었다. 대체 저 스님이 누구냐 물으니 신화처럼 들어왔던 그 '낙승(落僧)', 오현 스님이었다.

1968년 《시조문학》으로 등단한 스님은 한글로 시조의 익숙한 정형률에 맞춰 선시를 쓴 최초의 시인으로 평가받아왔다. 스님은 또 1996년 만해 한용운 스님의 유지를 널리 알리기 위해 만해사상실천선양회를 발족해 각종 포교사업과 문화예술, 학술사업 등을 펼쳤다.

매년 8월 강원도 인제 백담사와 만해마을에서 만해축전을 열어왔다. 이념이나 지역, 유명과 무명 가리지 않고 전국에서 문인들이 모여 문학의 이름으로 며칠간 축제를 벌이며 하나가 됐다. 또 만해정신 선양에 뚜렷한 업적을 남긴 세계인들을 발굴해 시상하는 만해대상을 운영해 세계평화와 문화교류에도 앞장서온 게 스님의 공식적 약력이다.

그러나 스님의 넓고도 깊은 법력(法力)과 시력(詩力)은 이런 공식에 있지 않다. 어디에 얽매임도 거리낌도 없는 원융무애(圓融無碍)에 있다. 절간으로 찾아온 국무총리나 대통령 되겠다는 사람들이나 마을 이장을 한자리에 앉혀놓고 다담(茶談)을 함께 나누는 통 큰 오지랖에서 스님의 법문과 시는 나온다.

> 강물도 없는 강물 흘러가게 해놓고// 강물도 없는 강물 범람하게 해놓고// 강물도 없는 강물에 떠내려가는 뗏목다리

스님의 단시조 〈무자화(無字話) - 부처〉 전문이다. 말 없는 이야기, 언어도단(言語道斷)이라. 말의 길 끊겨야 닿을 수 있다는 참진 세상이라는데도 이 시를 보며 나는 강물도 없이 범람하는 강 다 건네주고 나서 그 마지막에서 뗏목다리마저 떠내려 보내는 부처, 통 큰 생불(生佛)로서 스님을 떠올렸다. 문학의 큰 공양주면서도 표 안 내는 스님의 공덕과 무애를 떠오르게 하는 시로 〈무자화 - 부처〉는 읽힌다.

공덕을 칭송하는 말을 꺼내려만 해도 "냅둬라" 하며 호통 치시던 스님. 그런 스님의 문학, 특히 시조 부흥을 위해 애쓰신 일들을 또 호통당할 줄 번히 알면서도 원적(圓寂) 3주기를 맞아 정리해보려 한다.

2. 현대시조 부흥사 개관

우리 현대시로서 자유시와 대등한 위치에 놓이기까지 시조는 지난한 현대화 과정을 거쳐 왔다. 시조가 되살아나 현대시로 들어온 단초는 일제하 카프의 리얼리즘 이념문학에 대항해 1926년부터 일기 시작한 국민문학운동의 핵심으로 전개됐던 시조부흥 운동에서 찾을 수 있다.

1908년 자신이 창간한 《소년》에 우리 근현대시 출발을 알리는 신체시 〈해에게서 소년에게〉를 발표한 육당 최남선은 '국풍(國風)'이란 새로운 장르 명칭으로 시조를 발표하다, 1926년 최초의 근대 개인 시조집 《백팔번뇌》를 펴냈다. 1926년 《조선문단》 5월호에는 〈조선국민문학으로서의 시조〉라는 평문을 발표, 시조는 조선인, 조선심, 조선어, 조선 음률 등 조선이라는 체로 걸러진 정수라며 민족문학으로서 시조를 부흥하자 제창하고 나섰다.

육당의 이 평문이 나오자 전근대 장르인 시조가 근대의식을 제대로

담을 수 있느냐는 등의 논란이 전 문단적으로 일었다. 이런 시조부흥 운동과 전 문단적인 논쟁은 가사나 민요시 등 지금은 사라진 전근대적 장르와는 달리 시조를 오늘날까지 살아남게 한 계기의 하나가 된 점도 부인할 수는 없을 것이다.

가람 이병기가 1932년 〈동아일보〉에 〈시조는 혁신하자〉는 평문을 발표하면서 시조는 본격적으로 현대시로 들어올 그 혁신적 창작방안의 기초를 닦게 된다. 가람은 '실감(實感)과 실정(實情)을 표현하라'는 제일 원칙 아래 취재 범위 확장, 관념어 등 구각을 깨고 생생한 우리말 사용, 격조의 변화, 쓰고 읽는 법을 혁신하자는 등 시조 혁신 6원칙을 제시했다.

가람은 실감과 실정에 대해 "자기 주관으로써 하는 서정 그것과, 객관으로써 하는 서경 그것을 절실한 감정이나 또는 색채가 가득한 감각적 광경으로 표현"하는 것이라 밝혔다. 주관적 서정에 관념이 아닌 절실한 감각의 객관, 객관적 서경에 풍경 그대로는 담는 사진 같은 것이 아닌 절실한 감정의 주관을 진솔하고 생생하게 담으라는 것이다.

"시조의 격조는 그 작가가 자기의 감정에서 흘러나오는 리듬에서 생기며, 동시에 그 작품의 내용 의미와 조화되는 것이라야 한다. 그렇지 않으면 딴 것이 되어버리고 만다. 공교롭다 하여도 죽은 기교일 뿐이다."

가람이 격조를 강조하며 말한 이 '죽은 기교'가 아닌 '자기의 감정에서 흘러나오는 리듬' 즉 운율의 실감과 실정으로 인하여 시조는 비로소 음수율, 음보율의 외형적 구각을 깨고 내면적 리듬의 생생한 운율을 얻을 수 있었다.

물론 이런 가람의 실감과 실정은 현대시로서의 모더니티와 리얼리티, 그리고 격조로서 작품의 수준까지 다 담보해내고 있다. 때문에 1930년대 모더니즘, 이미지즘, 주지주의, 다다와 초현실주의 등 모더니즘 시파(詩派)들의 등장과 우리말의 아름다움과 이미지와 운율을 조탁한 시문학파에 힘입어 자유시가 제대로 현대시로 기능하며 근대시에서 현대시로 넘어왔듯, 시조도 가람에 와서 자유시와 상호보완하며 현대화된 것으로 봐도 좋을 것이다.

일제 말 한글 작품 발표 금지와 해방 이후 좌우 이념 대립에 이은 6·25로 시조는 물론 문화 전반이 암흑기 혼란기에 빠져들었다. 그러다 1960년 6월호로 시조전문지 《시조문학》이 창간되며 현대시조는 다시 부흥기를 맞는다.

이태극, 조종현 시인을 비롯해 거의 전 시조단이 참여해 창간한 《시조문학》은 독자투고란을 둬 시조를 보급하고 계몽했으며, 추천제에 이어진 신인문학상 제도를 두어 신인 발굴에도 힘을 쏟았다. 특히 시조 정통성 고수로 자유시와는 분명 차별화된 민족 정통정형시로 시조를 보전해나가는 데 역점을 둬오고 있다. 이런 《시조문학》을 중심으로 활동하던 시인들은 1964년 30명을 회원으로 한국시조시인협회의 전신인 한국시조작가협회를 창립했다. 1961년 결성된 한국문인협회 시분과 소속으로 활동하던 시조시인들은 1967년 시조분과로 독립해 문단사적으로는 시조가 자유시와 대등한 위치로 대접받게 됐다.

이후 많은 시조시인들이 나타나 시조시협 중심으로 민족의 정형화된 양식으로서의 시조의 보편적 틀에 개성적 이미지와 운율을 창출하며 시조 현대화에 힘을 쏟던 중, 1985년 또 다른 시조 단체인 오늘의시조시인회의 전신인 오늘의시조학회가 결성된다. 윤금초, 박시교, 이우걸, 유재영 시인 등 1970년을 전후해 등단한 시인들이 1975년대 후반부터 탁족회(濯足會)란 친목모임을 가져오다 오늘의시조학회를 창립한 것이다.

기성 시조단의 판에 박힌 정형의 구각(舊殼), 음풍농월(吟風弄月)과 안빈낙도(安貧樂道)의 나태에 반성을 가하며 당시 참여시, 민중시의 흐름에 맞춰 시조도 시대정신과 오늘의 현실을 반영하자며 이름도 오늘의시조학회로 지었다. 오늘의시조학회가 결성된 결정적 계기는 1983년 윤금초, 박시교, 이우걸, 유재영 네 시인의 사화집 《네 사람의 얼굴》 출간이다.

이 사화집은 머리말에서 "음수율 또는 음보율을 고집하던 시대가 있었고, 지금도 대다수 사람들이 그 구속으로부터 선뜻 벗어나지 못하고 있는 것이 오늘의 시조 문학 현실"이라고 밝혔다.

모더니티와 리얼리티, 그리고 실험 의식이 충만한 이 사화집이 나오자 당시 시조단에서는 이단, 심지어는 '빨갱이' 취급까지 했었다. 그런 비난을 염두에 두었기 때문일까. 사화집 머리말에서는 또 "시조를 창작하는 많은 시인들이, 이 시대에 진실로 시조가 있어야 하고 왜 발전해야 하느냐는 당위성을 두고 지극히 옹색한 변론만 거듭하고 있다면 이 또한 비극이 아닐 수 없다"고 개탄했다.

그랬었다. 1980년대까지만 하더라도 대부분의 시조가 운율적 측면에서 음수율 음보율 등 정형률의 고답적 구각을 깨지 못했으며 내용적 측면에서도 음풍농월이나 안빈낙도 등 소위 마스터베이션에 갇혀 있었다.

중앙일보 문학 담당 기자로 오늘의시조시인회의와 함께 시조의 구각을 깨고 현대시로서 위상을 확고히 해보려 한 필자에게도 기성 시조단은 '빨갱이 기자' 딱지를 붙이며 신문사에 항의도 많이 해왔다. 그런 시조만 싣지 말고 폭넓게 고루고루 실으라는 편집 간부들의 압박도 심했다. 그래서 편집 간부에게 시를 고루고루 가져다주면 채택된 시는 내가 염두에 둔 구각을 털어버린 시들이었다. 독자들을 위해. 시조의 작품성, 현대화와 대중화를 위해서는 구각을 깨야만 했던 것이 급선무였다.

1990년대 한 문학상 시상식 뒤풀이 자리에서 옆에 앉은 잘나가는 한

평론가가 느닷없이 이렇게 물어왔다. “그렇고 그런 시조는 이제 시로서 생명을 다한 양식 아니냐”고. 시조문학상도 아닌 다른 문학상 자리에서 나온 그 황당한 물음에 ‘요즘 시조를 제대로 읽어나 보았느냐, 도대체 시조 속살의 맛을 알기나 하는 것이냐’며 대뜸 화부터 치밀었으나 다음과 같은 요지로 찬찬히 말했다.

“온갖 이론 다 들이대며 중구난방으로 떠들어대는 서양 시론(詩論)의 요체를 시조는 정형이란 양식 자체에 내장하고 있는 시다. 그러니 이론 들이댈 틈 없이 독자들에게 그냥 친밀하고 간절하게 직격해 들어가는 시”라고.

“자유시와 시조를 같이 읽으며 선할 때 장르를 떠나 내게 뽑히는 시들은 시조가 많다. 왜냐고? 우선 짧고, 둘째 리듬이 있기 때문이다. 정제된 이미지들이 리듬을 타고 있어 눈으로 읽으며 귀로도 읊조리게 만든다. 무엇보다 구성감, 종결감이 있어 좋다”고.

그래, 프랑스에서 공부하고 돌아온 그 평론가가 시조를 건성으로 보며 말했듯, 그렇고 그런 양식으로서 생명을 다한 시조들도 부지기수로 창작되고 있다. 그러나 또 얼마나 많은 시인들이 목숨 걸고 치열하게 시조의 정형을 지키며 실감과 실정으로 시조를 부흥시켜왔는가.

그 결과 지금은 폐쇄된 개인성으로 난해하고 장황하여 혼돈에 빠진 현대시의 시성(詩性)을 견인하려 애쓰며 자유시에 모범을 보이고 있지 않은가. 예전에는 시조를 거들떠보지도 않던 문예지들도 이젠 신작 시조를 싣고 있으며 또 시조 전문지와 시조시인들은 얼마나 많이 늘어났는가.

오늘의 시조가 이렇게 명실상부하게 현대시의 중심에 놓이고 중흥하기까지 오현 스님이 들인 공력이 적지 않았음을 우리 문단 누구도 잘 알 것이다. 문학 현장에서, 또 참선과 창작 현장에서 스님이 쌓은 물적, 심적 공덕을 필자는 여태껏 실감하고 있다.

3. 오현 스님의 시조 중흥 원력(願力)과 운동

오현 스님은 1968년 등단하자마자 율(律) 동인으로 참여하며 활발하게 동인활동을 펼쳤다. 율 동인은 김교한, 김춘랑, 김호길, 박재두, 서벌, 이금갑 등 갓 등단했거나 등단 절차를 밟고 있던 마산 중심의 경남 젊은 시조시인 6명이 1965년 10월 동인지 1호를 내며 출범했다. 시조의 중흥과 현대화를 기치로 내건 율 동인은 현대 시조사에서 시조의 정형률을 지키면서도 시조의 현대화에 앞장선 최초의 본격 시조 동인으로 평가받는다.

스님은 1968년 동인지《율》4집부터 작품을 발표하기 시작했으나 동인 결성에 많은 도움을 줬고 동인의 전국화에도 많이 기여했다. 1969년까지 매년 한 권씩 총 5집까지 동인지를 펴낸 율 동인은 긴 침묵에 들어갔다가 1997년《율동인시조선집》을 펴내며 결속감과 함께 지속감을 과시하기도 했다.

율 동인은 시조의 전통 율격을 중시하면서도 젊은 시인의 패기로 언어와 내면의식을 실험하며 시조를 현대화해나갔다. 그러면서 동인 모두 현대 시조단의 중심으로 활동하며 이후 1970년대부터 불붙기 시작한 시조 동인들의 모범을 보였다는 평을 받는다. 스님은 그런 동인 결성은 물론 이후 시조 동인에 대한 평가와 연구에도 지속적으로 관심과 지원을 아끼지 않았다. 앞서 언급한 오늘의시조학회 설립에도 오현 스님은 음으로 양으로 많은 도움을 줬다. 1977년부터 신흥사 주지를 시작으로 낙산사, 신흥사, 백담사 회주로 주석하면서부터 설악산과 그 사찰들은 시조 중흥과 현대화의 산실이 됐다.

스님은 1975년 세검정 계곡에서 장순하, 윤금초 시인 등과 함께 시조시인들의 친목 단체인 탁족회를 결성했다. 그 탁족회 모임을 신흥사 등 설악산 일원에서 가지면서 시조의 현대화를 위한 시인들은 세를 불려 나갔다. 매년 여름이면 30, 40명의 시인이 참여해 창작 모임과 세미나 등을 가지면서 1985년 오늘의시조학회를 창립해 오늘의시조회의로 발전하며 현대시조단의 대세를 이루게 했다.

스님은 그런 전 과정을 아낌없이 지원했다. 설악산 일원에서의 모임과 행사는 물론 서울에 들를 때면 많은 시조시인들을 만나 그들의 시 세계에 대한 격려는 물론 시조 중흥을 위해 많은 이야기를 나누고 실제로 그런 일들을 하도록 도와나갔다.

이 글 서두에서 말한 인사동 식당의 풍경과 같은 모임도 이끌어내고 또 실제로 시조 중흥을 위한 상도 앞장서서 만들었다. 오늘의시조문학상 제정의 소위 '종잣돈'을 흔쾌히 대줘 1991년부터 수상자를 내오고 있다. 윤금초 시인은 "스님의 시조 현대화를 위한 혜안과 아낌없는 지원이 오늘의시조시인회의를 낳게 했고 그 결과 오늘날 시조가 현대시로 당당하게 이리 부흥하게 됐다"고 밝혔다.

현대시조의 질적, 양적인 현대화와 중흥은 스님이 1998년 백담사 회주로 주석해 백담사 중흥과 함께 만해축전을 벌이며 비약적으로 발전하게 된다. 1999년부터 2002년까지 백담사에서 4회까지 매년 8월 여름 휴가철을 맞아 만해축전을 벌이다 이후 백담사 아래 북천 변에 만해마을을 준공하고 그곳서 지금까지 펼치고 있다.

2002년 만해사상실천선양회를 재단으로 설립해 주관토록 한 만해축전에서는 만해대상과 유심작품상, 유심신인문학상 등 시상식뿐 아니라 시인학교, 유심시조백일장, 전국고교백일장 등 여러 문학 행사가 펼쳐진다. 무엇보다 매년 10개 내외의 단체에서 학술세미나를 펼쳐오고 있다. 학술세미나는 문학이 주를 이루면서도 시조 분야에 초점을 맞춰 시조를 부흥하는 견인차 역할을 하게 한 것이 특징이다.

특히 2006년 만해축전에서 현대시조 100주년을 기념하며 '시조의 날'을 선포했다. 그와 함께 시조가 우리 민족을 넘어 세계로 나아가는 대장정의 길을 여는 세계민족시인대회와 함께 대대적인 시조 세미나를 열기도 했다.

시조를 세계화하기 위해 시조전문지《시조월드》창간에 직간접적으로 관여한 스님은 2007년 세계시조사랑축제와 한국시조대상 제정에도 많은 도움을 줬다. 또 2009년에는 하버드대 한국학연구소와 서울대 한국어문학연구소 주관으로 미국 하버드대학에서 하버드－만해 시조 페스티벌을 펼치게 하기도 했다.

권영희 시인이 최근 조사한 스님이 주도하고 지원한 시조 세미나와 심포지엄을 아래와 같이 연도별 주제로 요약해보더라도 스님이 현대시조의 현대화와 중흥을 위해 얼마나 애썼는지가 한눈에 들어온다.

2000: 21세기 현대시조와 새로운 서정
2001: 유심(唯心) 사상과 현대 시조문학
2002: 현대시조의 정체성 탐구
2003: 오늘의 시조, 무엇이 문제인가?
2004: 시조문학의 정체성과 그 현대성
2005: 21세기 지식환경의 변화와 시조문학 연구
2006: 현대시조 100주년 기념 세미나, 현대시조 100년과 21세기 시조의 담론, 현대시조의 재인식과 세계화, 현대시조 100년 세계 민족시 포럼, 사회발전과 문화기반으로서의 시조문학
2007: 한국 시가의 형식 전변과 장르 실현, 정치 현실과 시조문학
2008: 고전 시가와 민족, 현대시조의 발전 방향
2009: 산과 물 그리고 시조문학, 시조의 형식 특징과 그 운용의 미학, 현대시조의 특성과 전망, 현대시조의 변혁성과 창작 방향－오늘의 현대시조 이대로 좋은가, 동아시아 시가의 새로운 지평과 시조

2010: 시조의 양식적 원형과 내재절주로서의 행 · 연갈이, 21세기 시조문학의 창작과 음송, 시조의 문화 콘텐츠 활성화 방안, 현대시조의 미학적 전망과 탐색, 현대시조와 메타포

2011: 시조 형식의 질주와 종장 운용의 방향

2012: 현대시조의 전통성과 현대성, 더불어 영원히 함께할 민족 정형시의 미래를 위하여, 시조 형식의 효율성

2013: 현대시조의 시대정신, 시조 이론상의 미해결 과제, 어떤 시조가 독자의 호응을 받는가, 세대론을 통해 살펴본 현대시조, 우리 시대 시조의 위상과 시 정신

2014: 시조의 형식과 그 운용의 미학

2015: 사설시조의 위상과 현대적 계승

2016: 30년대 조운 시조의 가치와 현대시조의 전망

2017: 월하 이태극과 현대시조

2018: '율' 동인 연구: 문학과 인생

만해축전에서든 다른 장소에서든 매년 한 개 이상, 많게는 5개의 세미나를 지원했다. 주관단체도 시조 단체든 학술단체든, 중앙이든 지방이든 가리지 않았다. 시조에 관심을 갖고 시조 연구와 창작과 중흥을 위한 행사라면 지원을 아끼지 않았다. 세미나에서는 한 주제 당 5개 내외의 새로운 논문이 발표됐다. 스님이 지원한 세미나와 발표논문 목록이 우리 시조의 전통과 본질, 오늘의 시조 위상과 문제를 살필 수 있는 자료 총목록 구실을 하고 있음을 권영희 시인이 조사한 자료를 보면 그대로 드러나고 있음을 알 수 있다.

이런 만해축전 개최와 세미나며 심포지엄 지원과 함께 《유심》 복간이 현대시조 현대화와 중흥에 결정적인 장을 마련해주었다. 《유심》은 1918년 9월 1일, 만해가 창간해 그해 12월 1일 3호까지 냈던 잡지. 스

님은 2001년 봄 그 잡지를 시 전문지로 복간했다.

시 전문지이면서도 자유시와 시조 신작을 2대1로 비율로 실었다. 평론도 자유시평과 시조평을 똑같은 분량으로 실었다. 시인 수 비례로 따진다면 시조에 큰 비중을 둔 것이다. 이 같은《유심》의 지면 비율뿐 아니라 스님은 종합문예지 및 시 전문지에도 신작 시조를 일정 비율 실어줄 것을 수없이 권유, 요청해 지금은 적잖은 잡지들이 보란 듯 시조를 싣고 있다.《유심》은 또 분기마다 유심시조백일장을 실시해 당선자를 시조단에 등용했다. 또 유심작품상과 유심신인문학상을 제정해 기성 시조시인들을 격려해 시조의 질적 수준을 높이고 저변확대를 꾀해나갔다.《유심》은 특히 '격외시단(格外詩壇)'란을 마련해 시 잘 쓰고 주목받는 시인들의 신작시를 받아 싣고 상당한 원고료를 줬다. 시 한 편 싣고 상상을 넘는 고료를 받은 한 시인은 "무슨 큰 상금을 받는 줄 알았다. 시 한 편으로 가장 정갈하게 대접받는 것 같았다"며 오랜만에 시인의 긍지와 보람을 실토하기도 했다.

스님은 "시를 쓰려면 시조 한 수쯤은 잘 써봐야 한다"며 자유시인들에게도 시조 쓰기를 권해 많은 시인들이《유심》은 물론 다른 문예지에도 시조를 발표하도록 했다. 뿐만 아니라 시조 전문지나 문예지들에도 알게 모르게 적잖은 지원을 한 것은 문단이 잘 알고 있을 것이다.

이와 더불어 많은 시조문학상 제정과 운영은 물론 종합문학상에도 시조 부문을 집어넣으려 애썼다. 대한불교조계종에서 1995년 제정한 현대불교문학상도 시, 소설, 평론만 대상으로 하였으나 나중에 시조 부문도 집어넣도록 한 것은 다 스님의 공덕이다.

국어 및 문학 교과서에 더 많은 시조가 실려 우리 국민이면 시조가 뭔지 알고 더 잘 감상할 수 있도록 하는 데도 많은 공을 들였다. 교과서 수록 작품 선정 교수와 담당자들에게 기회 닿을 때마다 그리하도록 부탁하고 청원한 것은 많은 사람이 익히 알고 있을 것이다.

이렇게 스님은 전방위에 걸쳐, 알게 모르게 시조를 중흥하고 현대화하는 데 앞장섰다. 현대시조가 현대문학의 한 장르로 당당히 서는 데 물적, 심적 지원을 아끼지 않아 오늘의 시조가 날로 괄목할 정도로 중흥을 이루고 있는 것이다.

"육당으로부터 시작된 시조부흥 운동을 힘차게 다시 밀어붙이게 해 오늘의 시조 중흥을 이루신 분이 오현 스님이십니다. 스님의 그 대단한 시조부흥 원력이 없었다면 이리 융성한 오늘의 시조도 어려웠을 것입니다."

오랫동안 스님과 함께 시조 중흥에 앞장섰던 이근배 시인의 단언이다. 부처님의, 오현 대종사의 원력(願力)이 없었다면 사심(私心)이나 파당(派黨)에서 자유로울 수 없는 어느 개인이나 단체, 국가가 오늘의 시조 중흥을 가져올 수 있었겠는가.

4. 오현 스님 시 세계에 드러난 시조 현대화와 중흥

"조오현은 하나의 경이이다."

이근배 시인은 오현 스님이 1978년 펴낸 첫 시집 《심우도(尋牛圖)》 해설 첫머리에서부터 이미 이렇게 시인의 출현을 눈부시게 평가했다. "우리의 근대시, 그리고 현대시가 서구 19세기 시의 영향에서 비롯된 것이라면 한국시는 시의 핵심을 잃어버린 영원한 모방으로 가는 것이라고 볼 수 있다. 바로 이런 현상이 조오현의 출현을 눈부시게 한다"고.

"그러면 조오현은 어디서 시를 가져왔는가. 그의 비방(秘方)은 적어도 신시 70년사 속에는 들어 있지 않다. 조오현은 고려 선승(禪僧)들의 게송(偈頌)을 터득한 것이다"라며 이 시인은 오현 스님 시의 연원을 게송에 뒀다.

이에 덧붙여 "무한한 정신의 황야에서 빛깔 고운 꽃을 다듬어 피어나는 것 같은 '사상의 감성화'를 그는 언어와 운율로써 여과시키고 있는 것"이라며 오현 스님 초기 시의 시조 형식 고수에 주목했다. 우리 시의 전통, 그 핵심을 잇고 현대화한 것을 높이 평가한 것이다.

이 시인의 지적대로 우리 현대시는 아직도 소위 '서구 이식론'이 불식되지 않았을 정도로 그 출발부터 서구의 압도적 영향으로부터 자유로울 수 없었던 게 사실이다.

"그의 시가 조선어의 운율과 구사를 성공적으로 보여주었을 뿐만 아니라, 뛰어난 시로서 충분한 공감과 호소력을 우리에게 발휘하고 있다."

1926년 5월 만해가 첫 시집 《님의 침묵》을 펴내자 곧바로 주요한이 밝힌 말이다. 주요한은 1919년 2월 우리나라 최초의 동인지 《창조》 창간호에 자유시의 효시로 평가받는 〈불놀이〉를 발표한 시인이다.

주요한은 이 시의 창작 동기를 서양의 현대시 중 폴 베를렌, 보들레르 등 프랑스 상징주의 시가 마음에 들고 충격적이어서 한글로 그런 시를 써보고 싶어 처음으로 시험한 것 중 하나라고 나중에 솔직히 밝히기도 했다. 그런 주요한마저도 《님의 침묵》의 "조선어의 운율과 구사" 측면을 성공적으로 받아들인 것이다.

해서 김용직은 "한용운의 출현은 이런 유의 터무니없는 해외 지향열에 부정의 쐐기를 박은 가장 최초의 그리고 매우 힘 있는 사례였다. 한용운과 그의 시가 우리 문학사에서 차지하는 의의는 이 한 가지 사실만으로도 넉넉히 인정되어야 한다"고 했다. 그러면서 김용직은 "한용운의 시가 재래식 교양과 그에 준하는 언어 구사의 기반을 가진 사람에 의해 쓰인 작품"임을 강조했다.

만해는 서구식 교육을 받지 않은 '재래식 교양과 언어 구사'로 우리 현대 시사에 획기적인 《님의 침묵》이라는 자유시는 물론, 한시와 시조도 많이 남겼다. 만해는 시조부흥 운동의 일환으로, 일제하 우리말과 민족정신을 고취하기 위해 시조를 썼다. 그런 만해를 직접 잇는 오현 스님도 시조를 택했다.

"조오현이 자유시나 한시(선시의 전통양식)보다 굳이 시조를 선택하는 까닭은 시적 전언(傳言)을 세속과는 상관없이 사사로이 풀어내겠다는 뜻이 아니라 대중과 함께 공유하여 즐기겠다는 시적 지향이 담긴 것으로 보아야 한다"며 김학성은 오현 스님이 시조를 선택한 이유를 대중성에 두었다.

"시조가 4음보 4보격의 율격 양식으로 표출된다는 것은 우리 시가에서도 가장 대중에게 열린 양식임을 의미한다. 4음격의 연속이 우리말의 발화구조에 가장 잘 맞을 뿐 아니라 4보격은 가장 안정된 율동적 효과를 보여 우리 시가에서 가장 전형적이고 대표적인 양식으로 향유되어 왔던 때문이다. 그만큼 시조의 율격 양식은 우리 민족이 오랜 세월 우리말의 율동적 아름다움으로 가꾸고 공감해온 경험적 미의식의 결정체라는 것이다."

김학성의 위 말처럼 현대시의 한 장르로 여전히 창작되고 감상되고 있는 시조의 정형은 우리 민족이 오랜 세월 가꾸고 공감해온 '경험적 미의식의 결정체'이기에 대중성이 크다. 민요, 무가 등 민족의 오랜 구비전승이 흘러들어 신라의 향가, 고려의 속요나 경기체가로 정형화되어 가며 가꿔지다 시조의 정형에 이르렀다는 게 일반화된 시조 연원론이다.

"불교는 종교의 세속화 우려에도 불구하고 대중성 획득을 위해 대중과의 거리를 좁히는 일에 관심이 많습니다. 이 문제는 문학의 예술성과 대중성의 문제와 비슷한 내용이라고 보는데……"

신경림 시인과의 대화에서 예술성과 대중성에 대해 오현 스님이 묻는 장면이다. 이 물음에도 드러나듯 스님은 대중과의 거리를 좁히기 위해 우리 민족의 경험적 미의식의 결정체인 시조를 택한 것으로 볼 수 있다.

그렇다면 위 대담 "가장 이상적인 대담은 예술성을 갖춘 문학이 대중성을 획득하면 좋을 것입니다. 하지만 현실은 그렇지 못합니다. 그때는 어떻게 해야 하는가"라는 질문에 드러나듯 스님은 시조에서 어떻게 예술성과 대중성을 동시에 담보하고 있는가. 그 답 역시 스님의 아래와 같은 말에서 찾을 수 있을 것이다.

"인본주의는 불교사상의 근간입니다. 불교는 태어날 때부터 절대적 신의 속박, 잘못된 제도의 속박, 인간 내면의 미혹의 속박에서 인간을 해방시키려는 인본주의에서 출발했습니다."

스님은 이같이 인본주의를 강조하며 부처님은 인류 최초로 인본주의자의 길을 몸소 실천하신 분이라고 했다. 이런 도저한 휴머니즘이 스님의 시를 다른 선시들과는 달리 인간적인, 서정적인 시로 승화시키고 있는 것으로 볼 수 있다. 스님의 시조에는 서정이 들어 있고 이야기가 들어 있고 깨달음이 들어 있다. 우리 전통의 어투와 운율, 이야기체가 친숙하고도 쉽게 읽히게 한다. "길을 잃고 헤매는 어린 양이 기루어서 시를 쓴다"는 만해의 대승적 자세로 스님은 시조를 택한 것이다.

그렇다면 스님은 작품을 통해 어떻게 예술성과 대중성을 담보해내고 있는가. 그리하여 시조의 중흥을 꾀하고 있는가. 대표작 몇 편을 통해 살펴보기로 한다.

아무리 어두운 세상을 만나 억눌려 산다 해도/ 쓸모없을 때는 버림을 받을지라도/ 나 또한 긴 역사의 궤도를 받친/ 한 토막 침목인 것을, 연대인 것을// 영원한 고향으로 끝내 남아 있어야 할/ 태백산 기슭에서 썩어가는 그루터기여/ 사는 날 지축이 흔들리는 진동도 있는 것을// 보아라, 살기 위하여 다만 살기 위하여/ 얼마만큼 진실했던 뼈들이 부러졌는가를/ 얼마나 많은 사람들이 파묻혀 사는가를// 비록 그게 군림에 의한 노역일지라도/ 자칫 붕괴할 것만 같은 내려

앉은 이 지반을/ 끝끝내 받쳐온 이 있어/ 하늘이 있는 것을, 역사가 있는 것을

1980년대에 발표한 시 〈침목(枕木)〉 전문이다. 광주민주화운동 참상으로 열린 1980년대의 암울한 상황이 그대로 반영된, 민중 계열의 저항시로도 읽힐 수 있다. 그러면서도 당대를 압도하던 민중시의 이념성, 당대성, 선전선동성에 비해 바로 그 민중과의 연대의 '고향' '뿌리'까지 자연스레 설파하고 있는, 뭇 생령들의 연대의 두께를 지닌 시다.

4연으로 구성된 위 시는 우리네 전통적인 음수율과 음보율로 인해 4수로 된 연시조로 읽힐 수 있다. 가운데 2, 3연은 누가 보아도 시조 정형에 맞기에 시조로 볼 수 있다. 그러나 첫 연과 마지막 연은 음수율, 음보율은 물론 3장 6구의 정형에서 벗어나고 있다.

생선 비린내가 좋아/ 견대(肩帶) 차고 나온 저자// 장가들어 본처는 버리고/ 소실을 얻어 살아볼까// 나막신 그 나막신 하나/ 남 주고도 부자라네.// 일금 삼백 원에 마누라를 팔아먹고/ 일금 삼백 원에 두 눈까지 빼 팔고/ 해 돋는 보리밭머리 밥 얻으러 가는 문둥이어, 진문둥이어.

첫 시집 《심우도》에 실린 10편으로 된 연작시 〈심우도〉 열 번째 편 〈입전수수(入廛垂手)〉 전문이다. 심우의 마지막 단계인 '입전수수'는 잃어버린 소를 찾아 마음의 본성을 되찾고 속세로 나와 중생들과 어우러지는 지경이다. 선의 마지막 경지를 시화한 위 시에는 저잣거리의 구경적 삶의 모습이 그야말로 리얼하게 드러나고 있다.

위 〈입전수수〉는 두 수로 된 연시조다. 제목의 화두만 없다면 선시로 보이지 않는다. 우리의 고정관념을 해체시켜 난경(難境. Aporia)으

로 몰아넣는 난해함이니 두루뭉술함이 없다. 입전수수 지경으로 단도직입적으로 들어가 그 세계를 명확히 보여주는, 실감과 실정이 돋보이는 시다. 앞 수 초장에서는 '입전수수'라는 제목에 따라 저자로 나가 손을 내미는 행위를 그리고 있다. '생선 비린내가' 날 정도로 생생하게. 중장에서는 시정잡배 중생들의 그렇고 그런 욕망을 그리고 있다. 종장에서도 그런 중생들의 선한 보살심을 그리고 있다.

욕망도 보살심도 무등하게 바라보며 세속 범부의 삶을 그대로 그린 첫 수에 비해 둘째 수는 아주 극적이다. 마누라 팔아먹고 두 눈까지 빼 팔고 구걸에 나선 진문둥이라니. 물론 이 극적인 장면에서 보살행의 한 극치를 볼 수도 있다. 그러나 필자는 '삶의 구경적 형식'으로 보고 싶다. 문학은 인간의 끝 간 데 없는 깊이와 위의, 그리고 황홀경을 탐구하는 형식이라고 김동리가 제시한 그 형식으로 이 시를 보고 싶다.

선의 최고 지경이든, 삶의 구경이든 위 시는 우리 민족에게 친숙한 가락과 구성인 시조라는 시 형식으로 그것을 탐구하고 있다. 극적인 상황의 실감과 실정을 자연스레 드러내기 위해 둘째 수 종장에서는 4음보 보격에 파격적으로 '진문둥이어'라는 반복도 서슴지 않고 있다. '문둥이어' 하고 끝내면 누가 뭐래도 시조인 것을 굳이, '진문둥이어'라며 반복해 운율을 얻고 문둥이의 의미를 강화하며 실감을 얻고 있는 것이다. 실제 스님은 젊은 시절 만행 중 문둥이 부부와 경상도 영천 다리 밑 거적때기 움막에서 한 식구가 되어 겨울을 나며 도통할 정도로 세상을 깨달았다고 회고하곤 했다. '행자님은 절에 가서 공부해서 부처가 되라'는 편지 한 장 남겨 놓고 떠난 그 진문둥이 부부의 구경적 삶의 형식이 실감으로 담긴 것이다.

강원도 어성전 옹장이/ 김영감 장렛날// 상제도 복인도 없었는데 요 30년 전에 죽은 그의 부인 머리 풀고 상여 잡고 곡하기를 '보이소 보이소 불집 같은 노염이라도 날 주고 가소 날 주고 가소' 했다는데요 죽은 김영감 답하기를 '내 노염은 옹기로 옹기로 다 만들었다 다 만들었다' 했다는 소문이 있었는데요// 사실은/ 그날 상두꾼들/ 소리였대요.

《만악가타집》에는 〈무자화〉 연작과 함께 위 시를 시작으로 〈무설설(無說說)〉 연작 6편도 실었다. 이야기 없는 이야기라, 위 시같이 주로 남한테 들은 이야기들을 짤막한 시조 단수에 싣고 있다.

위 시는 중장이 늘어난 사설시조 형태를 띠고 있다. 중장에 소문 이야기를 삽입하면서 담시(譚詩)로 나가고 있다. 사설시조가 아니라 그 '형태'를 띠고 있다는 것은 종장의 음보율이 어긋나고 있기 때문이다.

《만악가타집》에 실릴 때 위 시 제목은 그냥 〈무설설 1〉이었으나 2013년 펴낸 시선집 《마음 하나》에선 〈옹장이의 상엿소리〉로 바꿨다. 앞서 살펴본 〈무자화 6－부처〉도 〈석가의 생애〉로 바꿨다. 추려 싣는 선집의 편집상 연작을 다 실을 수 없어 개별 제목으로 바꿨을 수도 있겠지만 그보다는 '무자화'와 '무설설' 등 선적인 어려운 말은 피하고 쉽게 읽히기 위해 그리했을 것이다. 실제 시집이나 선집, 전집을 펴낼 때마다 스님은 독자들에게 쉽게 다가갈 수 있도록 시어는 물론 표현까지도 계속 바꿔나갔다고 편집자는 회고했다.

극락을 갔겠다는 느낌이 드는 시신은 대강대강 해도 맘에 걸리지 않지만 그렇지 않은 죄가 많아 보이는 시신을 대하면 자신이 죄를 지은 것처럼 눈시울이 뜨뜻해지니더. 정이니더, 옛사람 말씀에 사람은 죽을 때는 그 말이 선해지고 새도 죽을 때는 그 울음이 애처롭다 했다니니더. 죽을 때는 누구나 다 선해지니더……. 이렇게 갈 것을 그렇게 살았나? 하고 한번 물어보면 영감님 억천 년이나 살 것 같아서,

가족들 기쁘게 해주고 싶어서 한번 잘 살아 보고 싶어서 그랬니더. 너무 사람 울리시면 내 화를 내고 울화통 터져 눈 못 감고 갑니더. 이런 대답을 들으니 아무리 인정머리 없는 염쟁이지만 정이 안 들겠니꺼?

담시 〈염장이와 스님〉 한 부분이다. "어느 신도님 부음을 받고 문상을 가니 때마침 늙은 염장이가 염습(殮襲)을 하고 있었는데"로 시작되는 이 시는 시인인 스님 화자와 염장이의 대화 장면을 설정해놓고 그에게 들은 이야기를 그대로 들려주고 있는 짧지 않은 이야기시다. 염장이의 말 속에는 위 인용 대목에서와같이 죽은 자와 대화도 들어 있다.

'무자화'나 '무설설'의 미오한 세계의 이심전심이나 고담준론의 설법이 아니라 아주 쉽고 친숙한 한 편의 이야기다. 그러면서 이 이야기 속에는 융통무애한 불교의 가르침이 다 들어 있다. 누구나 쉽게 깨칠 수 있도록 스님과 염장이 영감 대화의 실감과 실정으로. 구어와 옛이야기체가 이 실감과 실정을 살리고 있는 것이다.

하루라는 오늘/ 오늘이라는 이 하루에// 뜨는 해도 다 보고/ 지는 해도 다 보았다고// 더 이상 볼 것 없다고/ 알 까고 죽은 하루살이 떼// 죽을 때가 지났는데도/ 나는 살아 있지만/ 그 어느 날 그 하루도 산 것 같지 않고 보면// 천 년을 산다고 해도/ 성자는/ 아득한 하루살이 떼

2007년도 정지용문학상 수상작인 〈아득한 성자〉다. 총 12행 5연으로 된 이 시는 자유시로 볼 수도 있고 두 수로 된 연시조로도 볼 수도 있다. 시조로 본다면 음수율, 음보율이 위태롭다.

첫 연에서는 '하루'라는 순간을 노래하듯 읊고 있다. 그리고 다음 연부터는 화자와 하루살이 대비로 그런 하루의 서정을 경과시켜나가고

있다. 그러면서 하루라는 순간의 의미를 쉽게 쉽게 드러내 전하고 있는 시다.

하루살이의 하루, 실존이며 현전(現前)의 그 순간의 포에지를 서정적으로 드러낸 시다. 가스통 바슐라르가 말한 '한 편의 짧은 시 속에 전 우주의 비전과, 하나의 혼의 비밀, 그리고 여러 대상의 비밀을 동시에 드러내는 순간화된 형이상학으로서의 포에지', 서정시의 요체인 '순간화된 형이상학'으로 이 시는 읽어도 좋을 것이다.

선에서 말하는 돈오적(頓悟的), 순간적 깨달음의 '한 소식'이 곧 '순간화된 형이상학으로서의 포에지'가 아닐 것인가. 그 미오한 형이상학적 포에지를 〈아득한 성자〉는 시인과 하루살이의 대비를 통해 형상화해 쉽게 전달하고 있는 것이다.

스님의 작품세계를 위같이 살펴보면, 처음부터 시조라는 민족 전통의 정형양식을 통해 서정과 선적 분위기와 깨달음을 대중에게 쉽게, 생동감 넘치게 펼치고 있다. 스님 스스로 선시로 분류한 시들에서도 전통양식과 어법을 활용하며, 또 서정성을 더욱 드높이며, 돈오의 추상을 구체화시키며 서정시로 승화시키고 있다.

종교나 신이 아니라 휴머니즘에 뿌리를 내리고 삶의 구경적 형식으로서의 시를 써온 것이다. 살아 번뜩이는 화엄세상의 실감과 실정, 체험과 느낌을 있는 그대로 전하기 위해 구어와 전통양식을 사용하고 있다. 원융무애의 실상을 드러내기 위해 장르의 경계도 허물며 담시로 나가기도 한다.

스님은 이렇게 우리네 전통 이야기체와 운율과 구성을 애써 끌어들이며 친숙하게 오늘에 전하고 있다. 그러면서도 또한 정형의 정해진 틀을 자연스레 벗어나고 있다. 시조를 원융무애한 세계로 확장시키며 현대화, 대중화해나간 시인이 오현 스님이다,

5. 나가며

설악무산 오현 스님은 현대시조를 내적, 외적으로 중흥하는 데 애써왔다. 문단, 특히 시조단에서는 그런 스님의 원력과 공덕을 누구든 익히 실감하고 있는 게 사실이다. 그런데도 현대시조와 시조단에 끼친 공덕이 아직 체계적으로 정리, 연구되지 않아 원적 3주기를 맞아 정리를 시도해본 것이 이 글이다.

그 결과 육당에게서 비롯된 시조 현대화와 부흥은 지난한 과정을 거치며 겨우 명맥만 유지해오다 스님의 전방위에 걸친 물적, 심적 지원으로 오늘날의 중흥을 가져온 것으로 드러났다. 그런 외적인 지원 못지않게 스스로 창작을 통해 시조를 현대화, 대중화하는 데도 앞장서왔음이 드러났다.

스님은 우리 민족에게 친숙한 전통의 정형양식으로 대중에게 쉽고 생동감 넘치게 다가가기 위해 시조를 택했다. 살아 번뜩이는 화엄세상의 실감과 실정, 체험과 느낌을 있는 그대로 전하기 위해 구어와 전통양식을 활용해왔다. 우리네 전통 이야기체와 운율과 구성을 끌어들여 오늘에 친숙하게 전하고 있으면서도 정형의 틀을 원융무애하게 넘나들며 시조를 현대화, 대중화하고 있는 것으로 드러났다.

이렇게 스님은 시조 내외적으로 전방위에 걸쳐, 알게 모르게 시조를 중흥하고 현대화하는 데 앞장서왔다. 하여 현대시조가 현대문학의 한 장르로 당당히 서는 데 누구보다도 이바지해온 시인이 오현 스님임이 드러났다. 앞으로 더 광범하고 정치한 연구들이 나와 설악무산 오현 스님을 반만년 우리 민족 시사(詩史)에서 현대시조의 중흥자로 다각도에서 자리매김해줬으면 한다.

조오현의 선시조

오세영

차 례

오세영 / 시인. 1942년 전남 영광 출생, 서울대학교 문리과대학 국문학과 졸업. 서울대학교 인문대학 국문학과 교수, 한국시인협회 회장 등 역임. 1965~68년《현대문학》으로 등단. 시집으로《바람의 그림자》《밤하늘의 바둑판》등 다수와 시조집《춘설》등과 학술서적으로《한국현대시인 연구》등 다수. 소월시문학상, 정지용문학상, 만해대상(문학 부문), 고산문학상 등 수상. 현재 서울대학교 인문대학 명예교수, 대한민국예술원 회원.

1. 조오현의 초기 시조

"문학은 삶의 반영이다"라는 말이 있듯 어떤 시인이든 그의 시에는 그 나름의 삶이 각인되어 있다. 오현의 시 역시 마찬가지일 터이다. 아니 오현의 시에는 그 누구보다도 그 자신의 삶이 여실히 내면화되어 있다. 이미 알려져 있다시피 오현은 한 사람의 시인이기 전에 큰 스님이요, 깨달음을 얻은 선사이다. 필자는 그의 세속 경력이나 운수행각에 대해서는 잘 알지 못하거니와 그가 일찍이 경남 밀양에서 출생하여 12세에 입산하여 설악문중에서 득도했다는 사실은 알고 있다. 따라서 한마디로 말한다면 그의 생애는 속인으로부터 대덕에, 출가 구도에서부터 깨달음에 이르는 길이었다. 여기에는 유년의 다감했던 안식이 있었고, 증도(證道)의 무량한 열락이 있었을 것이다.

우리는 그의 시에서도 이와 같은 그의 생애가 그대로 반영되어 있음을 본다. 첫째, 초기에 쓰인 서정시들이다. 대체로 유년의 회고와 자연에 대한 감회를 읊은 작품들이 이에 속한다. 아마도 대부분은 그의 법랍이 일천한 시기에 쓰인 것들이리라. 둘째는 정진 수행이 본격적일 때의 작품들인 듯 중기에 쓰인 구도시들이다. 세속을 버린 수행자로서의 번뇌와 생에 대한 무상감이 잘 형상화되어 있다. 셋째, 증도가라 불릴 수 있는 최근의 작품들이다. 깨달음의 현묘한 진리가 선적 직관으로 제시되어 있는 것이 특징이다.

> 이른 봄 양지밭에 / 나물 캐던 울 어머니
> 곱다시 다듬어도 / 검은 머리 희시더니
> 이제는 한 줌의 귀토(歸土) / 서러움도 잠드시고.
>
> 이 봄 다 가도록 / 기다림에 지친 삶을

삼삼히 눈감으면 / 떠오르는 임의 양자(樣子)
그 모정 잊었던 날의 / 아, 허리 굽은 꽃이여.

하늘 아래 손을 모아 / 씨앗처럼 받은 가난
긴긴 날 배고픈들 / 그게 무슨 죄입니까.
적막산 돌아온 봄을 / 고개 숙인 할미꽃

—〈할미꽃〉

〈할미꽃〉은 첫 번째 유형에 속하는 작품의 한 예에 해당한다. 이 시는 내용 어디에도 불가적인 요소라 할 것이 없다. 속가 시인들의 그것처럼 자연과 생활에서 느끼는 개인적 정감이 서정적으로 노래 되고 있을 뿐이다. 〈할미꽃〉에는 유년시절의 어머니가 애틋하게 묘사되어 있는데, 이는 출가하기 이전의 어머니에 대한 회고이다. 가난하지만 순결하게 살면서 자식을 위해 일생을 헌신하는 전형적인 한국 어머니의 초상이 허리 굽은 할미꽃과 대비되어 우리의 가슴을 뭉클하게 한다.

그러나 이 시는 단순히 어머니의 모습을 여실하게 그려 보여주는 것만으로 끝나지는 않는다. 어머니에 대한 시인의 사모의 정 역시 그에 못지않게 절절히 고백 되어 있기 때문이다. 특히 두 번째 시조가 그러하다. 우리는 이 부분에서 어머니에 대한 그리움이 회한과 통탄의 감정으로 변하여 마침내 불효의식에까지 이르는 시인의 미묘한 심리 발전을 감지할 수 있다. 물론 그것은 '할미꽃'이라는 상징을 탁월하게 구사하는 데서 보여준 그의 시적 전략에서 힘입은 바 크지만, 어떻든 범상한 시인이라면 45자 내외의 짧은 평시조 형식 안에서는 감히 표현하기 힘든 내용이라 할 것이다. 그러나 이와 같은 그의 초기의 서정시들은 시간이 지나면서 차츰 변화를 겪는다.

봄도 이른 내 서창(書窓)의 파초순 한나절을
초지에 먹물 배듯 번지는 심상이여.
기왓골 타는 햇빛에 낙숫물이 흐른다.

—〈낙수(落水)〉

하늘이 숨돌린 자리 다시 뜨는 눈빛입니다.
별빛이 흘겨본 자리 되살아난 불똥입니다.
마침내 오월 초록은 출렁이는 삶입니다.

—〈새싹〉

위의 두 시조는 모두 자연에 대한 심회를 읊은 것들이다. 그러나 앞엣것과 뒤엣것은 자연을 보는 눈이 각각 다르다. 전자(〈낙수〉)가 자연을 서경적으로 묘사했다면 후자(〈새싹〉)는 존재론적 의미를 탐구함으로써 '구도시'의 전초적 단계에 진입하고 있는 까닭이다.

〈낙수〉는 이른 봄의 정취를 정녕 아름답게 묘사한 작품이다. 시인은 기와지붕에 쌓인 흰 눈이 따뜻한 양광에 녹아 낙숫물이 지고 삭막한 겨울 추위를 이겨낸 뜰의 파초가 새치름하게 순을 내민 광경을 한순간에 포착하여 계절의 변화를 생생하게 그려 보여준다. 그러나 비록 우리 시조 시단에서 흔하게 접하기는 힘든 성공작이라 하더라도 자연에 대한 이 시인의 이 같은 시작 태도만큼은 결코 새로운 것은 아니다. 자연을 대상으로 하여 쓴 대부분의 조선조 시조들 역시 그와 같은 범주에서 크게 벗어나지 않기 때문이다. 문제는 후자의 시 〈새싹〉과 같은 경우이다.

〈새싹〉은 조선조의 우리 시조에서는 거의 찾아볼 수 없는 면모들을 보여주고 있다. 첫째, 대부분의 우리 전통시조가 자연을 빌려 시인 자신의 감회를 피력한 데 반하여 이 시는 자연을 대상 그 자체로 바라본다. 시인 자신의 감정이 아니라 대상이 지닌 의미가 더 중요한 것이다. 둘째, 대부분의 우리 전통시조가 자연을 서경적으로 묘사하는 데 반하여 이 시는 대상으로서 자연이 지닌 내적 의미를 탐구한다. 예컨대 전통적인 시작 태도라면 우선 새싹이 돋는 봄의 정경을 아름답게 혹은 실감 있게 묘사하는 것으로 끝났을 것이다. 그러나 이 시의 경우는 전혀 다르다. 시인은 그보다 '새싹'이 지닌 존재론적인 의미가 무엇인가 하는 데 초점을 맞추고 있다. 그리하여 그가 깨달은 바는 '새싹'이란 하나의 '눈빛' 혹은 '불똥' 같은 삶이라는 것이다.

이와 같은 관점에서 이 시는 다음에 쓰일 '구도시' 창작의 예비적 단계에 해당하는 작품이 된다. 이 명상적 철학성에 토대를 둔 그의 존재론적 의미 탐색이 불교적 세계관과 만남으로써 비로소 구도의 시가 탄생되기 때문이다. 이러한 맥락에서 보면 오현의 시에는(아마도 초기시가 대개 그러할 터이지만) 구도의 시를 쓰거나 중도가를 짓기 이전에 이미 서정을 노래하는 단계와 자연을 존재론적으로 인식하는 단계가 있었던 것으로 생각된다. 인용시는 이러한 과정을 거친 결과 쓰인 것들이다.

내가 나를 찾는/ 끝없는 미행 속에
그 언제 헛디딘 자국이/ 무슨 그물에 또 걸렸나.
한 소식 결박을 풀어도/ 대소(大笑)할 하늘이 없네.

물밥, 사자 짚신에도/ 쫓겨가던 우리네 병이
오늘의 세포 속에선/ 살갗감각까지 다 죽이네.
이승을 다 잡아먹을/ 그런 인가를 받은 듯이
우리네 병, 그림자를/ 눈감고도 보겠는데
목숨의 그 당처를/ 일러줘도 못 듣는 너.

일러라 이 세상 살릴/ 네 일구(一句)를 네 일구(一句)를

—〈네 일구(一句)〉

〈네 일구〉는 깨달음을 얻고자 정진 수행하는 수자의 행각이 각인되어 있는 작품이다. 거기에는 단지 '시인'으로서의 시인의 모습이 아니라 '수행자로서의 시인의 모습'이 있다. 거기에는 또한 망상을 좇아 미혹 속을 헤매는 안쓰러운 중생의 모습이 있고, 깨달음에 이르지 못해 좌절하는 구도자의 모습이 있으며, 이생에 대한 집착으로 번뇌하는 불자(佛者)의 모습이 있고, 용맹정진하는 사문의 남성적 모습이 있다. 그러나 무엇보다도 하나의 문학작품으로 우리의 가슴을 울리는 것은 세간(世間)과 출세간(出世間)의 사이에서 갈등하고 절망하는 시인의 인간적 모습이다. 역시 문학은 인간의 이야기가 아니던가.

인용시는 진정한 깨달음이 참다운 '나'의 발견에 있음과 그 참다운 나를 찾지 못해 미망 속을 헤매다가 덧없이 사라지는 것이 중생의 허망한 삶이라는 것을 지적하고 있다. 그렇다. 불교 존재론에서 일체 평등상의 경지에 든다는 것은 참다운 나로 거듭난다는 것을 의미한다. 이때의 참다운 '나'가 '나 아니면서도 나인 나' 혹은 '나와 너의 분별을 초월한 나', 곧 '무아'를 지칭한다는 것은 널리 알려진 사실이다.

앞서 언급했듯 불교에서는 '나'를 '가아' '실아' '무아'의 세 가지로 나누지만, 그중 참다운 것은 무아, 즉 이 색계의 분별식을 벗어나 미망을 해탈할 때 만나게 되는 나, 달리 말해 '있는 나와 없는 나를 모두 초월한 것으로서의 나'라고 가르친다. 그것은 있는 것도 아니며, 그렇다고 또한 없는 것도 아닌 것으로서의 '나'이다. '해탈'이란 중생이 무아를 발견하고 그 스스로 무아가 되는 이와 같은 경지를 일컫는 말인 것이다.

위의 시에 등장하는 '두 개의 나' 역시 마찬가지이다. 시의 첫 행에

서 화자인 '나'는 '나'를 찾고 있는 것으로 묘사되어 있다. 이때 찾고 있는 '나'가 '가아'라면, 찾고 있는 대상으로서의 나는 없으면서도 있는 나, 곧 무아이다. 따라서 이 시에 등장하는 두 개의 '나'를 이제 이렇게 정립시킬 경우 시인이 이야기하고자 하는 바가 바로 '무아에 도달함으로써 일체 세간을 벗어나 해탈에 이르고자 하는 염원'임은 자명하다.

그럼에도 불구하고 시인이 무아를 찾지 못하는 것은 그가 아직 미혹 속을 헤매고 있거나, 거짓 가르침에 집착하고 있기 때문일지도 모른다. 참다운 가르침이라 믿고 따르던 혹은 절대적인 진리라고 믿었던 그것이 사실은 자신을 구속하여 죽음으로 내몰고 있기 때문이다. 그러니 옛 선사들은 법(法)의 속박에서 벗어나 부처까지도 죽여야 한다고 말하지 않았던가.

이 시에서 이렇듯 화자를 함정에 빠뜨려 결박한 '그물'(그 언제 헛디딘 자국이/ 무슨 그물에 또 걸렸나.// 한 소식 결박을 풀어도/ 대소(大笑)할 하늘이 없네.)이란 바로 이 같은 거짓 가르침 혹은 그 가르침에 대한 집착이다. 그 거짓 가르침 혹은 법에 대한 집착은 마치 육신을 좀먹어 죽음에 이르게 하는 질병과도 같이 중생을 미망에 빠뜨린다. 그러므로 시인이 두 번째 시조에서 다음과 같이 노래하는 것은 당연하다.

> 물밥, 사자 짚신에도/ 쫓겨가던 우리네 병이// 오늘의 세포 속에선/ 살갗감각까지 다 죽이네.// 이승을 다 잡아먹을/ 그런 인가를 받은 듯이

그러나 인용시와 같은 계열의 시들은 득도에서 오는 우주적 진실 혹은 깨달음의 절대 경지를 보여주지 못했다는 점에서 아직 그 자체가 증도가라고 말할 수는 없다. 그것은 어디까지나 깨달음에 대한 절

대 희원과 그 좌절에서 오는 인간적 번뇌 혹은 수행의 열정을 시로 표현하는 데서 끝난다. 아마도 시인의 문학적 생애에 있어 중기에 해당하는 시들의 대부분은 여기에 속할 것이다.

2. 후기 시조

중기 이후 오늘에 이르기까지의 오현의 시편들은 한마디로 '증도가'라 부를 만하다.

무금선원에 앉아 / 내가 나를 바라보니
기는 벌레 한 마리가 / 몸을 폈다 오그렸다가
온갖 것 다 갉아먹으며 / 배설하고 / 알을 슬기도 한다.

—〈내가 나를 바라보니〉

인용시에서 시인은 우선 자신이 '자신'을 바라보았다고 말한다. 이때 '바라보는 내가 무아'이며 '보이는 내가 가아'라는 것은 설명이 필요치 않다. 그런데 그것은 앞에서 인용한 〈네 일구〉와는 전혀 입장이 다르다. 왜냐하면 〈네 일구〉에서는 화자가 '참다운 나=무아'를 찾아 헤매다가 미망에 떨어진 것으로 묘사되었지만(내가 나를 찾는/ 끝없는 미행 속에// 그 언제 헛디딘 자국이/ 무슨 그물에 또 걸렸나.// 한 소식 결박을 풀어도/ 대소할 하늘이 없네) 위의 시에서는 분명 "내가 나를 바라보았다"고 적고 있기 때문이다. 그런데 무엇을 '바라본다'는 것은 대상의 확정 없이 불가능한 행위이므로, 내가 나를 바라봄은 참다운 나를 찾았다는 것과 같은 말이다. 이렇듯 오현에게 있어 '깨달음'은 참다운 자아를 발견하는 것으로부터 시작된다.

물론 우리는 이 시에서 제시된 두 개의 나를 특별히 불교 존재론에 관련시키지 않고 '본래적인 나'와 '일상적인 나' 정도로 해석할 수도 있을 것이다. 그러나 이와 같은 상식선의 해석에는 그 앞의 '무금선원(無今禪院, 시인이 은둔하고 있는 백담사의 선원)'이라는 말이 걸린다. 그렇다면 내가 나를 바라보는 행위의 설정을 하필 선원에다 구해야 할 이유가 없기 때문이다. 그러므로 시인은 지금 선정(禪定)에 든 채로 나를 바라보고 있는 것이니, 그 경지에서 발견한 내가 참다운 자아일 것임은 당연하다.

어떻든 참다운 나 혹은 무아의 '나'가 중생의 나 즉 가아를 바라보았을 때, 그것은 한낱 미망 속을 헤매는 한 마리의 벌레나 무명 속에 스러지는 환영 같은 것이었다. 그러한 관점에서 지금까지 그들이 가치 있다고 생각하여 그것의 쟁취를 위해 아귀다툼을 벌이고, 또 그로부터 연유된 희로애락의 감정에 사로잡힌 삶이란 마치 오늘 죽을지 내일 죽을지 모를 벌레들이 풀잎을 갉아먹고 알을 까서 새끼 치는 일에 다름 아닐 것이다. 시인은 이렇듯 참다운 나 즉 무아의 확립을 통해 깨달음의 경지에 도달하게 된다. 그 경지는 어떤 것일까? '중도가'라 불릴 수 있는 그의 연작시들 가운데서 각 한 편씩을 인용해 본다.

①

강물도 없는 강물 흘러가게 해놓고
강물도 없는 강물 범람하게 해놓고
강물도 없는 강물에 떠내려가는 뗏목다리.

—〈무자화(無字話) 6〉

②

놈이라고 다 중놈이냐. / 중놈 소리 들을라면

취모검 날 끝에서 / 그 몇 번은 죽어야
그 물론 손발톱 눈썹도 / 짓물러 다 빠져야.

— 〈일색변(一色邊) 6〉

③
해장사 해장스님께 / 산일 안부 물었더니
어제는 서별당 연못에 / 들오리가 놀다 가고
오늘은 산수유 그림자만 / 잠겨 있다 하십니다.

— 〈산일(山日) 2〉

④
지난달 초이튿날 한 수좌가 와서
달마가 서쪽에서 온 뜻을 묻길래
내설악 백담계곡에는 반석이 많다고 했다.

— 〈무설설(無說說) 5〉

①은 그 경지가 일체가 무(無)요 공(空)임을 설파하고 있다. 시인은 일단 무엇이 '있다'는 관념에 대하여 회의한다. 우리는 감각적으로 인지된 사물이라면 무엇이든 그것이 존재한다고 믿어서, 산이 있고 강물이 있고 하늘이 있고 인간이 있다고 한다. 그리하여 거기에 의미를 부여하고 가치를 추구하며 애착을 갖게 마련이다. 그러나 진정 이 세계에 무엇이 있다는 말인가. 시인에 의할진대 그것은 마치 실제로는 있지도 않은 강물이 흘러가는 것처럼 보이는 현상과도 같다. 일단 허상으로서의 강물을 믿게 되면 거기에는 홍수가 날 수도 있고 가뭄이 들어 바닥을 드러낼 수도 있으며, 다리를 놓거나 배를 띄우는 것도 다 실제라 생각하게 된다. 우리의 삶 역시 마찬가지이다. 가아로서 나의 존재를 확신

하기 때문에 이 세상의 모든 것들이 참다워 보이고 가치 있어 보이며 그로 인해 오욕칠정의 번뇌에 빠진다.

그러나 이 세계란 근본적으로 '무' 즉 '없음'의 그것이다. 아니 '없다는 말조차 할 수 없는 없음'이다. 깨달음의 경지에서 보면 우리의 현상계에 있는 모든 것들이 사실은 한낱 허상이요, 미혹에 빠진 마음의 장난에 지나지 않는 것이다. 이처럼 ①은 《반야심경》이 깨우쳐 주는 대로 색즉시공의 진실을 '없는 강물의 흐름'이라는 역설적 비유를 통해 제시해 주고 있다.

②는 깨달음에 도달하는 길을 언급한 작품이다. 시인은 우선 중놈이라고 해서 모두가 '중놈'은 아니라고 말한다. 그러니까 여기에서는 둘의 '중놈'이 등장한 셈인데, 하나는 물론 가짜 중이고 다른 하나는 진짜 중일 터이다. 그리고 이 진짜 중이 깨달음에 이른 존자(尊者)를 가리키는 것임은 두말할 필요가 없다. 그러므로 진짜 중이 되는 길에 대해 이야기한 이 시의 본뜻은, 기실 어떻게 해야 깨달음에 이를 수 있는지를 예시하는 것이라고 하겠다.

시인은 우선 중이 진짜 '중놈' 소리를 듣기(깨달음에 이르는 존자가 되기) 위해서는 두 가지 사항을 실천해야 한다고 말한다. 그 하나는 취모검 날에 목이 베어 죽임을 당해야 하고 다른 하나는 "손발톱 눈썹도/ 짓물러 다 빠져야" 한다는 것이다. 이는 쉽게 말해서 일상적인 존재로서의 자신을 죽여 거듭 태어나지 않으면 안 된다는 것을 지적한 것이다.

그러나 이 시의 숨은 뜻은 그런 상식적 차원에 머물러 있는 것 같지는 않다. 보다 깊이 생사를 초월해 도달할 수 있는 어떤 절대적인 진리 즉 우리가 '평등상'이라고도 하고, '정각(正覺)'이라고도 부르는 세계에 이르는 길을 가리키는 것이 아닐까. 그러한 해석은 '취모검(吹毛劍)'이라는 어휘의 상징적 의미가 뒷받침해 준다. '취모검'이란 불가에서 털을 칼날에 대고 훅 불면 그대로 두 동강이 난다는 명검으로, 번뇌를 단번에 끊어버리는 지혜를 상징하기 때문이다.

그렇다. 진정한 깨달음에 이르기 위해서는 지혜의 칼로 중생의 덧없는 애착과 번뇌를 끊어버리지 않으면 안 된다. 일찍이 옛 선사는 법의 의지처로 삼았던 부처나 조사까지도 죽이지 않으면 깨달음에 이를 수 없다고 가르쳤다. 그런데 시인은 한 걸음 더 나아가 부처나 조사를 죽인 자기 자신 또한 죽이지 않으면 안 된다고 말한다. 그리고 그 첫걸음이 일체의 모든 집착을 끊어버리는 데 있음은 물론이다. 시인은 그것을 "손발톱 눈썹도/ 짓물러 다 빠져야" 한다는 표현으로 말하고 있다. 손톱, 발톱, 눈썹은 모두 감각과 현상에 얽매어 미혹의 근원이 되기 때문이다. 그리하여 집착을 끊고 자신을 무화(無化)시킴으로써 궁극적으로 도달한 세계는 앞의 경우에서와같이 무 혹은 공의 경지가 된다.

③은 가히 선문답이라 해도 과언이 아닐 만큼 촌철의 비의(秘義)를 품은 작품이다. 여기에는 선에 관해 질문하는 수좌가 있고 화두를 던진 선사가 있다. 선사는 물론 이 시에서 '해장스님'으로 등장한 사람일 터이다. 수좌가 선사(해장스님)에게 먼저 묻는다. "요즘 산중에서 어떻게 소일하십니까?" 아마도 이 물음의 진의는 '선사의 깨달음의 깊이가 어떠하냐' 즉 '불도가 무엇이냐' 하는 뜻이었을 것이다. 그러나 이에 대한 선사의 답변은 예기치 않게 이러하다. "어제는 서별당 연못에 물오리가 놀다가고 오늘은 산수유 그림자만 잠겨 있다." 항용 선문답이 그러하듯 이 역시 동문서답의 형식이다.

이 무슨 뜻일까. 선지식이 일천하고 수행의 '수' 자도 모르는 필자가 이 깊은 뜻을 감히 알 수는 없다. 다만 넌지시 넘겨다보고 내 나름의 느낌을 적어봄으로써 이 난관을 잠깐 피해 보고자 한다.

선문답에서 '오리'가 등장한 것은 마조(馬祖) 선사의 화두 '백장야압자(百丈野鴨子)'이다. 마조 화상이 어느 날 백장과 길을 가다가 들오리가 날아오르는 것을 보았다. 화상이 백장에게 물었다. "저것이 무엇이냐?" "들오리입니다." "어디로 갔느냐?" "저쪽으로 갔습니다." 그 순간 마조 화상은 백장의 코를 힘껏 비틀었다. 백장은 아픔을 참지 못하고 비명을 질렀다. 이때 마조 화상이 백장에게 말했다. "가긴 어디로 날아갔단 말이냐!" 이로써 백장은 큰 깨달음을 얻었다는 것이다.

'백장야압자'에 등장하는 '들오리'는 아마도 덧없는 현상계의 실체를 상징하는 사물이었으리라. 본래 이 세상에는 있는 것이 없는데 그 없는 것이 어디로 날아갔다든가 머물고 있다든가 하는 것이 다 미혹의 집착에서 오는 망상이 아니겠냐 하는 마조의 가르침이었다. 그런데 시인은 그 오리(여기서는 물오리)가 연못에 놀다 가고, 또 산수유 그림자가 물에 잠겨 있다고 말한다. 물오리가 '있다 없다' 혹은 '날아갔다 날아가지 않았다'를 따지는 행위, 즉 애써 현상계를 부정하려는 분별심까지도 버려야 진정한 깨달음에 이를 수 있다는 가르침이 아니었을까. 그렇게 보니 '부처가 무엇이냐?' 하는 물음에 '변을 치는 막대기'라고 답했다는 옛 조사의 말이 문득 상기된다. 부처, 아니 법은 따로 있는 것이 아니다. 삼라만상이 다 부처요, 자연의 이법이 다 불법이다. 물오리가 물에서 노는 것, 연못가의 산수유가 수면에 그림자를 드리우는 것은 자연스럽다. 문제는 현상에 집착하지 않고 그를 통해 자신의 참다운 나를 비춰 볼 수 있으면 그만인 것이다.

④역시 ③과 같은 형식의 선문답으로 되어 있다. 수좌가 조사에게 묻는다. "달마(達磨)는 왜 서쪽에서 이곳으로 왔습니까?" 조사가 답한다. "내설악 백담계곡에는 반석이 많다."

여기에서 문득 기억나는 것이 그 유명한 조주(趙州)의 화두 '정전백수자(庭前柏樹子)'이다. 어느 날 학승이 조주선사를 찾아와 물었다. "달마 조사께서 서쪽에서 오신 뜻이 무엇입니까?" "뜰 앞의 잣나무이니라." "선사께서는 비유를 들어 말하지 마십시오." "나는 비유를 들어 말하지 않는다." "달마 조사께서 서쪽에서 오신 뜻이 무엇입니까?" 이에 조주 선사는 다시 대답했다. "뜰 앞의 잣나무니라." 여기에서 시인은 조주의 '뜰 앞'과 '잣나무'를 슬쩍 '백담계곡'과 '반석'으로 바꾸어 놓은 것이다. 일컬어 화두 '내설악곡반석다(內雪嶽谷盤石多)'라고나 할까. 이 역시 필자로서는 '정전백수자'의 화두나 이 시의 깊은 뜻은 잘 모르겠다. 기왕에 붓을 들었으니 다만 나름대로의 생각을 몇 자 적어 책임을 모면할 뿐이다.

설악산 백담계곡에는 반석이 수없이 많다. 아무렇게나 널려 있다. 엎어진 것, 서 있는 것, 누워 있는 것, 넘어져 있는 것, 앉아 있는 것, 돌 사이에 끼어 있는 것, 길바닥에 박혀 있는 것, 물속에 잠겨 있는 것, 물에 반쯤 젖어 있는 것, 괴목에 깔려 있는 것 등등. 이렇게 보면 반석이란 아무렇게나 이생을 살고 있는 중생을 이르는 것이라고 말할 수 있을 것이다. 반석이란 옥이나 대리석이나 금붙이처럼 특별히 값나가는 물건이 아니므로 어디서든 주워들 수도 있다. 우주적 시야에서는 한낱 미물에 지나지 않는다. 그러므로 '반석이 많아 달마가 이곳에 왔다'는 시인의 말은, 부처란 중생 안에 있으며 또한 중생을 위해서 있다는 뜻이 아닐까. 옛 시인은 한 개의 들꽃에도 우주가 있다고 했다. 이와 같은 장엄(莊嚴)과 화엄(華嚴)의 구현이야말로 시인이 추구하는 세계였을지 모른다.

이상 간략하게 살펴본 바와 같이, 중기 이후 오늘에 이르기까지 시인이 시작해 왔던 것은 선적 직관에 토대하여 쓴 일종의 증도가였다고 필자는 생각한다.

3. 선시로서의 시조

오현의 선시에서 한 가지 더 주목해야 할 것은 그의 언어 구사이다. 선사를 지향했으므로 필연적인 귀결이기도 하겠으나 오현의 시에는 역설, 반어, 의식적인 착어(錯語)의 구사가 빈번하다. 예컨대 〈무자화

(無字話)〉는 역설법을 통해 불교적 세계관을 피력한 것이고, 〈시자(侍者)에게〉는 착어를 의식적으로 구사하여 언어의 한계성을 극복하고자 노력한 대표적인 예이다.

서울 인사동 사거리 / 한 그루 키 큰 무영수(無影樹)
뿌리는 밤하늘로 / 가지들은 땅으로 뻗었다.
오로지 떡잎 하나로 / 우주를 다 덮고 있다.

—〈무자화 5〉

지금껏 씨떠버린 말 그 모두 허튼소리.
비로소 입 여는 거다, 흙도 돌도 밟지 말게.
이 몸은 놋쇠를 먹고 화탕(火湯) 속에 있도다.

—〈시자에게〉

선림(禪林)은 말할 것이 없겠으나 원래 불가에서 언어란 불완전한 것으로 간주된다. 인간이 만든 언어는 진리를 전달할 수 없는 것이다. 그러므로 부처도 염화시중의 미소로 법을 전하지 않았던가. 그러나 어리석은 중생은 그나마 언어가 아니라면 의사소통이 불가능하므로 어쩔 수 없이 언어로써 법을 전달할 수밖에 없다. 과연 이를 어떻게 해결해야 한다는 말인가. 그리하여 부처는 언어가 아닌 언어, 즉 일상의 언어를 벗어난 언어를 보여주었다. 그것이 바로 '무소설', 즉 이 시의 연작시 제목으로 차용된 '무자화'이며 '무설설(無設設)'인데, 그 요체가 바로 역설 혹은 착어이다. 공안이나 화두 그리고 선시를 지향하고 있는 오현의 시가 모두 이 같은 역설 혹은 착어로 되어 있는 이유가 여기에 있다.

그러나 무엇보다도 오현의 시가 우리 문학사에서 하나의 의의를 지닐 수 있다면, 그것은 시조 시형에 의한 선시의 현대적 확립이라고 말해야 한다. 원래 선시는 우리나라에서 고대의 향가 형식을 제외할 경우, 모두 한시(漢詩)의 형식으로 씌어 왔다. 조선 시대 이전에는 한글이 없었고 한글 창제 이후에 국자(國字)로 기록된 시조는 모두 유림(儒林)들의 소유였으니 어찌 보면 이는 당연한 결과였기도 하다. 그러다가 근세에 들어 만해 선사에 의해 처음 국어로 된 선시(시집《님의 침묵》소재의 시)가 쓰인 것은 불행 중 다행이라고나 할까. 그러나 아직까지 문학적 형상성이나 투철한 선리(禪理), 이 양자를 성공적으로 조화시킨 시조로서의 선시가 확실하게 자리를 잡지 못했던 것은 유감이었다. 그런데 —이전에 조종현과 같은 승려 시조 시인이 없었던 것은 아니지만, 그는 게송과 같은 선시조를 쓰지는 않았으므로— 오현의 시에 이르러 비로소 그 개화를 맞았으니 이를 어찌 무심타고 할 것인가. 중국에서도 그렇듯이 우리의 선시도 의당 우리의 전통 시형이자 운문형식인 시조로 쓰여야 할 일이다.

시인으로서 선사인 까닭에 우리는 오현에게 그러한 기대를 걸어보는 것이다.

---

* 이 논문은 오세영 저《현대시와 불교》(살림출판사, 2006)에 수록된 글이다.

설악무산의 문학세계와 그 위상

이숭원

차 례

이숭원 / 문학평론가. 1986년 《한국문학》으로 등단. 서울여대 국문과 교수 역임. 주요 저서로 《매혹의 아이콘》《탐미의 윤리》《몰입의 잔상》《시간의 속살》《김종삼의 시를 찾아서》《미당과의 만남》 등이 있음. 현대불교문학상, 유심작품상 수상. 현재 서울여대 명예교수.

1. 서정 시조의 출발

조오현 시인은 신경림 시인과의 대담에서 그가 시를 쓰게 된 동기에 대해 이야기한 바 있다. 한때 친하게 지내던 벗이 문학청년이 되었다고 찾아와 기고만장한 자세로 너스레를 떨기에 나라고 시를 못 쓰겠느냐는 생각이 들어 시를 쓰기 시작했다고 언급했다.[1) 하룻밤 내내 공을 들여 쓴 〈할미꽃〉이 신춘문예 최종심에 오른 것을 알고 다음에는 작심하고 시조 짓기에 전념했다. 당시 거의 유일한 시조 전문지였던 《시조문학》에 작품을 투고하여 시인으로 등단했다. 그는 추천작을 보내기 전 독자 투고 형식으로 《시조문학》 12호(1965.12)에 〈피안행(彼岸行)〉이라는 작품을 발표했다.

그는 이태극, 조종현, 정완영, 서정주 등 시인들에게 무작정 편지를 보내 자문을 얻었다고 했는데,[2) 이때 이태극에게 편지와 함께 작품을 보냈던 것 같다. 〈피안행〉은 습작기의 노력을 엿보게 하는 소박한 작품이다. 《시조문학》 주간 이태극은 좀 더 정제된 작품을 투고하여 추천을 받으라고 권유했을 것이다.

당시 《시조문학》은 3회 추천으로 등단을 완료하였기 때문에 그의 투고는 1966년 9월부터 1968년 4월까지 일 년 반 동안 지속되었다. 1966년 9월 《시조문학》 14호에 다음 작품이 첫 추천을 받아 실렸다.[3)

진흙덩이 뚫고 나온 난생이[4) 잎입니다

1) 신경림·조오현 《열흘간의 만남》 아름다운 인연, 2004, 262쪽.

2) 위의 책, 261쪽.

3) 조오현 시인의 작품 제목과 표기는 시집에 따라 조금씩 다르다. 앞으로 작품을 인용할 때 그의 작품을 집대성한 《적멸을 위하여-조오현문학전집》(문학사상, 2012)의 제목과 표기를 따르되 필요한 경우 약간의 수정을 가한다.

4) 《적멸을 위하여》에 '냉이'의 경상 지역 방언으로 풀이되어 있다.

갈증에 목이 말라[5] 시들어버리기 전에
목숨의 계류(溪流)를 끼고 살게 하여 주세요.

스스로 못 자라는 나약한 줄깁니다
가쁜 숨 몰아쉬면 향기로운 내음 일고
벌이 와 잉잉거려도 웃게 하여 주세요.
상념은 맴을 돌고 업은 짙어옵니다
우화(羽化)할 번데기처럼 허물 다 벗기도록
무심한 수양(垂楊) 그늘에 몸을 씻어주세요.

—〈염원〉 전문[6]

자신의 존재 위상을 진흙덩이를 간신히 뚫고 나온 연약한 냉이 잎으로 표상하여 갈증에 목이 말라 하면서도 목숨의 계류를 따라 생명을 피우며 살겠다는 염원을 표현했다. 언제 시들어버릴지 알 수 없는 상황이지만 그래도 꽃을 피워서 향기를 풍기고 벌도 찾아들기를 소망한다. 언젠가 우화할 번데기처럼 수양버드나무 그늘에 몸을 정갈히 씻고 무거운 업에서 벗어나기를 간구하고 있다. 냉이 잎의 나약한 줄기에 꽃과 향기의 이미지가 결합하면서 계류의 수양 그늘에서 생명의 승화를 이루는 시상의 구조가 완결되었다. 첫 발표작으로 흠잡을 데 없는 구성을 보였다. 이 작품에 대해 월하 이태극은 다음과 같은 추천사를 썼다.

---

5) 《시조문학》에는 '말라'로, 《적멸을 위하여》에는 방언 '몰아'로 표기되었는데 첫 발표지의 어휘를 살려 '말라'로 적는다.

6) 발표 당시의 제목은 〈몸을 씻어 주세요〉인데 첫 시조집 《심우도》(1979)에 수록하면서 〈염원〉으로 개제되었다.

모든 예술이 진실한 인생 생활의 구현이듯이 시 또한 생활의 상징이어야만 한다. 이제 오현 님의 작품을 보라! 그 순결과 성실과 사상과의 혼연일체가 되어 심령의 표백으로 글자에 옮겨졌다. 난생이는 자기요 시조일 것이다. 목숨의 계류가에서, 고생 속에서도 웃으며 깨끗이 살게 해 달라는 간곡한 염원이다. (1966.8.2. 감나무골에서 월하 씀)[7]

두 번째 추천은 1967년 10월에 이루어졌다. 추천작은 다음과 같다.

가난은 피가 붉어 진진래[8] 로 물이 들고
북두성 앉은 자리 밤이 좋던 능선이여
눈물의 흰 옷자락을 씻어 바랜 임진강.

불여귀 설움 속에 두 가슴은 지쳤어도
그을음 거미줄 속 소망만 한 달이 뜨네
밟고 선 그림자 따라 다시 보는 예 강산.

—〈전야월(戰夜月)〉 전문

'전야월(戰夜月)'이란 전쟁 중의 달밤이란 뜻이니 전쟁 난민의 심정에서 삶의 아픔을 노래한 것이다. 가난으로 점철된 세월은 핏빛 진달래로 표현되고, 임진강은 사별을 상징하는 흰 옷자락을 씻어낸 정한의 강으로 제시된다. 한 번 간 사람은 다시 오지 않지만 그래도 남은 사람들의 소망을 상징하듯 훤한 달이 뜨고 달빛 사이로 예전 그대로의 강

---

7) 《시조문학》 14, 1966.9, 73쪽.
8) '진달래'의 방언.

산의 모습이 떠오른다. 시대의 아픔을 노래하면서도 미래의 희망을 잃지 않는 서정이 앞의 시 〈염원〉과 유사하다. "밟고 선 그림자 따라 다시 보는 예 강산"이라는 구절에서 《시조문학》 주간 이태극 시조의 영향이 감지된다.

세 번째 추천은 1968년 4월에 이루어졌고 이것으로 추천이 완료되었다. 추천작은 다음 두 편이다.

밤마다 비가 오는 윤사월도 지쳤는데
깨물면 피가 나는 손마디에 쑥물[9] 이 들던
울 엄마 무덤가에는 진달래만 타는가.

저 산천 멍들도록 꽃은 피고 꽃이 져도
삼삼히 떠오르는 가슴속 상처처럼
성황당 고개 너머엔 울어 예는 뻐꾸기.

—〈봄〉 전문

촛불 켠 꿈은 흘러 연꽃으로 물들어도
마지막 목욕하고 앉지 못할 연대(蓮臺)여
설움의 소리를 듣고 차마 못 갈 보살—

손에 쥔 백팔염주 헤아릴수록 무거움은
흩어진 상념들을 알알이 꿰음일레
달 뜨는 뜨락에 서서 지켜보는 이 정토(淨土)!

—〈관음기(觀音記)〉 전문

---

9) 《전집》에는 '물쑥'이라 되어 있는데 《시조문학》 원본의 '쑥물'이 맞는 표기라고 보고 '쑥물'로 적는다.

〈봄〉은 어머니에 대한 그리움을 중심으로 회한의 정서를 표현한 작품이다. 앞에서 본 두 편의 추천작에는 아픔과 슬픔 속에서도 희망의 지평이 제시되었는데 〈봄〉에는 비애의 정서가 농후하다. 윤사월 밤은 계속 비가 와서 지치고 손마디는 깨물면 피가 나고 어머니 묻힌 무덤에는 진달래만 붉을 뿐이다. 산천이 멍들도록 꽃이 피고 지지만, 가슴 속 상처는 지워지지 않고 뻐꾸기 울음처럼 되살아난다고 했다.

이에 비해 〈관음기〉에는 앞의 추천작 〈염원〉처럼 소망의 자세가 표현되었다. 그리고 처음으로 불교적 상상력이 눈에 띈다. 여기에는 관세음보살의 대승적 자비행이 윤곽을 드러낸다. 관세음보살은 모든 중생을 제도할 때까지 자신의 성불을 미룬 대승불교의 상징이다. 진흙 속에 연꽃을 피워 연대에 앉을 꿈은 갖고 있으나 중생들의 고통의 소리를 듣기 위해 연대에 오르는 것을 미룬 보살이다. 지금 관세음보살 앞에서 기도하는 화자가 염불을 계속해도 마음이 무거운 것은 흩어진 상념들이 사라지지 않기 때문이다. 기도하는 화자는 떠오르는 상념을 염주 알마다 헤아리며 달이 환하게 뜨는 뜨락에서 번뇌와 상념이 사라진 정토를 지향한다고 했다. 대승적 자비의 마음으로 관세음보살의 길을 따르겠다는 자세다. 그런 의미에서 이 작품은 앞의 세 작품과 달리 세속적 비애의 감정을 불교적 구도의 자세로 승화하고 있는 특징을 보여준다. 승려 시인의 불교적 상상력이 육화된 작품이라 할 수 있다.

드디어 세 차례의 추천을 완료한 조오현은 다음과 같은 천료 소감을 썼다.

> 철없는 투정을 그저 귀엽게만 여기시고 착한 중에 더욱 착한 사람이 되게끔 애써 추천까지 하여 주신 조종현, 이태극 두 분 어른님 존하에 먼저 큰절을 드리오며, 얼마간 지도와 격려를 아끼지 않으시고도 단 한 번 졸작에 대해 칭찬이라곤 해 주신 사실이 전연 없는 사교

입선의 시인 정완영, 그리고 김어수, 김교한 선생님에게는 물론, 전국의 시조시인 선후배 여러 대궐에도 정중한 절을 올리고자 하오니 주저치 마시옵고 바로 앉으세요. (경남 밀양군 삼랑진읍 안촌동 약수암)[10)]

자신을 지도해 준 정완영 시인이 자신의 작품에 대해 칭찬이라고는 전혀 한 일이 없다고 하거나, 정중한 절을 올릴 터이니 독자들에게 바로 앉으라고 하는 것 등 조오현의 기지와 특성이 잘 드러나는 개성 있는 글이다. 사교입선(捨敎入禪)이란 불교 용어로 이론적 연구를 마치고 선 수행에 들어간 상태를 말하는 것이니 정완영이 시의 본령에 오른 시인임을 밝힌 것이다.

그의 등단작에 나타난 특징을 한 마디로 줄여 말하면 자아에 대한 성찰이다. 연약한 생명을 지닌 고난의 자아가 허물을 벗고 웃을 수 있기를 염원하는 마음을 나타내거나 전쟁이 휩쓸고 간 궁벽한 처지에도 소망의 달이 뜨기를 기다리는 마음, 관세음보살의 대승적 자비를 이어받아 상념의 세계를 넘어서서 정토에 이르기를 바라는 마음을 표현했다. 이 셋을 포괄하면 자아에 대한 성찰, 자아 탐구의 경향이라고 요약할 수 있다.

2. 서정 시조의 높은 경지

1979년 1월 첫 시조집 《심우도(尋牛圖)》(한국문학사)가 간행되었다. 그 서문에서 시인은 시집 1부의 시편은 1960년대 말 백수(白水) 정완영

---

10) 《시조문학》 19, 1968.8, 69쪽.

의 영향을 받고 심경에 일어나는 희비의 감정을 그려본 것이고 2부는 1970년대 초 경허(鏡虛)와의 만남에서 얻어진 것들이라고 했다. 그러면서 "동대문시장 그 주변 구로동 공단 또는 막노동판 아니면 생선 비린내가 물씬 번지는 어촌주막 그런 곳에 가 있을 때만이 경허를 만날 수 있었다"고 말했다. 그러나 이러한 서민적 지향은 시집 2부의 시편에는 아주 미미하게 드러난다. 그의 의식에 잠재된 경허적 지향성은 나중에 〈절간 이야기〉 연작을 통해 실현된다. 이 부분에 대해서는 뒤에서 다시 논의할 것이다.

서문에서 시집 1부와 2부의 성격을 구분하려 한 의도는 충분히 이해할 수 있다. 1부는 그의 등단작과 유사한 서정 시조의 묶음이고, 2부는 불교적 사유와 상상력이 작용한 다음 단계의 작품들이다. 이 구분은 그의 작품세계 전반에 유용하게 적용된다. 그의 서정 시조는 불가에서 체득한 시인 특유의 어법과 결합하여 조오현만의 서정적 윤기를 농밀하게 드러낸다. 한편으로 그의 사상 시조는 불교적 구도의 정신과 수행자의 염원과 의지를 다양한 양상으로 표현한다. 이 두 경향은 그의 평생의 시조 창작의 궤적을 관통하고 있다.

1부에 실린 서정 시조 몇 편은 등단작의 수준을 넘어서서 서정 시조 미학의 완성 형태를 보여주었다. 그 대표적인 작품은 《심우도》 첫머리에 실린 〈할미꽃〉과 〈비슬산 가는 길〉이다. 이 작품은 이미 조오현 시조 미학의 극치의 상태를 보여주고 있다. 〈할미꽃〉은 1972년 1월 《시문학》에 발표되었는데, 이 작품이 그 전에 신춘문예에 응모한 작품 그대로인지는 알 수 없다.

이른 봄 양지 밭에 나물 캐던 울 어머니
곱다시 다듬어도 검은 머리 희시더니
이제는 한 줌의 귀토(歸土) 서러움도 잠드시고.

이 봄 다 가도록 기다림에 지친 삶을
삼삼이 눈 감으면 떠오르는 임의 양자(樣子)
그 모정 잊었던 날의 아, 허리 굽은 꽃이여.

하늘 아래 손을 모아 씨앗처럼 받은 가난
긴 긴 날 배고픈들 그게 무슨 죄입니까
적막산 돌아온 봄을 고개 숙는 할미꽃.

—〈할미꽃〉 전문

이 시조에서 '할미꽃'은 허리 굽혀 나물 캐던 어머니의 모습과 가난 때문에 어머니와 헤어져야 했던 아들의 고개 숙인 모습을 함께 나타낸다. 그것은 둘째 수 종장 "그 모정 잊었던 날의/ 아, 허리 굽은 꽃이여"에서 확인된다. 무덤가에 핀 할미꽃은 세월의 흐름을 따라 희어진 어머니의 머릿결과 이른 봄부터 밭일에 매달리시던 굽은 등과 서러운 생을 한 줌 흙으로 마친 어머니의 회한을 암시한다. "허리 굽은 꽃" 모양을 통해 그러한 어머니의 모습을 나타낸 것인데, 동시에 그것은 모정을 잊고 지낸 화자 자신의 굴곡진 세월과 무정한 마음을 환기한다. "그 모정 잊었던 날의/ 아, 허리 굽은 꽃이여"는 객체인 어머니의 모습과 주체인 화자의 심정을 동시에 나타내는 절묘한 표현이다.

이러한 표현상의 특색은 "하늘 아래 손을 모아 씨앗처럼 받은 가난"에서 다시 발견할 수 있다. 시골에서 갖가지 노동을 하며 줄기찬 노력을 하는 것은 가난에서 벗어나기 위해 하늘 아래 손을 모아 기도를 하는 것처럼 간절한 행동이다. 그러나 그러한 간절한 노력에도 불구하고 자신이 받은 것은 '가난'이라는 씨앗이다. 가난의 숙명적 굴레를 표현하는 데 '씨앗'처럼 적절한 말은 없다. 가난의 씨앗에서 피어난 배고픔이라는 열매는 당연한 것이지 죄스러운 결과는 아니다. 어머니와의 이별도 가난과 배고픔 때문이었을 텐데, 그러한 애달픈 사연을 다 포괄하는 것이 바로 할미꽃의 이미지다. 할미꽃은 그 많은 사연을 다 이해한다는 듯 고개를 숙이고 피어 있다. 어머니는 귀토에 잠들어 있지만 해마다 봄은 오고, 텅 빈 적막의 공간에 고개 숙인 할미꽃이 피는 것이다. 그 할미꽃은 어머니의 아픈 마음이자 아들의 애절한 심정이기도 하다.

이 시조는 할미꽃이라는 대중적인 소재를 택했음에도, 색다른 어법을 구사함으로써 진부함을 떨쳐버리고 서정적 윤기를 얻는 데 성공했다. 이러한 시어 선택과 리듬 구사의 묘미는 천부적인 감수성과 집중적인 수련에서 온 것이다. 그의 시적 감성은 전통적인 시조 형식과 우아한 조화를 이룬다. 시조의 전통적 형식미를 그대로 지키는데도 조금도 진부하다는 생각이 들지 않는다. 서정과 형식의 우아한 조화는 다음 시에서 더욱 격조 높은 상태로 완성된다.

비슬산 굽잇길을 누가[11] 돌아가는 걸까
나무들 세월 벗고 구름 비껴 섰는 골을
푸드득 하늘 가르며 까투리가 나는 걸까.

거문고 줄 아니어도 밟고 가면 운(韻) 들릴까
끊일 듯 이어진 길 이어질 듯 끊인 연(緣)을
싸락눈 매운 향기가 옷자락에 지는 걸까.

절은 또 먹물 입고 눈을 감고 앉았을까
만첩첩(萬疊疊) 두루 적막 비워 둬도 좋을 것을

11) 《적멸을 위하여》에는 "스님 돌아가는 걸까"로 되어 있지만 다른 선집에 "누가 돌아가는 걸까"로 되어 있고 비슬산 시비에도 이렇게 새겨 있어 "누가"로 적는다.

지금쯤 멧새 한 마리 깃 떨구고 가는 걸까.

―〈비슬산 가는 길〉 전문

이 시에 반복되는 어미 '~ㄹ까'는 지금 언급되는 내용이 사실일 수도 있고 아닐 수도 있다는 미정의 모호성을 음악적으로 환기한다. "비슬산 굽잇길을 누가 돌아가는 걸까"라는 시행은 누가 돌아가도 좋고 그러지 않아도 좋다는 마음의 여유를 나타낸다. 이것은 모든 것을 독자의 상상에 맡기겠다는 방임의 표현이기도 하다. 나무들은 세월의 자취를 다 벗어버리고 하늘의 구름도 저 멀리 비켜 서 있는 그런 탈속의 산길을 누군가가 돌아가고 있는 것이다.

그 적적한 탈속의 길을 걸으면 그 길이 거문고 줄로 만든 길이 아니라 하더라도 거문고 줄 퉁기는 소리가 들릴 것 같다. 그 소리는 우리가 모르는 인연의 미묘한 실에 연결되어 있을 것이다. 끊일 듯 이어지고 이어질 듯 끊어진 인생의 길을 걷고 있지만, 그 인연의 실이 어떻게 연결되어 있는지 우리는 알 수 없다. 그저 만나고 헤어지는 삶의 운행이 인연에 의해 이루어진다고 믿을 뿐이다. 그러한 인연의 길목에 "싸락눈 매운 향기가 옷자락에 지는" 상황을 연상했다. 왜 싸락눈이 매운 향기를 지녔다는 것일까? 싸락눈의 향기가 맵다기보다는 우리가 지나온 인생의 사연이 그만큼 맵다는 뜻이리라. 삶의 굽잇길이 맵다는 뜻이다. 그렇게 알싸한 삶의 향을 맡으며 우리는 미지의 길을 걷고 있다.

이러한 삶의 곡절에 아랑곳하지 않고 절은 아무 일도 없다는 듯 태연히 버티고 있다. "절은 또 먹물 입고 눈을 감고 앉았을까"라는 구절은 절의 모습만이 아니라 절에서 수도하는 승려를 함께 나타낸 것이다. 절도 고요하고 절집에 사는 사람들도 아무 미동이 없다. 첩첩 산중에 움직임이 없으니 나는 것은 까투리요 들리는 것은 멧새의 날갯소리

뿐, 깊은 산중에 적막만이 가득하다. 이렇게 소리 없고 움직임 없는 깊은 산의 모습은 속세의 집착에서 벗어난 진여(眞如)의 세계를 보여주는 듯하다. 그런 점에서 이 시는 산중의 적막한 정취를 드러내면서 또 한편으로는 불가에서 추구하는 청정한 마음의 경지를 나타낸 것이라고 해석할 수 있다.

연시조를 통해 감정의 곡절을 표현한 조오현은 단시조를 통해 서정의 정점을 표현하는 시도를 벌였다. 불교의 선적 직관을 토양으로 삼아 단시조의 압축성을 추구하는 독자적인 경지를 개척한 것이다. 여기에는 시인의 탁월한 압축적 언어 구사력이 큰 힘을 발휘했다. 〈절간 이야기 18〉을 보면 소동파의 유명한 글귀 "계성변시광장설 산색개비청정신(溪聲便是廣長舌 山色豈非淸淨身)"을 번역한 구절이 나온다. 그는 이 구절을 "산색은 그대로가 법신/ 물소리는 그대로가 설법"이라고 축약해 번역했다. 이 구절에 대한 많은 번역을 보았지만 이렇게 짧고도 딱 들어맞는 번역은 여기서 처음 대했다. 원문의 시냇물과 산빛은 순서를 바꾸어야 논리에 들어맞는다. 부처가 먼저 나오고 설법이 나중에 나와야 사리에 맞는다. 무산(霧山) 스님의 단출한 번역이 요체를 얻은 것이다. 이러한 압축적 언어 기법을 동원하여 단시조의 미학적 완결성을 추구하였다.

하늘은 저만큼 높고
바다는 이만큼 깊고

하루해 잠기는 수평
꽃구름이 물드는데

닫힐 듯 열리는 천문(天門)

아, 동녘 달이 또 돋는다.

—〈일월〉 전문

이 시조에 낯선 말이라고는 '천문' 하나밖에 없다. 단순하고 쉬운 우리말을 구사하여 하늘과 바다의 무량한 공간성과 노을이 물드는 수평선의 아름답고도 아쉬운 경관을 표현하고, 다시 하늘 문이 열려 달이 돋아 오르는 정취를 표현했다. 그뿐 아니라 하나가 가면 다시 하나가 오는 자연의 섭리도 깨닫게 했다. 이 시는 우주 공간의 무량무변함에 대한 심오한 성찰로 우리를 이끌어간다. 단순한 시어, 간결한 형식으로 서정적 아름다움이 결합된 심오한 인식을 전달한다는 것은 결코 쉬운 일이 아니다. 이것은 단형 시조 미학의 탁월한 성취로 평가된다.

이와 함께 그의 시가 지니고 있는 중생 지향적 태도를 주목할 필요가 있다. 이것은 그의 산문시 연작 〈절간 이야기〉와 연결되는 사항이다.

동해안 대포
한 늙은 어부는

바다에 가면 바다
절에 가면 절이 되고

그 삶이 어디로 가나
파도라 해요

—〈무설설(無說說) 2〉 전문

그날 저녁은 유별나게 물이 붉다붉다 싶더니만
밀물 때나 썰물 때나 파도 위에 떠 살던

그 늙은 어부가 그만 다음날은 보이지 않데.

—〈인천만 낙조〉 전문

이 두 편의 시조에는 평범한 어부의 모습이 나타난다. 동해안 대포항의 어부나 인천만의 어부나 살아가는 방식은 비슷했을 것이다. 밀물 때나 썰물 때 바다 위에서 파도와 겨루며 어부의 일을 했을 것이고 절에 오면 마음을 바쳐 불공을 올리고 합장했을 것이다. "바다에 가면 바다/ 절에 가면 절이 되고"만큼 어부의 삶을 간략하면서도 함축적으로 표현한 구절을 우리 시에서 달리 찾을 수 없다. 여기서도 조오현이 독창적으로 이룩한 단시조 압축미의 탁월한 성과를 발견할 수 있다. 또 "그 삶이 어디로 가나/ 파도라 해요"만큼 우리네 삶의 실상을 짧으면서도 정확하게 표현한 구절도 다른 곳에서 찾기 어렵다.

파도 위에 살던 그 늙은 어부가 다음 날은 보이지 않게 되었다. 이것이 어부에게만 일어나는 일이겠는가? 이것 또한 우리네 삶의 실상 그대로다. 사회생활을 하는 이 시대 대다수의 사람들이 회사에 가면 회사가 되고 집에 오면 집이 되고 어디에 가건 그 삶이 파도이며, 밀물 같고 썰물 같은 삶의 파도 위에 떠 있다가 어느 날 간다는 말도 못 남기고 사라지게 된다. 이 두 편의 시는 어부의 생활을 다룬 것이 아니라 우리 일반인들의 삶의 실상을 간략하게 요약 표현한 것이다. 그의 단형 서정 시조는 평범한 시어를 통해 삶의 진리를 압축적으로 형상화하는 시의 정점에 도달했다.

3. 구도자의 고뇌와 선시조의 창조

시인이 경허(鏡虛)와의 만남에서 얻어진 것들이라고 했던 《심우도》

2부의 시조는 어떠한 특징을 보이는가? 이 시편들은 불교적 구도의 정신과 수행자의 염원을 다양한 양상으로 표현하였는데 구도의 어려움을 표현하는 초기의 작품에는 여전히 백수 정완영 조의 영탄과 비애, 구도자의 자의식이 나타나 있다.

뒤섞인 잡동사니 허접한 맥망(麥芒) 속에
밀뜨린 미혹을 찧는 일상의 디딜방아
삶이란 까불어내도 나가지 않는 지푸라기를.

한 생각 만석(萬石)들이를 다 거둬 몽글어도
쭉정이, 밀 쭉정이 벗기잖는 목숨의 겨.
몇 생을 거듭 대껴야 꺼끄럽지 않으료.

—〈진이(塵異)〉 전문

구도의 수행 과정에서 세속적 번뇌가 떨쳐지지 않음을 괴롭게 토로한 작품이다. 번민이 어지럽게 뒤섞인 내면의 강박 속에서도 구도의 자세를 열심히 가다듬어 보려 하지만 먼지 같고 지푸라기 같은 번뇌가 사라지지 않음을 탄식의 어조로 표현했다. 사람 목숨을 타고난 데서 오는 천형의 괴로움에 시달리며 극기의 길이 순탄하지 않으므로, 몇 생을 거듭해야 이 업고에서 벗어날 수 있을지 모르겠다고 괴로워한다. 고통과 비탄의 가락은 전통 시조의 율조를 이어받고 있다. 다음 시조는 세속의 고통을 더욱 두드러지게 표출한다.

차라리 원수였다면 맞서라도 봤을 것을
항복할 상대도 없는 나만의 용서이기에
마침내 싸워 이길 곳은 아수라의 이 광장.

얼마나 못났으면 비수를 또 잡으랴
사람이란 목숨 하나에 이토록 한스러운가
기가 찬 생사 앞에서 면벽하고 앉는다.

—〈해제초 2〉 2, 3수

수도의 과정은 자신과의 싸움이다. 세상은 어지럽고 온갖 갈등이 난무하지만, 구도의 길에 선 승려는 그것에 일일지 간섭할 수 없다. 항복받을 상대도 없고 용서할 대상도 없는 자신과의 싸움을 계속할 뿐이다. 아수라 세상에 맞서 진애와 싸우면서 마음의 번뇌를 털어가는 과정이 수도의 길이다. 생사윤회와 세상사의 업고에서 벗어나기 위해서는 면벽 정좌하여 자기를 돌아보는 길밖에 없다. 비수를 내걸고 목숨을 위협하면 일반인들은 위축되기 마련인데, 정작 백척간두에서 진일보해야 한다면 자신의 목에 비수를 들이대고 생사에 맞서는 극기의 자세를 보여야 한다. 세속의 괴로움 대신에 단호한 의지를 드러낸 점이 앞의 시조와 구분되는 발상이다. 이러한 단계에서 한 단계 발전했을 때 시인만의 진경이 새로운 언어로 표현되기 시작한다.

이날 내 몸에 미친 하늘 뇌신이 와서
세상을 다 때려 부수고 서천 번개로 가자 한다
번개 그 불빛만 봐도 나는 잘 갑시는데.

이 모진 죽살이의 질긴 피죽 벗겨보면
한 치 흙도 파지 않고 인도에도 묻은 지뢰
한 자국 높디딘 생각은 저 가교를 밟고 갔네.

슬픔은 날이 날마다 낙엽처럼 쌓이는데

끝까지 달아봐도 끝내 모를 자유의 근량(斤量)

먼 훗날 홀로 남아서 오늘을 점두할 바위도 없다.

—〈내 몸에 뇌신(雷神)이 와서〉 전문

여기 나온 뇌신은 불교 용어다. 그러나 그 말이 불교 용어임을 몰라도 이 시를 이해하는 데 지장이 없다. 오히려 불교 용어임을 모른 채 하늘에서 우레를 내리치는 신이라고 생각하는 것이 시를 이해하는 데 도움이 된다. 미친 하늘의 뇌신이 번개를 내리치고 세상을 때려 부술 때 고통의 세상을 피해 어디론가 도피하려는 생각을 하게 될 것이다. 세상에는 마치 지뢰가 묻힌 것처럼 고통이 여기저기 잠재해 있다. 슬픔은 낙엽이 떨어지듯 우리 앞길을 가로막는다. 번뇌와 고통에서 벗어나 자유의 해탈을 얻을 길은 요원하다. 오늘 탈속의 염원에 매달리는 고통스러운 구도의 과정을 나중에 증언해 줄 사람도 없을 것이다. 그러한 막막한 상황에서도 현실의 업고에서 벗어나기 위해 참구하고 정진하는 구도자의 모습이 매우 개성적인 언어로 표현되었다. 이 단계에 와서 조오현의 시조는 백수나 월하의 영향에서 완전히 벗어나 그만의 독창적인 화법을 자유자재로 구사하게 된 것이다.

시집 《심우도》의 발문을 쓴 이근배는 조오현의 시조가 "하나의 경이"라고 하면서 그의 시법이 적어도 신시 70년사에는 들어 있지 않고 고려 선승들의 게송을 터득한 것이기에, "영혼의 세척에 더 많은 시간을 몰입하는 생활을 하고 있음을" 제대로 파악해야 그의 시적 위상을 올바로 알 수 있다고 했다. 조오현의 시가 선시의 전통을 계승하며 현대의 생활에서 새로운 선시를 창조하고 있음을 최초로 분명히 갈파한 것이다. 그의 시가 "손끝만으로는 각자(刻字)되지 않는 확호한 전신연소(全身燃燒)를" 해내고 있다고 감동적으로 설파했다. 여기서 더 나아가 설악무산 입적 후 오늘의 이 추모 행사를 예상하듯이 "조오현의 천재가 더욱 빛나서 그가 죽은 후에 이 나라 시사에 영롱한 사리가 무수히 살아남기를 축복한다."[12] 라고 끝맺었다.

이근배가 한국 시사 70년에 없는 하나의 경이로 내세운 것은 〈달마십면목〉 〈심우도〉 등의 작품이다. 그중 〈심우도 1〉과 〈심우도 10〉을 살펴 조오현 선시조의 개성적 특징을 드러내 보겠다.

누가 내 이마에 좌우 무인(拇印)을 찍어놓고
누가 나로 하여금 수배하게 하였는가
천만금 현상으로도 찾지 못할 내 행방을.

천 개 눈으로도 볼 수 없는 화살이다.
팔이 무릎까지 닿아도 잡지 못할 화살이다.
도살장 쇠도끼 먹고 그 화살로 간 도둑이여.

— 〈무산심우도 1 – 심우(尋牛)〉 전문

생선 비린내가 좋아 견대(肩帶) 차고 나온 저자
장가들어 본처는 버리고 소실을 얻어 살아볼까
나막신 그 나막신 하나 남 주고도 부자라네.

일금 삼백 원에 마누라를 팔아먹고
일금 삼백 원에 두 눈까지 빼 팔고
해 돋는 보리밭머리 밥 얻으러 가는 문둥이여, 진문둥이여.

— 〈무산심우도 10 – 입전수수(入廛垂手)〉 전문

---

12) 이근배 〈개안의 시, 회복의 시 – 조오현의 섬광〉 《심우도》 한국문학사, 1979, 발문.

〈심우도〉의 시작과 끝 장면만 보아도 기존의 심우도와 내용이 판이함을 알 수 있다. 그만큼 독창적이다. '심우도' 1장인 '심우(尋牛)'는 흔히 자신의 본체인 소를 찾는 출발의 내용으로 되어 있다. 그런데 무산의 심우도 1장은 자신에게 죄수의 손도장을 찍어놓고 그 행방을 찾는 추적의 형식으로 설정되어 있다. 이러한 심우도는 조오현만의 것이기에 제목을 〈무산심우도〉라고 명명할 만하다.

죄수를 찾기 위해 천만금 현상금을 걸었는데도 찾을 가능성은 희박하다. 찾아야 한다는 절박함은 강렬한데 아무리 현상금을 많이 걸어도 찾기 어렵다는 고난의 행로가 예고된다. 죄인이 화살처럼 빠르게 도망갔기 때문에 천 개의 눈을 떠도 볼 수 없고, 부처님의 32상에 해당하는 무릎까지 닿는 팔로도 제압하지 못할 정도다. 부처님의 신통력으로도 찾기 어려움을 나타낸 것이다.[13] 빠른 화살을 타고 도망간 죄수는 도살장에서 쓰는 잔인한 쇠도끼를 먹고 갔기 때문에 붙잡기가 극히 어렵다는 점을 극대화하여 강조했다. 〈무산심우도〉 1장의 화법은 매우 강렬하다. 조오현은 자기의 본 모습을 찾는 것이 지극히 어려운 일임을 강조했다. 구도의 지난한 역정이 극한적으로 표현되었다.

심우도의 마지막 장인 '입전수수(入廛垂手)'는 자신을 완전히 찾은 사람, 다시 말해 깨달은 사람이 중생제도를 위해 손을 아래로 하고 저잣거리로 들어가는 내용이다. 그런데 조오현은 이것도 내용을 완전히 달리하여 일반적인 상식의 틀을 깨는 방식으로 표현했다. 여기에는 시집 서문에서 애기했던 경허(鏡虛) 선사와의 만남에서 얻어진 중생적 삶에 대한 이해가 반영되어 있다. "동대문시장 그 주변 구로동 공단 또는 막노동판 아니면 생선 비린내가 물씬 번지는 어촌주막"으로 표명된 서민들의 땀 냄새 나는 거리에서 진정한 삶을 만날 수 있다는 뜻이 투영되

13) 석성환 〈무산 조오현 시조 연구〉《사림어문연구》 17, 2007.2, 56쪽.

어 있는 것이다. 그것이 “생선 비린내가 좋아 견대 차고 나온 저자”로 설정되어 있다. 요컨대 자기 자신을 찾아 중생을 제도하기 위해서는 비린내 나는 서민의 삶으로 들어가야 한다는 뜻이다. 어김없이 중생의 일원이 되어 장가도 들고 소실도 얻고 돈을 벌며 살다가 나중에는 나 막신 하나까지 남에게 주고서도 오히려 부자처럼 마음이 넉넉한 상태를 가져야 함을 암시했다. 나중에는 마누라도 팔고 두 눈까지 팔아 모두 남에게 주고 온몸이 짓물러진 상태로 보리밭 머리로 가는 문둥이의 모습으로 자신을 나타냈다.

이 마지막 장면에 대해 “격외적이고 파격적이며 일초직입의 돈오적 게송”[14] 이라는 평이 있는 것처럼 여러 가지 해석이 가능하고 실제로 다양한 해석이 도출되었다. 보살이 중생을 제도하기 위해 속세로 내려와 “분별하고 차별하는 마음의 눈까지 떨치고” “생멸(生滅)불이(不二)의 이타행”[15] 을 행한다는 해석이 있는가 하면 “처절한 실존적 초극의 과정을 거쳐 깨달음에 이르러서는 이에 머물지 않고 이타행에 몸을 내던지는 강렬한 구도자의 이미지를 그려내고 있다”[16] 는 존재론적 해석도 있다.

어느 해석이든 처절한 구도의 과정과 이타적 보살행을 나타낸다는 점은 일치한다. 처절한 구도의 과정과 수행자의 진통을 나타내되 결국에는 대승적 보살정신으로 귀결된다는 점에서 그의 등단작 〈관음행〉의 주제와 상통하며 초기 구도시의 주제와도 연결된다.

---

14) 전보삼 〈만해와 무산의 ‘심우도’ 비교 연구〉 《시와세계》 2015.9, 82쪽.

15) 석성환, 앞의 책, 57쪽.

16) 방민호 〈마음의 거처, 조오현론〉 《빈 거울을 절간과 세간 사이에 놓기》 시와세계, 2013, 226쪽.

4. 형식의 실험과 개성적 미학의 창조

그의 구도시가 격외적이고 파격적이라고 한 것처럼 시조의 형식에서도 그는 몇 가지 실험적 파격성을 보였다. 평범한 평서문 서술체를 시조에 도입하기도 하고 유사한 말을 반복하여 구성하기도 하고 웃음소리의 의성어만으로 한 수의 시조를 구성하는 방법을 취하기도 했다. 《심우도》의 작품 중 그러한 예를 찾아보면 다음과 같다.

> 파아란 빛깔이다. 노오란 빛깔이다.
> 빠알간 빛깔이다. 시커먼 빛깔이다.
> 보석도 천 개의 보석도 놓지 못할 빛깔이다.
>
> —〈빛의 파문〉[17] 둘째 수

> 진작 다친 몸이라면 붕대라도 감았을걸
> 눈을 부릅떠도 보이지 않는 저 환부를
> 오늘도 도려내지 못하고 쿨룩쿨룩 쿨룩쿨룩.
>
> —〈천만(喘滿) – 일색과후(一色過後) 5〉[18] 셋째 수

> 히히히 호호호호 으히히히 으허허허
> 하하하 으하하하 으이으이 이흐흐흐
> 껄껄껄 으아으아이 우후후후 후이이
>
> —〈무산심우도 8 – 인우구망(人牛俱忘)〉 첫째 수

---

17) 《심우도》에는 제목이 〈죽은 남자〉인데 후에 시집에 따라 〈몰상량(沒商量)의 서설〉〈화두〉〈빛의 파문〉으로 제목이 바뀌어 수록되었다.

18) 《심우도》에는 제목이 〈일색과후 5 – 천만〉으로 되어 있다. '천만(喘滿)'은 숨이 차고 기침이 난다는 뜻이다.

이 세 편은 모두 《심우도》에 실린 작품이다. 〈빛의 파문〉의 인용 부분은 세속의 화려함을 표현한 부분이다. 여섯 가지 감각기관으로 수용되는 세속의 화려함에 집착하여 생사를 반복하고 있는 중생들의 허망함을 표현하기 위해 감각적 대상으로서의 다양한 빛깔을 열거했다. 〈천만〉은 약을 쓰고 고치려 해도 낫지 않는 자신의 집착 병을 '천만'으로 상징화하여, 번뇌와 죄업에서 벗어나고자 하나 환부도 찾지 못해 괴로워하는 구도적 번민을 기침 소리의 의성어로 나타냈다. 〈무산심우도 8〉은 '심우도' 8장 '인우구망(人牛俱忘)'의 내용으로 소를 찾아 비로소 소도 잊고 자기 자신도 잊는 깨달음의 경지를 나타낸 것이다. 조오현은 그 경지를 여러 가지 호탕한 웃음의 양상으로 표현했다. 말로 표현하기 어려운 언어도단의 경지를 웃음소리의 의성어로 나타낸 것이다.

이러한 형식의 변이는 불교적 깨달음의 내용을 일상의 언어가 아닌 다른 방식으로 드러내려는 형식적 모색의 결과이며, 한편으로는 기존 시조의 틀에서 벗어나 보려는 실험 정신의 소산이기도 하다. 이러한 실험 정신은 다음과 같은 난해한 작품을 낳기도 했다.

> 어그러뜨리다 어그러뜨리다 어그러뜨리다
> 어스름 달밤 조개류 젓갈류 어스름 달밤 조개류 젓갈류
> 그렇다 찐 음식이다 오늘 저녁 고두밥이다
>
> —〈쇠뿔에 걸린 어스름 달빛〉 전문

쇠뿔에 걸린 어스름 달빛과 이 작품의 언술이 어떻게 부합하는지를 알려면 한참 머리를 굴려야 한다. 그만큼 이 시조는 시적 대상과 비유적 형상이 지극히 자의적인 상태로 벌어져 있다. 초장의 "어그러뜨리다"란 말의 반복에 그러한 말소리와 뜻의 어긋남을 강조하려는 의도가

담긴 듯하다. 이 시조의 초장과 중장은 시조의 정형성도 벗어나 있다. 제목의 뜻으로 볼 때 쇠뿔 너머로 보이는 어스름한 달빛에서 연상되는 여러 가지 음식의 형상을 나열한 것으로 짐작된다. "조개류"와 "젓갈류", "찐 음식"과 "고두밥"은 의미가 연결되지만, "조개류"와 "고두밥"은 거리가 멀다. 더군다나 그 음식이 "어스름 달밤"과 이어지기는 더욱 어렵다. 쇠뿔에 걸린 어스름 달빛이 조개류 젓갈류 같은 것으로 보이다가 찐 음식이나 고두밥으로 보이는 변화를 나타낸 것으로 짐작된다.

다음은 시조의 전통적 율격 내에서 시조의 압축미를 집약적으로 표현하면서도 형식의 실험을 다양하게 시도한 작품들이다.

죽음이 바스락바스락 밟히는 늦가을 오후
개울물 반석에 앉아 이마를 짚어본다
어머니 가신 후로는 듣지 못한 다듬이소리

—〈춤 그리고 법뢰(法雷)〉 전문

잉어도 피라미도 다 살았던 봇도랑
맑은 물 흘러들지 않고 더러운 물만 흘러들어
기세를 잡은 미꾸라지놈들
용트림할 만한 오늘

—〈오늘〉 전문

울지 못하는 나무 울지 못하는 새
앉아 있는 그림 한 장

아니면
얼어붙던 밤섬

그것도 아니라 하면 울음큰새 그 재채기

—〈2007 서울의 밤〉 전문

첫 번째 시조는 전통적 율격을 비교적 충실히 지킨 작품이다. 그런데 제목과 내용이 어긋나 있어 기존의 시조와 다르다. '법뢰'란 우레가 치듯 정신을 번쩍 깨어나게 하는 선사의 깨우침을 말한다. 법뢰와는 거리가 있는 '춤'을 제목에 내세운 것도 의외이다. 내용은 정밀하고 침중해서 우레나 춤과 더욱 연결되지 않는다. 잘 마른 낙엽이 발에 밟히듯 죽음이 바스락바스락 밟힌다고 했다. 그만큼 죽음이 가까이 다가와 민감하고 친근하게 죽음을 느끼는 상태다. 이만큼 죽음이 가까이 느껴지면 죽음과 어깨동무하고 잘 놀 수도 있을 것 같다. 그렇게 죽음을 가볍게 접촉하게 된 시점이 '늦가을 오후'다. 계절이 끝나가고 하루가 끝나가는 마무리의 시간이다. 그때 시인은 이마를 짚고 새로운 명상에 잠긴다. 명상 속에 떠오른 것은 대오각성의 진면목이 아니라 어머니가 내시던 다듬이소리다. 이 다듬이소리는 시인만이 아는 것이라 다른 사람은 알 수 없다. 그만이 알고 있는 추억의 소리를 죽음의 가랑잎 옆에서 듣게 된다는 것은 매우 독특한 발상이다. 그 정밀한 음색이 춤이나 법뢰 같은 역동적 심상과 통한다는 뜻일까? 그러한 의문을 계속 자아내게 하는 데 이 시의 묘미가 있다.

둘째 시조는 잉어도 피라미도 사라진 봇도랑이 소재다. 봇도랑은 보의 문을 통해 물이 흘러들고 나가는 법인데, 이 도랑에는 맑은 물이 흘러들지 않고 더러운 물만 흘러든다. 그렇다면 이것은 생명을 보존하는 봇도랑의 기능을 상실한 것이다. 그런데 그 더러운 물에도 서식하는 생물이 있다. 미꾸라지는 흙탕물에서 오히려 기세를 펴며 크게 자신을 터뜨릴 준비를 하고 있다. 더러운 물에는 더러운 물대로 상승하는 생명의 기상이 있는 것이다. 이러한 자연의 이치를 역시 매우 역동적인 어법으로 나타냈다.

세 번째 시조는 전통적 율격에서 많이 벗어났다. 초장과 중장에 파격이 있고 종장은 시조 형식을 지키고 있다. 처음에는 침묵의 그림이 제시되었다. 그림 자체가 소리가 없는데 울지 못하는 나무에 앉아 있는 울지 못하는 새를 설정했다. 침묵의 극치다. 정적의 장면 다음에 얼어붙던 밤섬이 등장한다. "얼어붙는 밤섬"이 아니라 "얼어붙던 밤섬"이라 했다. 과거에 있었던 동결의 심상을 통해 정적을 강화하려는 시도다. 그 정적을 깨뜨리는 "울음큰새 그 재채기"가 등장한다. 울지 못하는 새가 아니라 울음소리 큰 새가 나왔고 그 새의 재채기가 나왔다. 이것은 현실에서 볼 수 없는 불가능한 상황이다. 불가능한 것이기에 가장 우세한 적막의 표상이 될 수 있다. 이러한 비논리의 이미지를 통해 정적을 극대화하는 미학적 실험을 추구했다. 말로 표현할 수 없는 미묘한 정신의 경지를 추구했다는 점에서 선시조의 개성적 미학을 창조한 것이다.

시조를 쓰되 시조의 미학을 유지하면서 불교적 사유를 포함시킨다면 어떤 작품이 나올 수 있을까? 시와 선은 어디에서 그 접점을 찾아 창조의 동력으로 승화될 수 있을까? 조오현은 우리에게 어떤 암시를 주듯 다음과 같은 작품을 남겼다.

> 내 평생 찾아다닌
> 것은
> 선(禪)의 바닥줄
> 시(詩)의 바닥줄이었다.
>
> 오늘 얻은 결론은
> 시는 나무의 점박이결이요

선은 나무의 곧은결이었다.

—〈나의 삶〉 전문

《적멸을 위하여》에만 수록되어 있는 작품으로 조오현의 구술(口述)을 시 형식으로 옮긴 것으로 짐작된다. 검색해 보니 조오현의 선시조 108편을 하인즈 인수 펜클(Heinz Insu Fenkl) 교수가 영어로 번역하여 컬럼비아대학 출판부에서 간행한 *For Nirvana: 108 Zen Sijo Poems*(2016)에 수록된 것으로 확인된다. 조오현은 사람들과의 대담에서 이러한 생각을 여러 번 언급한 바 있다. 그는 시와 선을 구분하는 요소가 나무의 결이라고 했다. 선은 나무의 고운 결이 그대로 드러나는 '곧은결'이고, 시는 옹이 자국이 남아 부챗살 모양의 선이 나타나는 '점박이결'이라는 것이다. 여기에 대한 설명으로 "선은 내가 나를 그대로 바라보는 것이고, 시는 인생에 대한 물음에의 답을 주는 것"이라고 했는데 이 설명은 모호하다. 선은 인간의 본심을 그대로 파악하는 것이고 시는 생의 고비에 나타나는 인간의 희로애락을 표현하는 것이라는 뜻으로 해석하면 될 것 같다. 시와 선이 인간의 마음을 다룬다는 점은 동질적이다. 다만 접근방법과 표현방식이 다를 뿐이다. 다음 시를 통해 선과 시가 통하는 양상을 살펴볼 수 있다.

화엄경 펼쳐놓고 산창을 열면
이름 모를 온갖 새들 다 읽었다고
이 나무 저 나무 사이로 포롱포롱 날고

풀잎은 풀잎으로 풀벌레는 풀벌레로
크고 작은 푸나무들 크고 작은 산들 짐승들[19]
하늘 땅 이 모든 것들 이 모든 생명들이……

하나로 어우러지고 하나로 어우러져
몸을 다 드러내고 나타내 다 보이며
저마다 머금은 빛을 서로 비춰 주나니……

—〈산창을 열면〉 전문

이 시는 《화엄경》에서 얘기한 화엄 세상이 산중에 이미 다 펼쳐져 있다는 깨달음을 표현했다. 이리저리 옮겨 다니는 새들의 날갯짓과 울음소리가 화엄의 표현이요, 풀잎과 풀벌레와 짐승들의 움직임이 모두 화엄의 화현이다. 그야말로 "산색은 그대로가 법신/ 물소리는 그대로가 설법"인 것이다. 자연의 모든 소리와 빛깔과 움직임은 화엄세계의 실상을, 그 진공묘유(眞空妙有)를 이미 다 드러내고 있다. 그러니 《화엄경》을 따로 읽을 것이 아니라 자연 속에서 화엄세계를 대하면 된다. 화엄세계를 드러내는 것이 어찌 산중 자연뿐이겠는가? 처처재불(處處在佛)이라 하였으니 갑남을녀들이 몸 굴리고 사는 인간 세상 어디든 진여(眞如)의 경지 아닌 것이 없다.

선의 견지로 보면 참구와 수행을 통해 이러한 깨달음을 얻으면 그것으로 끝이다. 이것은 마음의 곧은결의 인식이다. 이 마음의 바탕에 새와 나무와 짐승과 여러 생명을 끌어들여 희로애락의 감정을 섞어 표현했다. 이것이 마음의 점박이결의 표현이다. 마음의 곧은결은 선 수행을 하는 사람은 다 동일하게 인식하는데, 마음의 점박이결의 표현은 읽는 사람마다 해석이 다르다. 그래서 시의 언어는 마음의 곧은결을 다 드러내지 못한다고 했다. 그러면 선에서 멈추면 되지 시는 왜 쓰는가? 이것은 〈무산심우도 10〉에 나온 대승적 보살행에 해당한다. 저잣

---

19) 이 구절은 《산에 사는 날에》(태학사, 2000)에 이렇게 수록된 이래 모든 작품집에 이대로 답습되었다. 그러나 문맥을 보면 "산들 짐승들"이 아니라 "산짐승들"이 맞음을 알 수 있다. 그러나 여기서는 전집의 형태대로 적는다.

거리의 징그러운 문둥이가 되더라도 대중들에게 깨달음의 한 경지를 전하고 싶은 보살의 중생 교화의 한 방편이 그것이다.

서울 인사동 사거리
한 그루 키 큰 무영수(無影樹)

뿌리는 밤하늘로
가지들은 땅으로 뻗었다

오로지 떡잎 하나로
우주를 다 덮고 있다.

—〈된바람의 말〉 전문

사람들이 오가는 인사동 사거리에 커다란 무영수가 있다. 무영수란 그림자 없는 나무란 뜻이니 말로 표현할 수 없는 깨달음의 경지를 의미한다. 앞에서 말한 진공묘유와 같은 말이다. 인사동 사거리에 무영수가 있다는 것은 무엇을 의미하는가? 무영수는 깨달음의 상징이다. 세상은 그대로가 법신이요 개별 현상 그대로가 설법이니 무영수는 도처에 있다. 무영수의 모습은 현실의 나무와 거꾸로 되어 있다. 뿌리는 하늘로, 가지는 땅으로 벋어 있다. 그리고 떡잎 하나로 우주를 다 덮고 있다. 그림자 없는 나무이니 이 나무가 못할 일이 없다. 작은 떡잎 하나로 우주를 다 덮고 있으니 세상의 모든 이치가 그 안에 다 들어 있을 것이다. 차 마시고 술 마시며 정신없이 돌아다니는 인사동 거리에도 깨달음의 자리가 엄연히 존재하며 그 깨달음은 우주의 이치에 관통해 있다는 것. 진여의 세계가 따로 있는 것이 아니라 인사동 사거리 망념의 세계에 들어 있다는 것이 이 시의 전언이다. 자신을 바로 보지 못하는 어리석음으로 인해 탐내고 성내는 그릇된 태도를 보이는데, 이 세 가지 그릇된 마음에서 벗어나 자신의 바른 마음을 제대로 보기만 하면 우주를 덮은 떡잎의 무영수를 바로 볼 수 있는 것이다.

이 시조는 단시조의 간결한 형식 속에 불교의 깊은 진리를 담아냈다. 이근배가 《심우도》 발문에서 언급했듯이 가람과 노산 이후 창작된 숱한 현대시조 중에 이런 유형의 시조는 없다. 이런 시조는 조오현이 창조한 것이다. 그것은 시조의 서정성 추구에서 천부의 재능을 보이고 시조의 압축 미학을 집중적으로 추구한 데서 더 나아가 불교적 선 수행에 정진했기에 이루어진 것이다. 이 셋이 결합되어 조오현만이 쓸 수 있는 독특한 불교 시조의 미학을 창안하고 수립했다.

5. '나'를 버리고 '나'를 찾는 수행

조오현 선시조의 미학은 초기 시조의 특성과 연결되면서 자아 탐색이라는 새로운 경지를 개척한다. 이것은 그의 선시조 미학의 또 다른 지평이다. '나'를 부정함으로써 다시 '나'를 긍정하는 조오현만의 독특한 미학이 수립되는데, 그 미학의 두 측면을 다음 시조에서 엿볼 수 있다.

강물도 없는 강물 흘러가게 해 놓고
강물도 없는 강물 범람하게 해 놓고
강물도 없는 강물에 떠내려가는 뗏목다리

— 〈부처〉 전문

한나절은 숲 속에서

새 울음소리를 듣고

반나절은 바닷가에서
해조음 소리를 듣습니다

언제쯤 내 울음소리를
내가 듣게 되겠습니까.

— 〈산일(山日) 3〉 전문

〈부처〉라는 작품도 일상의 어법을 뒤집어엎는 데서 시작한다. 강물도 없는 강물이 어떻게 흐른단 말인가? 그러나 그림자 없는 나무가 있듯 강물 없는 강물도 있다. 대단치 않은 내가 대단하다고 착각하고 사는 것이 우리의 삶인데 강물 없는 강물이 왜 없단 말인가? 우리가 사는 이 세계가 강물 없는 강물이다. 아무것도 흐르는 것이 없는데 강물이 흐른다고 착각하고, 본래 그 흐름이 없는 것인데도 강물이 범람한다고 아우성을 친다. 본래 없는 강물이기에 강물을 건너는 뗏목다리도 필요가 없다. 우리가 설치해 놓은 뗏목다리는 알고 보면 헛것이다. 그런데 강물이 범람한다고 하고 뗏목다리도 떠내려간다고 한다. 이것은 실상이 아니라 허상이다. 눈에 보이는 현상계는 꿈이요 허깨비요 물거품이요 그림자요, 이슬 같고 번갯불 같은 것이다(如夢幻泡影 如露亦如電《금강반야바라밀경》). 이것을 깨달은 분이 '부처'요 이것을 우리에게 일러준 분이 '부처'다.

〈산일 3〉은 앞에서 언급한 〈산창을 열면〉과 관련된 작품이다. 《화엄경》을 읽다 천지자연을 보니 화엄 세계가 그대로 펼쳐져 있다고 노래한 것이 〈산창을 열면〉이다. 백담사에 있으면 한나절 숲 속에서 새 울음소리를 들을 수 있고, 낙산사에 있으면 반나절 바닷가에서 해조음

소리를 들을 수 있다. 여기까지는 누구든 쓸 수 있는 구절이다. 종장에 내 울음소리가 나오자 이 시는 자연 정취를 다룬 시에서 불교적 구도를 나타낸 시로 상승한다. 자연에서 나는 모든 소리가 법음이고 설법이다. 그것은 화엄세계에서 들리는 진리의 속삭임이다. 그것을 모르는 것은 인사동 나무가 무영수인 줄 모르고 우리가 부처 될 존재인 것을 모르는 것과 같다. 새 울음소리를 듣고 해조음 소리를 듣듯 우리 몸 안에서 저절로 울려나오는 소리를 들을 수 있다면 우리는 스스로 무영수가 되어 작은 떡잎 하나로도 우주와 하나가 될 수 있다. 그때는 강물도 없는 강물에 뗏목다리도 필요 없고, 우리 몸이 재 한 줌으로 날아간다 해도 조금도 아쉬울 것이 없다. 아무것도 남길 것이 없고 남을 것도 없으니 그림자 없는 나무일밖에.

이러한 구도의 자세에서 '나'라는 존재에 대한 재인식이 시작된다. 어리석은 마음에서 벗어나려면 우선 '나'에 대한 망집에서 벗어나야 한다. 모든 것이 마음에 의해 만들어지는 것[一體唯心造]이요, 모든 존재에는 고정불변의 실체가 없다[諸法無我]. 그런데도 우리는 어리석게 이 '나'에 집착하여 탐내고 성내며 살고 있다. 여기서 '나'를 버리는 독특한 화법이 탄생한다. 조오현 초기 시조의 특징이 자아의 탐구에 있다고 앞에서 말했다. 이것이 그의 시조의 출발이었는데 그는 자아를 찾아서 다시 자아를 버리는 독특한 불교적 사유를 전개한다. 이것이 선적 깨달음에서 발현된 그의 또 다른 독창성이다. 시인이 본 '나'는 어떤 존재인가?

> 남산 위에 올라가 지는 해 바라보았더니
> 서울은 검붉은 물거품이 부걱부걱거리는 늪
> 이 내 몸 그 늪의 개구리밥 한 잎에 붙은 좀거머리더라
>
> —〈이 내 몸〉 전문[20)]

이 시의 나에 대한 조망은 〈산창을 열면〉의 조망과 사뭇 다르고, 검붉은 늪에 대한 인식도 〈오늘〉의 용트림할 것 같던 미꾸리지 떼의 인식과는 다르다. 지는 해가 떠오르는 달로 연결되는 것이 아니라, 지는 해는 그냥 지는 해일 뿐이고 검붉은 물거품이 부걱거리는 늪은 그냥 부패한 오수의 공간일 뿐이다. 그 부패한 늪에 개구리밥 한 잎이 떠 있고 거머리 중에서도 지극히 작은 좀거머리가 거기 붙어 있다. 그 좀거머리가 바로 자신의 몸이라는 것이다. 이러한 자기 부정은 벌레의 형상으로 재창조된다.

무금선원에 앉아
내가 나를 바라보니

기는 벌레 한 마리가
몸을 폈다 오그렸다가

온갖 것 다 갉아먹으며
배설하고
알을 슬기도 한다.

—〈내가 나를 바라보니〉 전문

이제는 인식의 배경이 번잡한 서울의 남산이 아니라 청정도량 백담사의 무금선원이다. 무금선원에서 수행 정진하는 자신의 모습도 벌레라는 것이다. 자신이 활동하는 모습도 기는 벌레가 몸을 폈다 오므렸

---

20) 이 작품은 《적멸을 위하여》에 수록되지 않아서 《아득한 성자》(시학, 2007)에서 인용하였다. 이런 점에서 작품을 주제에 따라 분류하되 발표 시기 순으로 수록하고 출전과 주석을 붙인 진정한 의미의 새로운 전집이 간행될 필요가 있다.

다 하는 모습 그대로라는 것이다. 이렇게 구체화한 자신의 벌레 형상은 자신을 객관화시켜 놓고 비하하고 부정해서 다시 새롭게 인식하려는 변증의 과정이다. 벌레인 주제에 온갖 것을 다 갉아먹고 먹은 다음에는 배설도 한다. 거기다 그 벌레는 알을 슬기도 한다. 그 알은 무엇일까? 그가 이룩한 만해마을, 혹은 무금선원, 혹은 만해기념사업, 혹은 문학, 불교 관련 계획 등 많은 일이 포함될 수 있을 터인데 그 모두가 벌레인 자신이 슬어 놓은 알이라는 것이다. 알을 슬면 거기서 또 벌레가 생겨날 것이다. 벌레의 형상은 다음 시에서 먹이의 발상으로 옮겨간다.

> 삶의 즐거움 모르는 놈이
> 죽음의 즐거움을 알겠느냐
>
> 어차피 한 마리
> 기는 벌레가 아니더냐
>
> 이다음 숲에서 사는
> 새의 먹이로 가야겠다.
>
> —〈적멸을 위하여〉 전문

시인은 인생의 희로애락을 떠난 승려의 처지까지 부정해 버렸다. 자신은 삶의 즐거움을 모르고 그렇기 때문에 죽음의 즐거움은 더욱 모른다는 것이다. 자신은 바닥을 기어 다니는 한 마리 벌레일 뿐이다. 삶과 죽음의 즐거움을 모르는 처지니 무엇을 선택한다는 것도 성립될 수 없다. 그러니 이대로 기어 다니고 있으면 건너편 숲에 사는 새가 날아와 나를 먹이로 삼을 수 있을 것이다. 새의 먹이가 된다는 것은 불교적으로 말하면 자비의 행위이고 중생제도의 보살행이다. 이것은 단순히 알을 슬어 어떤 자취를 남기는 것보다 더 적극적인 행위다. 그런데 그는 아무것도 아니라는 듯 이 다음 숲에 사는 새의 먹이로 가야겠다고 말했다. 이것은 절대로 쉽게 나올 수 있는 발언이 아니다. 이것은 오랜 수행 정진에서 나오는 발언이다. 시인은 자신의 수행과 참구를 기반으로 철저한 자기 부정을 감행하는 것이다.

나아갈 길이 없다 물러설 길도 없다
둘러봐야 사방은 허공 끝없는 낭떠러지
우습다
내 평생 헤매어 찾아온 곳이 절벽이라니

끝내 삶도 죽음도 내던져야 할 이 절벽에
마냥 어지러이 떠다니는 아지랑이들
우습다
내 평생 붙잡고 살아온 것이 아지랑이더란 말이냐

—〈아지랑이〉 전문

이 시를 수행과 참구로 보낸 설악무산 스님의 발성 그대로 읽으면 안 된다. 신문 인터뷰 같은 데서는 자신의 일생이 이렇게 허망하게 느껴졌다고 얘기했지만, 그것은 중생제도의 차원에서 그렇게 방편을 보였을 뿐이다. 그것이 바로 스스로 저 건너 숲에 사는 새의 먹이가 되는 방법이다. 부처님이 세상을 떠난 것도 중생에게 갈앙하는 마음을 일으키기 위한 방편이었다. 스스로의 삶이 아지랑이라고 말할 때는 자신을 포함한 많은 사람이 삶의 허망함을 재인식하기를 바라는 방편적 의도가 깃들어 있다. 알고 보면 우리도 나아갈 길도 물러설 길도 없는 낭떠러지 벼랑에 서 있는 것이며, 설사 지금 그렇게 느끼지 않는다 하더라도 살다 보면 그런 궁지에 이를 때가 반드시 있게 된다. 그렇지 않다면 세상이 고해라는 말이 나오지 않았을 것이다.

산다는 것은 낭떠러지 벼랑에 간신히 매달려 있는 형국이다. 세상의 단맛에 취해 자신의 처지를 잊고 있을 뿐이다. 우리의 존재는 바로 그 절벽에 아른대는 아지랑이에 불과하다. 우리가 어떻게 삶과 죽음의 의미를 알겠는가? 그야말로 한 치 앞을 못 보는 막막한 처지에 있는 것이 우리 인생이다. 내 평생 붙잡고 살아온 것이 아지랑이라는 말을 제대로 인식할 때 삶의 전회(轉回)가 오고 대오각성이 열린다. 싯다르타의 출가와 고행과 용맹정진이 바로 거기서 비롯된 것이 아닌가?

그러니까 이 시는 허무와 절망의 어법을 빌려 일반인들에게 삶의 각성을 촉구하는 방편의 어법이다. 그리고 시인 스스로도 이러한 시의 창작을 통해 또 다른 차원의 깨달음에 이르렀을 것이다. 그러한 새로운 깨달음의 한 측면이 다음 시에 담겨 있다.

하루라는 오늘
오늘이라는 이 하루에

뜨는 해도 다 보고
지는 해도 다 보았다고

더 이상 더 볼 것 없다고
알 까고 죽는 하루살이 떼

죽을 때가 지났는데도
나는 살아 있지만

그 어느 날 그 하루도 산 것 같지 않고 보면

천년을 산다고 해도
성자는
아득한 하루살이 떼

—〈아득한 성자〉 전문

모든 생명은 평등한 가치를 지닌다. 특히 불가에서는 사람이나 하루살이나 차이가 없다. 사람의 수명은 각기 다르고 언제 자기 생명이 다할지 아는 사람은 아무도 없다. 죽을 때가 되었는데도 안 죽는다고 생각하는 사람도 있고, 죽을 때가 안 되었는데 느닷없이 죽는 사람도 있다. 그런데 하루살이는 정확히 하루 동안에 자신이 할 일을 다 마치고 깨끗이 생을 마감한다. 뜨는 해도 보고 지는 해도 보았으니 자신의 생에 더 이상 미련이 없는 것이다. 그러나 사람은 팔십 년을 살건 구십 년을 살건 자신의 생에 미련을 버리지 못한다. 오래 산다고 해도 정말 잘 산다는 느낌을 갖고 사는 사람은 거의 없다. 설사 천 년을 산다고 해도 불안하고 불만족하고 앞길이 아득한 것은 마찬가지일 것이다. 그러니 진정한 성자는 하루살이가 아닌가? 그러면 여기 왜 '아득한'이라는 말이 들어갔는가? 사람이 도저히 따르지 못할 아득한 위치에 있다는 것을 표현한 것이다.

이 두 편의 시조는 이러한 주제를 담고 있는데, 그보다 더 중요한 것은 이 두 편의 작품이 주제와 절묘하게 호응하는 활달한 어법을 구사하고 있다는 점이다. 〈아지랑이〉의 '우습다'라는 탄식조의 시어의 반복이라든가, 독백하듯 터져 나오는 자연스러운 호흡의 어조는 시를 짓는다는 작위성을 완전히 떨쳐버리고 가까운 이웃의 솔직한 고백을 듣는 듯한 효과를 가져다준다. 〈아득한 성자〉의 경우도 "하루라는 오늘/ 오늘이라는 이 하루에"라는 첫 구절부터가 삶에 대한 우리의 인식을 돌이켜보게 하는 효능을 갖는다. 우리는 매일 오늘이라는 하루를 보내는데 그 하루라는 의미와 오늘이라는 의미를 제대로 새기지 않고 건성으로 보낸 것이 사실이기 때문이다. 또 첫째 수 종장에 "알 까고 죽는 하루살이 떼"라는 거침없는 표현도 미련 없이 생을 마치는 하루살이의 분명한 태도를 보여주는 것 같아서 인상적이다. 다른 것 아무것도 하지 않고 그저 알 까고 죽으면 그뿐이라는 인상을 확실하게 우리에게 전달한다.

주제와 형식과 어법이 아름답게 혼융을 이룬 이 눈부신 성취에 무슨 말을 덧붙일 것인가? 조오현의 어법을 빌려 말한다면, "정중한 절을 올리고자 하오니 주저치 마시옵고 바로 앉으세요." 이 말밖에는 달리 할 말이 없다.

6. 산문시에 나타난 중생의 삶

그는 첫 시집의 서문에서 경허 선사의 영향을 받았음을 암시하면서 "동대문시장 그 주변 구로동 공단 또는 막노동판 아니면 생선 비린내가 물씬 번지는 어촌주막 그런 곳에 가 있을 때만이 경허를 만날 수 있었다"고 말했다. 경허 선사는 근대의 경계선에서 "승속의 경계를 넘어선 무애행을 감행하여"[21] 한국의 선풍을 드높인 승려로 알려져 있다. 여러 가지 뜻깊은 일화와 기행을 남기고 오도송과 심우송을 비롯한 수백 편의 한시를 남긴 승려다. 그는 특히 나중에 불문을 떠나 시정의 거리로 들어가 대중교화의 삶을 살다가 세상을 떠났다고 한다.

---

21) 서준섭 《창조적 상상력》 서정시학, 2009, 170쪽.

앞에서 본 시조 중 〈무설설 2〉와 〈인천만 낙조〉에 일하며 사는 어부의 모습이 등장했다. 열심히 일하던 그 어부는 어느 하루 간다는 말도 없이 사라졌다. 그 어부는 하루살이에 훨씬 가까이 다가간 사람일지 모른다. 절간에서 거짓 수도를 하는 사람보다 속세에서 자신의 일에 충실한 일꾼들이 어느 의미에서는 더 진실한 수도자일지 모른다. 그러한 평범한 서민들에 대한 공감이 그의 산문 연작시 〈절간 이야기〉에 짙게 배어 있다.

그의 산문 연작시의 꼭짓점에 〈어미〉라는 작품이 놓여 있다. 이 작품은 어미 소와 그 소가 낳은 목매기(아직 코뚜레를 꿰지 않고 목에 고삐를 맨 송아지)의 이야기를 담은 것이다. 어미 소가 새끼를 낳고 젖도 제대로 떼지 못한 상황에서 팔리게 되고, 목매기는 어미를 잃고 울다가 어미 소가 하던 일을 대물림 받아 고된 노역에 시달리고, 어미 소가 된 다음에는 다시 자신의 목매기와 헤어져 도살장으로 향하게 된다는 이야기다. 이 시에는 어머니에 대한 애틋한 그리움도 깃들어 있는 것 같다.

이 시에서 중요하게 파악되는 것은 나약한 생명에 대한 다함 없는 연민의 감정이다. 그것은 동대문시장이나 구로공단에서 보았던 가난한 일꾼들의 삶에 대한 반응과 통하는 내용이다. 이와 연관된 '일꾼 보살'들의 삶이 그의 산문시에 많이 담겨 있다.

〈절간 이야기 7〉에는 저 유명한 관계(灌溪) 선사의 보행 입적에 대한 이야기가 나온다. 관계 선사는 임제 선사의 제자로 역대 조사들의 입적 사례를 이야기하다가 앉아서 죽는 것, 서서 죽는 것, 거꾸로 서서 죽는 것, 다 신통치 않다고 하며, 걸어가다가 입적했다는 스님이다. 이 일화를 늙은 부목처사에게 말했더니 그가 "뻐드렁니를 다 내어놓고" 하는 말이 "살아보니 이 세상에서 제일로 즐겁고 좋은 날은 아무래도 죽는 날이 될 것 같니더." 하고 빙긋이 웃더라는 것이다. 비록 절에서 땔나무나 거두어들이고 잡일을 거드는 사람이지만, 사는 날이 아니라 죽는 날이 가장 신나는 날이 될 것이라고 했으니, 그는 깨달음을 얻은 사람이다. 소박한 마음으로 일만 하며 사는 중생 중에 깨달은 도인이 있다는 뜻이다.

〈절간 이야기 8〉에도 평생 불상을 조성한 석수를 만난 이야기가 나온다. 평생 돌을 깎고 다듬어 뛰어난 불상을 많이 조성해온 그이건만, 말년에 이르러 자신의 노력을 전부 헛것으로 돌리며 자연의 돌들이 원래 모두 부처고 보살의 형상인 것을 모르고 헛되게 먹물과 징을 올려붙였다고 한탄하더라는 것이다. 이 사람 역시 평생 불상 조성에 전념하다가 한 소식 깨친 선지식에 해당하는 인물이다. 〈절간 이야기 12〉에는 아내의 제삿날까지 포기하고 쇳일에만 전념한 늙은 대장장이가 나오고, 〈절간 이야기 15〉에는 6·25 때 공비들의 절간 방화를 막고 빈 절을 보수하여 도량을 지킨 촌 노인이 나온다. 〈절간 이야기 17〉에는 어로에 종사한 지 30년이 지나자 노와 상앗대를 다 내던진 늙은 어부가 나온다. 그는 당연히 노스님도 자기처럼 산을 버리고 지낼 것이라고 생각했다는 것이다. 〈절간 이야기 19〉에는 부산 자갈치 어시장에 민정시찰을 나간 설봉(雪峰) 스님이 자갈치 아줌마와 나눈 정겹고도 진솔한 대화가 나온다.

〈절간 이야기 22〉에는 이 산문 연작시의 하이라이트에 해당하는 40년 동안 일을 해 온 염장이 처사의 이야기가 나온다. 그는 모든 시신을 차별 없이 정성을 다해 염을 해 왔는데, 죄를 많이 진 것 같은 시신은 편안하게 살았을 시신보다 오히려 더 정이 가고 연민이 생겨 더 정성껏 염을 하게 된다고 이야기한다. 그러면서 그것도 결국은 자신의 마음 편하게 하려는 행동일지 모른다고 겸손해한다. 이 염장이 노인의 말과 생각은 보살의 경지 바로 그대로다. 보살과 부처가 어디 다른 곳에 있는 것이 아니라 바로 우리 주변에, 그것도 가난하고 무식해 보이는 속세의 일꾼들 사이에 엄연히 존재하는 것이다. 그들이 곧 법신이고 그들의 말이 곧 법문이다. 조선조 말의 위대한 선승 경허 선사의 가르침이 바로 이것이었다.

주제의 특성과 함께 그것을 표현하는 방법의 측면에서 볼 때 이 산문시들의 두드러진 특징은 구수한 경상도 사투리의 입담을 날것 그대로의 감각으로 시에 수용하고 있다는 점이다. 생의 밑바탕에서 우러나오는 구수한 입담은 시에 담긴 이야기의 진실을 거의 가공하지 않은 상태로 생생하게 우리에게 전달하는 역할을 한다.

> 니가 공부꾼 같으마 들오리 떼 울음이 강물에 남아있다 카겠으나 니는 공부꾼이 아니니 저 아래 돌다리 밑으로 떠내려가는 부처를 보고 오너라. 니가 보고 듣는 세계도 무진장하지만 니가 보지도 듣지도 못하는 세계도 무진장하다카는 것을 알고 싶으마…… 쯧. 쯧. 쯧.
>
> —〈절간 이야기 16〉 부분

> 둘째 미누리 아이가 여태 태기가 없다캐도…… 잠이 안 온다캐도요. 둘째놈 제대 만기제대하고 취직하마 시님 은공 갚을끼라캐도요. 그마 시님이 곡차 한 잔 자시고요. 칠성님께 달덩이 머스마 하나 점지하라카소. 약소하다캐도 행편 안 그렁교? (중략)
>
> 아즈매 보살! 요새 송아지 새끼 한 마리 값이 얼마인 줄 알고 캅니꺼? 모르고 캅니꺼? 도야지 새끼도 물 좋은 놈은 몇 만 원 한다 카는데에 이것 가지고 머스마 값이 되겠니꺼?
>
> —〈절간 이야기 19〉 부분

여기서 보는 것처럼 경상도 사투리는 화자의 진정성과 진솔성을 드러내면서 이야기 속으로 독자를 끌어들이는 역할을 한다. 그러면서 그것은 불교적 진실을 유머를 통해 재미있게 전달하는 활력소의 역할도

한다. 그뿐 아니라 미학적 측면에서는 김소월과 김영랑, 백석, 박목월로 이어져 온 방언의 시적 수용이라는 중요한 문학사적 사실에 새로운 뗏목다리를 놓는 일도 수행한 것이다. 투박해 보이는 경상도 서민층의 사투리를 시에 끌어들임으로써 주변적 언어가 서정시의 중심으로 상승하는 문학적 변환을 이룩했다. 이것은 그가 보여주려고 한 '만인 부처론'의 주제, 부처가 어디 따로 있는 것이 아니라 우리 모두가 부처라는 생각과도 일맥상통하는 문학적 성취이기도 하다.

7. 조오현 문학의 문학사적 위상

여기까지의 논의를 정리하여 조오현 문학의 성취와 문학사적 위상을 요약하면 다음과 같다.

① 조오현의 시조는 서정 시조에서 출발했는데 초기의 작품부터 자아에 대한 성찰을 특징으로 삼았다.

② 그는 시조의 서정성을 집중적으로 추구하여 단순한 시어, 간결한 형식으로 단형 시조의 미학적 완결성을 이룩했고, 평범한 시어를 통해 삶의 진리를 압축적으로 형상화하는 독자적인 지점에 도달했다.

③ 그의 구도의 시는 수행자의 고난과 염원을 다양한 양상으로 표현하는 데서 출발하여 현실의 업고에서 벗어나기 위해 참구하고 정진하는 구도자의 모습을 매우 개성적인 언어로 표현하면서 그만의 독창적인 화법으로 선시조의 경지를 개척했다.

④ 그는 시조의 전통적 율격 내에서 시조의 압축미를 집약적으로 표현하면서도 형식의 실험을 다양하게 시도했고, 단시조의 간결한 형식 속에 불교의 깊은 진리를 담아냈다. 시조의 서정성과 압축성과 선 수

행의 정진을 결합하여 독특한 불교 시조의 미학을 창안하고 수립했다.

⑤ '나'를 버리고 '나'를 찾는 선적 수행을 문학으로 실천하여 자신의 수행과 참구를 기반으로 철저한 자기 부정을 감행함으로써 사람들에게 인간 존재와 삶에 대한 각성을 촉구하는 독특한 방편의 어법을 구사했다.

⑥ 그의 산문시 연작은 보살과 부처가 어디 다른 곳에 있는 것이 아니라 우리 주변 서민들의 삶 속에 깃들어 있다는 주제를 일관되게 펼쳐내면서 구수한 경상도 사투리의 입담을 날것 그대로의 감각으로 시에 수용함으로써 이야기의 진실을 생생하게 전달하는 데 성공하여 산문시의 새로운 시평을 열어보였다.

---

* 이 논문은 2019년 5월 15일 열린 무산대종사 열반 1주기 추모 세미나 '설악무산 그 흔적과 기억'에서 발표한 내용이다. 이 글에는 전에 발표한 〈시조 미학의 불교적 회통〉(《현대시학》 2011.7)의 일부가 포함되어 있다.

활구(活句)를 욕망하는 시

―조오현 시의 선(禪)과 인식론적 경향

김관용

차 례

김관용 / 시인. 2015년 〈경향신문〉 신춘문예 등단. 울산대학교 철학과 졸업. 동국대학교 대학원 불교학과 박사과정 수료(화엄학 전공).

천방지축(天方地軸) 기고만장(氣高萬丈)
허장성세(虛張聲勢)로 살다 보니
온몸에 털이 나고 이마에 뿔이 돋는구나
억!

1. 피모대각(披毛戴角)이라는 열반송

지난 5월 26일 오후 5시 11분. 설악산 신흥사 조실이었던 무산 대종사께서 원적(圓寂)에 들었다. 1932년 경상남도 밀양에서 출생했으니 법랍 60세에 세납이 87세였다. 대종사는 법호로는 설악(雪嶽)을, 법명으로는 무산(霧山)을 썼다. 외람되게 세간에 남겨진 우리는 예기치 못한 이 사건으로 견고한 두 버팀목을 잃은 셈이다. 그중 하나는 한국불교를 지탱하던 큰스님으로서의 무산 스님이고, 다른 하나는 정지용문학상, 공초문학상, 고산문학상, 한국문학상 등을 수상한 시조시인 조오현이다. 어떤 경우는 한 사람의 부재가 주는 여진이 유독 오래간다. 그것은 그가 세상에 투신했던 열정이 남달랐기 때문일 것이다. 그는 두 사람 이상의 몫을 살았다. 육신을 해탈하기 이전에 이미 그는 무애도인으로 알려져 있었고, 무애도인은 열반송에서 "온몸에 털이 나고 이마에 뿔이 돋는"다는 말을 남겼다.

열반송이라고 하는데 이건 무슨 의미일까. 단지 시인의 자유로운 정념에서 돋은 상상력의 언어일까. 어쩐지 좀 석연치 않다. 시로만 읽으려니 어딘가 거친 느낌이고 선기(禪氣)가 서린 게송으로 읽으려니 시인으로서 여백이 너무 크다. 콜리지는 상상력과 공상을 구분하는 변별점을 현실과의 관계 여부라고 하지 않았던가. 선승(禪僧)이며 동시에 시인의 삶을 살았던, 혹은 우리가 이해하는 것보다 훨씬 더 많은 인격체의 삶을 향유했던(실제 그의 행적과 보살행은 경이롭기까지 하다) 한 인물을 마주한다. 지금부터 우리는 조오현이라는 텍스트의 선과 시 그리고 현실에 집중할 것이다. 그의 시는 어떤 내적 풍경 아래서 작동하며 그 스펙트럼이 분광하는 빛은 어떠한가. 물론 그동안의 연구 성과로 그의 면목이 하나씩 드러나기는 했지만 쉽게 도달할 수 없는 게 또 그가 가진 세계의 너비이기도 하다.

논의를 진행하기에 앞서 그가 역해한 《무문관》 제47칙 도솔의 관문(兜率三關) 본칙을 인용한다.

> 도솔종열 화상이 세 가지 문제를 만들어 수행자에게 물었다.
>
> 번뇌를 뽑아내고 그윽함을 찾는 것은 본성을 보기 위함인데 지금 그대의 본성은 어디에 있는가?
>
> 자성을 알고 나야 생사를 벗어난다는데 눈의 광채가 땅에 떨어졌을 때는 어떻게 해탈할 수 있는가?
>
> 생사를 벗어나면 가는 곳을 안다고 했는데 사대가 각각 흩어질 때 어디로 가는 것인가?[1)]

연기된 존재로서 중생은 고해에 빠져 있고, 거기서 벗어나기 위해 수행자의 길로 들어선다. 도솔이 제자로 보이는 수행자에게 던진 질문은 본성의 문제, 그리고 해탈의 방법론과 지향성의 문제다. 조금이라도 어긋난다면 석가세존께 질문하더라도 대답은커녕 게으른 수행에 대한 핀잔만 듣게 될 것이다.[2)] 그렇다면 질문의 각도를 조금 바꿔보자. 조오현 시의 본성은 어디에 있으며, 그의 시론은 어떤 형태로 완성

---

1) 무문혜개, 오현 역해 《무문관》 불교시대사 2007, 286쪽. 지면상 원문의 한자는 생략한다.

2) 14무기(시간 · 공간 · 자아 · 사후세계의 문제)는 깨닫기 전엔 설명을 통해 알 수 있는 것이 아니라며 대답하지 않으셨다.

되었고 지향하는 바는 무엇인지.

앞서 그의 열반송에 대해 궁금증을 가졌다. 불교의 유식론(唯識論)에는 거북이 털과 토끼의 뿔에 관한 비유[披毛戴角][3] 가 등장하는데 앞서 언급했던 구절은 거기서 연유된 듯 보인다. 어떤 의도에서 이런 게송을 세상에 던진 건지 참구하는 것에서부터 조오현 시를 탐색하는 작업은 시작될 것이다. 그 사이 우리는 이런 시들을 경유해야 한다.

서울 인사동 사거리
한 그루 키 큰 무영수(無影樹)

뿌리는 밤하늘로
가지들은 땅으로 뻗었다

오로지 떡잎 하나로
우주를 다 덮고 있다.

—〈된바람의 말 – 무자화 5〉 전문

절창에 가까운 이런 시를 음미할 때 우리는 수행승이 쓴 시조이기에 선시조라 불리고 있음을 방증하는 것이 아니라, 개별 시편이 갖추고 있는 선적인 혹은 불교적인 사유를 탐구해야 한다. 그래야 "오로지 떡잎 하나로 우주를 다 덮고 있"다는 본래면목에 근접이라도 할 수 있는 것 아닌가. 앞으로 조오현이란 텍스트를 두고 우리가 해결해야 할 것이 있다면 그의 의식이 머물던 공간의 크기를 관측하고 창작을 통해

3) 실제 경전에는 귀모토각(龜毛兎角)이라는 용어로 자주 등장하는데, 오로지 이름만 있을 뿐 실제로는 존재하지 않는 것을 비유한다.

그가 지향했던 바는 무엇인가를 파악하는 일이다. 그것은 조오현 문학이 어떻게 생성되었는가의 선행 조건을 만족시킨 후 그의 문학은 어떻게 생존하는가의 문제로 전향한다. 거창하게 생존이란 말까지 꺼냈지만, 그의 시엔 어떤 절실함이나 위태로움 같은 것이 분명 존재하기 때문이다.

나아갈 길이 없다 물러설 길도 없다
둘러봐야 사방은 허공 끝없는 낭떠러지
우습다
내 평생 헤매어 찾아온 곳이 절벽이라니

끝내 삶도 죽음도 내던져야 할 이 절벽에
마냥 어지러이 떠다니는 아지랑이들
우습다
내 평생 붙잡고 살아온 것이 아지랑이더란 말이냐

—〈아지랑이〉 전문

주의할 점이라면 가령 이런 것, 그의 시적 표현을 함부로 우의적이라거나 알레고리라고 한정해선 안 된다는 사실이다. 만약 그렇게 한다면 수행자 조오현은 사라지고 시인 조오현만 남게 된다. 그의 시에 침윤하는 방식 역시 마찬가지다. 하이데거는 무엇을 위해 존재하는 도구는 바로 그 도구성을 상실하는 순간 본래의 사물성을 드러낸다는 요지의 말을 한 적 있다. 이런 전언을 조오현식으로 옮긴다면 '있는 그대로'를 보라가 될 것이다. "나아갈 길이 없다 물러설 길도 없다"는 내적 소요가 쉽게 각인되는 이유는 생존에 관한 강한 열망이 있기 때문이다. 말처럼 '있는 그대로' 볼 때 해석 불가능하던 아포리즘은 현실이 된다.

이런 고백은 어떤가. “그 옛날 내가 소 머슴으로 절에 들어왔을 때 처음 나를 불문(佛門)으로 이끌어준 인월(印月) 스님이 틈날 때마다 들려주던 안수정등(岸樹井藤)의 이야기가 생각난다.”[4] 그가 역해한《무문관》에서 사족으로 달았던 글이고, 안수정등은 절벽에 겨우 붙어 있는 위태로운 나무(岸樹)와 우물에 드리운 가는 등나무(井藤)라는 뜻이다. 그는 이처럼 절박했다.

2. 일수사견(一水四見)의 존재론

피모대각(披毛戴角)은 여러 경전에서 논설되지만 주로 관념과 언어의 허망함과 그것에 대한 집착을 경계하라는 의도에서 전개된다. 만법은 오로지 식(識)이 작용한 소산이라고 보는 유식은 인간의 마음 형태와 세계의 실상을 세 가지로 분류한다[唯識三性說]. 원성실성(圓成實性), 의타기성(依他起性), 변계소집성(遍計所執性)이 바로 그것이다. 여기서 거북이 털과 토끼의 뿔은 변계소집에 속한다. 변계소집이란 명칭에 의해 세워진 것으로 ‘보편적인 분별에 의해 분별된 것’을 의미한다.[5] 언젠가 조오현 시인이 권영민 교수에게 농으로 던졌던 “허망하고 쓸데없는 언어의 그물질”[6] 이라고 할 수 있다.

많은 연구자가 인정하듯, “허망하고 쓸데없는 언어의 그물질”이라는 표현은 조오현 시론의 근간이다. “자기 혼이 담겨야 제 글”이다. 간밤에 폭포를 타고 오른 물고기를 잡겠다고 그물을 던진들 거기에 무엇이 걸리겠는가. 물고기는 이미 용이 되어 승천했는데 말이다. 한마디

4) 무문혜개, 오현 역해, 앞의 책, 288쪽.

5) 다케무라 마키오, 정승석 옮김《유식의 구조》민족사, 1991, 57-58쪽.

6) 조오현, 권영민 엮음《적멸을 위하여》문학사상, 2015, 6쪽.

로 헛짓이다. 그야말로 변계소집이 한 일이며, 듣는 이에겐 경종이면서 스스로를 경계하고자 했던 문학적 규범이다. 이즈음 우리는 조오현의 자기규정을 귀담아들을 필요가 있다.

> 저는 문학을 전업으로 하기보다는 불교와 겸업으로 하는 사람이라서 가끔은 혼돈을 느낄 때가 있습니다. ……(중략)…… 굳이 불교와 문학, 훌륭한 수행승과 훌륭한 시인 두 가지 중에서 하나를 선택하라고 한다면 저는 시인보다는 스님을 택할 것 같습니다. 말은 겸업이지만 어디까지나 저의 본업은 수행자라는 뜻이지요.[7)]

선행 연구가 상당수 있음에도 혼란을 빚는 건 그가 선(禪)의 나라와 시의 나라라는 이중국적자이기 때문일 터다. 그의 원래 국적이 어디였는지는 그러므로 중요하다. 그곳에서 그는 모국어를 발견했고 그것을 훈습했다. 그가 인식하는 세계와 사유를 지탱하는 체계는 모두 거기서 비롯된다. 그는 7살에 소 머슴으로 절간에 들어갔으며, 이후 그의 전 생애는 줄곧 그곳을 중심으로 궤적을 그렸다. 부처에 귀의했고 깨달음에 대한 욕망이 그의 의식을 채웠다. 이런 사실은 우리를 보다 심층으로 이끈다.

다시 유식이다. 일수사견(一水四見)이란 말이 있다. 동일한 것을 보고도 업력(業力)에 따라 서로 다른 네 가지 견해를 낸다는 의미다. 유식론에 따르면(唯識論云) 같은 하나의 물일지라도(且如一水) 네 가지 견해로 차별을 이루는데(四見成差) 천인들은 이것을 보배로 장엄한 땅으로 보고(天見是寶嚴地), 사람은 이것을 물로 보며(人見是水), 아귀들은 이것

7) 이만식 〈조오현 선시의 문학사적 의의〉《동서비교문학저널》 33, 2015 여름, 139쪽 재인용.

을 불로 보고(餓鬼見是火), 물고기는 이것을 집으로 본다(魚見是窟宅).[8] 인식이란 그런 것이다. 달리 보면 어떤 제한적 틀이나 형식의 한계로 느껴질 수 있지만, 그것은 존재를 규정하는 하나의 지표가 된다. 당겨 말하자면 인식은 존재 규정의 다른 표현이기도 하다. 적어도 불교에서는 그렇다. 그렇게 볼 수도 있다가 아니라 그렇게밖에는 볼 수 없다는 논리의 측면에서다. 수행을 통해 자신의 업(業)을 정화시키기 전에는 말이다. 동일한 사물을 보고 그것을 물이라 여긴다면 그는 분명 사람이다. 그것이 자신이 밟고 다니는 땅을 보인다면 그는 분명 천신이다. 이를테면 인식은 이렇게 존재론으로 나아간다.

하루라는 오늘
오늘이라는 이 하루에

뜨는 해도 다 보고
지는 해도 다 보았다고

더 이상 더 볼 것 없다고
알 까고 죽는 하루살이 떼

죽을 때가 지났는데도
나는 살아 있지만
그 어느 날 그 하루도 산 것 같지 않고 보면

천년을 산다고 해도

---

8) 延壽《註心賦卷第四》X63n1231_p0143b20-21. 아귀는 이것을 불로 본다(餓鬼見是火)고 해석할 때 불은 주로 농혈로 이해된다.

성자는
아득한 하루살이 떼

—〈아득한 성자〉 전문

선승인 조오현은 저녁의 하루살이 떼를 보고 감응을 적었다. 충분히 인정된 작품이므로 더 이상의 논의는 새삼스러울 것 같다. 중생의 업력은 자신의 인식을 규정하고 인식은 곧 현실을 변계소집으로 만든다. 고로 실재가 아니다. 관념의 창을 통해 사물을 바라보기 때문에 끝없이 과실을 범하는 것이다. 사실 불교의 교리적 입장에서는 절대적 실체라느니 이데아라느니 혹은 정념이라느니 하는 용어를 사용하는 것이 불편하다. 그러나 이 시는 어떤가. 큰 매력이라면 시적 원근감이 조성하는 아련함이, 현실의 육체로는 닿을 수 없는 어떤 직관이 수행자의 눈을 통해 전달되고 있어서가 아닌가. 이런 시 앞에선 언어도단(言語道斷)이니 심행처멸(心行處滅)이니 하는 말들이 무화된다.

밤늦도록 불경을 보다가
밤하늘을 바라보다가

먼바다 울음소리를
홀로 듣노라면

천경(千經) 그 만론(萬論)이 모두
바람에 이는 파도란다

—〈파도〉 전문

그 옛날 천하장수가

천하를 다 들었다 놓아도

한 티끌 겨자씨보다
어쩌면 더 작을

그 마음 하나는 끝내
들지도 놓지도 못했다더라.

—〈마음 하나 – 일색변 결구 8〉 전문

서정의 발성들이지만 그의 문학에 관한 존재론으로는 손색이 없다. 오해 없이 그의 말을 수긍하자면, 1968년 《시조문학》으로 등단해 《심우도(尋牛圖)》(1979) 이후 대여섯 권의 시집을 상자한 시인이었음에도 그가 스스로 고백한 국적은 불교였고, 그가 사유하고 발성했던 모국어는 1939년 입산 출가한 수행자였다. 이것이 조오현 문학의 첫 번째 단서다. 시 속에 등장하는 혜월, 보화, 임제 등 조사들이 그의 정신사적 배경이며 그의 시가 내장한 본성이다. 이러한 공간이 바로 그의 미학을 책임지는 중핵인 것이다.

강렬한 욕망이 형상화될 때 그는 이렇게 말하고 있다. "털갈이 길짐승 또는 날짐승이었다면/ 까마귀밥나무 또는 나무귀신 같은 부처여/ 그냥은 앉을 횃대도 죽을 목숨도 없구나"(〈금우반통〉)에서처럼 인식하는 대상을 실상의 관점에서 노래하는가 하면, "오직 저 하늘의 새벽별만 아는 일이다/ 하룻밤에 만 번 죽고 만 번 사는 그 이치를/ 하룻밤 그 사이에 절여놓은 이 산천을"(〈명성견성〉)이라며 자신의 미학을 세계의 각성된 층위로 환기시킨다. 전자의 시가 개별 현상[事]에서 세계를 존재하게 하는 이치[理]로 나아간다면 후자는 역(逆)의 방향에서 수렴해 들어온다. 교학의 입장에선 이(理)와 사(事)가 융섭해 있다는 의미에서 이사무애(理事無礙)라고 하는데, 여기서 좀 더 발전된 형태가 그가 간혹 언급했던 화엄에서의 사사무애(事事無碍) 경지다.[9] 같은 말이 되겠지만, "서역 다 줘도 쳐다보지도 않고/ 그 오랜 화적질로 독살림을 하던 자가/ 이 세상 파장머리에 한 물건을 내놓았네."(〈달마 1〉)와 같은 구절에서는 현존하는 내면의 위치를 과감하게 발설해 놓은바, 역대의 전적과 청허 휴정이 《선가귀감》에서도 언급한 '한 물건'이 바로 그것이다. 본래면목이라고 할까. 아마 전작에 걸쳐 표출하려던 것이 바로 이것이리라.

누가 내 이마에 좌우 무인(拇印)을 찍어놓고
누가 나로 하여금 수배하게 하였는가
천만금 현상으로도 찾지 못할 내 행방을.

천 개 눈으로도 볼 수 없는 화살이다.
팔이 무릎까지 닿아도 잡지 못할 화살이다.
도살장 쇠도끼 먹고 그 화살로 간 도둑이어.

—〈심우(尋牛) – 무산심우도 1〉 전문

고려 선사 지눌에 의지해 말하면, 맹구우목(盲龜遇木)이며 섬개투침(纖芥投鍼)이다.[10] 인간 몸을 받기가 이토록 어려운데 이생이란 얼마나 소중한 것이랴. 허투루 살아서는 안 될 시간에 찾아야 할 그 소라는

---

9) 여래장 사상에서는 이법계와 현상계를 파도[事]와 바다[理]로 비유하여 이사무애를 논하는 데 비해, 화엄에서는 동쪽에서 일어난 파도[事]와 서쪽에서 일어난 파도[事]라는 사사무애를 설한다. 불교에서는 화엄을 문자로 설명할 수 있는 가장 완성된 단계로 설명한다.

10) 知訥《修心訣》T48n2020_p1009a18.

건[尋牛] 대체 무언가. "나로 하여금 수배하게 하"였고, "천만금 현상으로도 찾지 못할 내 행방"이란다. 나의 행방을 내가 찾고 있는 형국이라니. 결국 소는 소가 아니고, 소이면서도 소임을 깨닫지 못하는 소라는 역설이 성립된다.

〈무산심우도〉 연작에서는 이런 표현들이 자주 눈에 띄는데, "세상을 물장구치듯 그렇게 산 엄적(掩迹)"이라거나 "과녁을 뚫지 못하고 돌아오는 명적(鳴鏑)"이란 시적 결과물은 그냥 나온 게 아니다. 물론 여기서 소는 축생의 한 고리로서가 아니라 상징으로서 '한 물건'이다. 조오현 시의 본령이기도 하다. 그러나 어쩔 수 없이 우리는 시집 곳곳에서 두 자아론과 만난다. 한 사람의 승려와 한 사람의 시인을, 어쩌면 두 사람의 인격을 동시에, 그러다가 하나로 혼합된 무(無)를 목도한다. 둘의 친연성은 결국 주체마저 사라지게 하는 강력한 계기가 된다. 이렇게 고정된 실체를 주장하지 않으며 그와 그의 시는 중도의 길로 들어서는 것이다.

정리하자. 19세기 중반에야 비로소 서양사에 등장했던 인식론은 2,500년 전 이미 초기불교 이래로 인도에 있었고 어린 시절 절간에 들어간 소년 오현을 강력한 자력장 안에 두었다. 이 경우 인간의 인식은 어떻게 성립하는가의 문제는 그것이 관여한 타당성의 문제와 진리성의 문제를 넘어선다. 그냥 그렇게 보는 것이고 보이는 대로 진술할 뿐이다. 가령 이런 앎이라고 할까. 전 찰나 식(識)의 상속에 의해 직접적으로 생기는 지각[現量]과 간접적으로 생기는 추리[比量]의 결과는 결국 식 자신에 대한 앎 즉 자기인식을 말하는 것이다.[11] 유식에서 말하는 일체가 공임을 깨닫는 원리이기도 하다. 이를 두고 여실지견(如實知見)

---

11) 권서용 〈대상인식과 자기인식으로서 지각과 추리에 관한 다르마키르티의 논증〉 《인도철학》 34, 2012.

이라고 하며 이는 그의 시를 가장 조오현답게 해석하고 감응하는 방식이다.

3. 시의 장(場), 선(禪)의 모색

이제 조오현의 시세계에서 선(禪)적인 경지를 논하는 것에는 이의가 없다. 그는 선과 시의 관계에 대한 질문을 받을 때면 언제나 “내게 선은 나무의 곧은 결이요 시는 나무의 옹이 점박이결 같은 것”이라는 대답을 하곤 했는데, 평자에 따라 이 전언에 대한 해석이 다르다. 이 문장을 이렇게 이해하는 건 어떤가. ‘곧은 결’과 ‘옹이 점박이결’은 현실태로서 조오현에 귀결된다. 나무란 조오현 자신을 말하는 것이다. 불교식으로 전도시켜 보자. 나라는 주체가 있어야 수행을 하고 시도 쓸 것 아닌가. 조금은 다른 느낌을 주는 듯한 “선은 내가 나를 바라보는 것이고, 시는 인생이라는 물음에 대한 대답”하는 것이라는 표현 역시 의도하는 바는 다르지 않다. 조오현 시를 선적인 경계에서 파악하고자 했을 때 그것들의 내적 층위는 언제나 동일할 수밖에 없다.

“조오현의 시조가 궁극적으로 지향하고 있는 것은 선(禪)의 경지”라고 언급한 평론가 권영민의 말을 먼저 인용한다.

> 조오현의 새로운 시법은 구어의 직접적인 수용을 통해 생생하게 살아 있는 말들의 현장인 삶의 일상적 공간을 그대로 시적 공간 속에 재현한다는 점에 그 특징이 있다. 그러므로 이들 살아 있는 말들은 서로 뒤섞이면서 다양한 목소리의 대화 상황을 연출한다. 이 대화적 공간이야말로 조오현의 시가 창조해내고 있는 새로운 시적 영역이다. 이 공간 안에서 다양한 목소리의 충동을 없애는 것이 아니

라 그것을 살려내고 그 충동을 다시 시적 긴장으로 변용한다. 여기서 중요한 것이 말과 말들의 대화이다. 이 대화는 정적으로 존재하는 것이 아니라 역동적으로 상호 충돌하면서 삶의 본질적인 문제들을 이야기하게 되는 것이다.[12)]

문학사상사에서 출간한 시집 《적멸을 위하여》(이하 《적멸》)는 총 3부로 구성되었는데, 이 중 1부는 〈절간 이야기〉 1~31 연작으로 채워져 있다. 권영민의 탁월한 감식안은 조오현의 새로운 시법을 "살아 있는 말들을 서로 뒤섞으면서 다양한 목소리의 대화 상황을 연출한다."는 말로 진동시켰다. 다양한 목소리의 대화 상황을 연출한 시 한 편이다.

어제 그끄저께 일입니다. 뭐 학체 선풍도골(仙風道骨)은 아니었지만 제법 곱게 늙은 어떤 초로의 신사 한 사람이 낙산사 의상대 그 깎아지른 절벽 그 백척간두의 맨 끄트머리 바위에 걸터앉아 천연덕스럽게 진종일 동해의 파도와 물빛을 바라보고 있기에

"노인장은 어디서 왔습니까?"

하고 물었더니

"아침나절 갈매기 두 마리가 저 수평선 너머로 가물가물 날아가는 것을 분명히 보았는데 여태 돌아오지 않는군요."

하고 혼잣말로 중얼거리는 것이었습니다. 그런데 그다음 날도 초로의 그 신사는 역시 그 자리에서 그 자세로 앉아 있기에

"아직도 갈매기 두 마리가 돌아오지 않았습니까?"

했더니

"어제는 바다가 울었는데, 오늘은 바다가 울지 않는군요."

---

12) 조오현, 권영민 엮음, 앞의 책, 289-290쪽.

하는 것이었습니다.

—〈갈매기와 바다 – 절간 이야기 2〉 전문

다음은 《벽암록》 제53칙 백장의 들오리(百丈野鴨子)의 본칙이다. 두 작품의 외형과 내적 울림이 사뭇 비슷하다. 느낌만 그런 게 아니라 실제로 설정된 상황이나 화자와 청자가 주고받는 대화의 밀도에서 그렇다.

마조 화상이 어느 날 백장과 길을 가다가 들오리가 날아오르는 것을 보았다. 화상이 백장에게 물었다.

"저것이 무엇이냐?"

"들오리입니다."

"어디로 갔느냐?"

"저쪽으로 갔습니다."

그 순간 마조 화상은 백장의 코를 힘껏 잡아 비틀었다. 백장은 아픔을 참지 못하고 비명을 질렀다. 이때 마조 화상이 백장에게 말했다.

"가긴 어디로 날아갔단 말이냐!"[13)]

어떤 시적 기획이 있었던 것인가. 《벽암록》은 종문제일서(宗門第一書)로 여길 정도로 칭송되는 심서(心書)요 보서(寶書)이다. 이를테면 설두중현이 100종의 화두를 선별하여 각각 송을 붙였고 원오극근이 텍스트로 삼아 후진 양성을 위해 강의를 했던 책으로, 말하자면 화두집이다.[14)] "다양한 목소리의 충동을 없애는 것이 아니라 그것을 살려내

---

13) 원오극근, 조오현 역해 《벽암록》 불교시대사, 1999, 186-187쪽.

14) 신규탁 〈중국 선종 역사 속에 드러난 화두의 생성, 강의, 참구에 관한 검토〉 《선학》 30, 2011.12, 187쪽.

고 그 충동을 다시 시적 긴장으로 변용한다"는 의미심장한 말을 상기해 본다. 선가(禪家)에서는 이런 것을 활구(活句)라고 한다. 말은 그것을 사용하는 사람과 깊은 연기적(緣起的) 관계를 갖는데, 들뢰즈가 생각했던 '내재성의 장 안에서 끊임없이 변화해 가는 강밀도(intensity)의 연속체'로서만 존재의 의의를 갖는다. 활구를 통해서만 개인은 우주와 다르지 않고 우주는 개인을 위해 복무한다.

> 그의 눈은 목숨의 내부에 있다. 곧 의식으로 사물을 보는 것이다. 흔히 말하는 인식의 방법에서 뛰어난 솜씨를 보이고 있다. 그의 직관은 다분히 비전문적이고 비문학적이다. 어쩌면 우리나라의 시인들이 금기로 삼아온 세계를 그가 먼저 문을 따고 들어선 것인지도 모른다.

첫 시집 《심우도》에 수록된 내용으로, 당대 신춘문예를 석권하고 유수의 문학상을 휩쓴 이근배의 탁견이다. 어딘가에서 받았던 시란 무엇인가란 질문에 "사람의 생각이 우주의 자장을 뚫고 만물의 언어를 캐내는 것"이라는 대답은 허언이 아니었을 터. 우리는 이 시인을 좀 더 경청할 필요가 있다. "그러면 조오현은 어디서 시를 가져왔는가. 그의 비방은 적어도 신시 70년사 속에는 들어 있지 않다. 조오현은 고려 선승들의 게송을 터득한 것이다. 조오현이 승적을 갖고 있고 그가 시보다는 영혼의 세척에 더 많은 시간을 몰입하는 생활을 하고 있음을 안다면 그가 어떻게 오늘의 한국시에 새로운 유형으로 맞서고 있는가는 쉽게 간파될 수 있을 것이다." 이후 조오현 선시에 관한 직접적인 탐구와 더불어 불교적 사유를 통해 그의 문학적 세계를 엿보려는 시도가 여럿 목격된다. 또한 그의 작업은 민족문학인 시조와 선을 결합해 사상 최초로 선시조를 개척한 공로로 새로운 문학 양식을 정립시켰다는 평가

를 이끌어냈다.[15)]

그렇다면 이근배가 말하는 "의식으로 사물을 보는" "인식의 방법"은 어떤 것인가. 대체로 초기불교에서는 인식의 영역에도 큰 관심을 가졌다. 특징이 있다면 인식을 여섯 영역(六入 혹은 六處)으로 나누었고, 여기서 현량(現量, 직접 지각)과 비량(比量, 추론)의 개념이 형성되었다. 두 번째가 더 중요하다. 육처 인식론의 특징은 '자아(自我)'를 인정하지 않는다는 점이다.[16)] 이러니저러니 사량분별하지 않고 단칼이 두 동강을 내야지 아주 맑아지는 법. 원오극근의 말이다.

현량과 비량 중 비량이 사량분별에 속한다. 우리의 인식은 잠시도 쉬지 않고 우리를 기만하는데, 속고 속이는 게 결국 '나'라는 존재라니 얼마나 허망한가. 환(幻)과 망집(妄執)에서 벗어났을 때 비로소 세상은 바로 보인다. 이 점을 이근배는 개안(開眼)이라는 말로 대신했다.

시집 《적멸》 2부는 연작시 〈무산심우도〉 1~10편, 〈무자화〉 1~6편, 〈일색변〉 1~7편과 결구 8, 〈무설설〉 1~6편, 〈달마〉 1~10편, 〈만인고칙〉 1~18편, 〈일색과후〉 1~5편, 〈해제초〉 1~3편으로 구성되어 있다. 이들은 훨씬 더 게송의 모습에 다가간 느낌을 준다. 이는 이근배의 언급대로 고려 후기의 게송을 살펴보면 보다 선명해진다. 다음은 '청산은 나를 보고 말없이 살라 하고 창공은 나를 보고 티 없이 살라 하네'를 노래한 고려의 선승 나옹(懶翁)의 작품이다.

십여 년 동안 강호를 두루 돌아다녔는데
갑자기 가슴속이 절로 활짝 열렸네
청평에서 그 일 묻는 이 있으면

---

15) 배우식, 이승하 〈조오현 선시조에 나타난 '공(空)'의 세계〉 《국제언어문학》 37, 2017.8.
16) 사이구사 미쓰요시, 심봉섭 옮김 《인식론·논리학》 불교시대사, 1996, 22-25쪽.

'배고프면 밥 먹고 목마르면 물 마시며 피곤하면 잔다' 하리라

—〈청평산에 머물면서(住淸平山偶題)〉

다음은 백운경한의 게송이다.

고산의 산 밑은 몸 기르기 좋아서
쌀 흔하고 땔감 많아 온 이웃이 풍족한데
무심한 촌늙은이 수단이 적어
불씨를 남에게 빌어 남에게 주네

—〈산에 살다(居山)〉

고려 후기에 이르러 특히 선가에서 활발히 창작되던 게송은 도(道)와 선(禪)의 일상성을 추구했다. 게송이 일상문화로 존재했다는 점에서 주목되며, 일상성으로부터 창작되었고 게송에 담긴 도의 내용까지 일상적인 차원으로 나아간다는 점을 특징으로 한다.[17] 《적멸》 1부가 《벽암록》의 본칙과 같은 육성을 가지고 있다면, 2부는 게송과 대상을 인식하는 방식까지도 흡사하다.

가사, 삼천대천세계의 그 칠보를 다 갖는다 해도
풀 먹인 살림살이 마삼근(麻三斤)도 빳빳했거늘
진실로 풀 그것까지 빨아내는 것만 할까

—〈동산삼근 – 만인고칙 2〉 전문

《무문관》 제18칙 같은 제목의 본칙이다. 동산 화상에게 한 수행자

17) 박재금 〈고려 후기 게송을 통해 본 禪과 일상〉《이화사학연구》 33, 2006. 나옹과 경한의 게송도 이 논문에서 재인용한다.

가 물었다. "어떤 것이 부처입니까?" 동산 화상이 대답했다. "마가 세 근쯤 되지." 같은 장에 수록된 게송이다.

갑자기 불쑥 마 삼 근이라고 말하니
말도 친절하지만 뜻은 더욱 친절하다.
여기에 찾아와 시비하는 자가 있다면
그는 시비에 떨어진 불쌍한 녀석이다.

한문의 번역에 따라 의미의 격차가 생길 수 있으나 내적인 기류가 다르지 않음은 충분히 알 수 있다. 이때 조오현은 사족으로 《금강경》 사구게를 달았다. "모양 있는 것은 모두 허망한 것이니 모양을 모양 아닌 것으로 보면 곧바로 여래를 보리라.(凡所有相 皆是虛妄 若見諸相非相 則見如來)" 이 또한 조오현 시론의 지향점이다. 직지인심 견성성불(直指人心 見性成佛)이라, 여래는 형체나 음성으로 알 수 있는 외부가 아니며 지칭해야 하는 대상은 더욱 아니다. 그의 시에서 선문답의 향기가 느껴지는 건 이런 이유에서이다. 어쩌면 권영민이 적시한 "조오현의 새로운 시법"이란 여기서 그 발원을 모색한다. 아니, 그럴 수밖에 없다. 선은 여래의 경지로 바로 들어가는 경절문(徑截門)[18] 이어서 에둘러 가는 법이 없다. 그래서 '일초직입여래지(一超直入如來地)'라 한다. 단도직입이다. 그러니 사량분별을 놓으랄밖에. 그는 《무문관》 제37칙의 사족에서 "선문답은 의미 없는 단어의 나열이 아"님을 단호하게 역설한다. 그것이 "삶의 본질에 관한 중요한 문제의 질문과 답변"이라는 주장은 그렇게 설득력을 갖는다.

18) 고려 보조국사 지눌에 의해 정립된 삼종선문(三種禪門) 중 하나. 원돈신해문(圓頓信解門)과 성적등지문(惺寂等持門)이 있다.

그렇지만 선문답은 상황에 따른 응대이므로 정답이 있거나 공식이 있는 것이 아니다. 이를 유형별로 정리하면 대체로 다음과 같다.

첫째는 직설적이고 긍정적인 대답이다. 부처가 무엇이냐고 물으면 '그대가 바로 부처' '마음이 바로 부처' 또는 '평상심이 곧 도'라는 식으로 알기 쉽게 답변해 주는 것이다. 이는 근기가 무르익은 사람을 만나 꼭지만 따줄 때 쓰는 방식이다.

둘째는 반어적이고 부정적인 대답이다. 무엇이 부처인가를 물으면 '똥 묻은 막대기' '마음도 부처도 아니다' '개에게는 불성이 없다'는 식으로 상식을 뒤엎어 주는 것이다. 소리를 지르거나 몽둥이를 휘두르는 것도 여기에 속한다. 이미 어떤 고정관념을 가지고 찾아오는 사람을 응대하는 수법이다.

셋째는 상징과 중의(衆意)가 포함된 대답이다. 무엇이 부처인가를 물으면 '삼베가 세 근'이라든가, '찰간을 꺾으라'든가 '수레바퀴의 굴대를 빼버리라'고 말하는 것이다. 이것은 눈에 보이는 일상 너머에 있는 사물의 본질을 살펴보라는 독려이다. 이 문답은 고난도의 함의와 상징을 동원함으로써 일상적인 분별심을 타파하는 탁월한 수단으로 채택된 것이다.[19]

이렇게 보니 조오현의 시들이 선문답의 원리에 의해 창작되고 작동한다는 가설은 바야흐로 사실로 수렴된다. 두 번째 단서에 다다른 것 같다. 그의 시는 때로 직설적이며 긍정적이고, 때론 반어적이고 부정적이다. 특히 시집 《적멸》의 2부에 실린 시들은 상징과 중의로 단단히 뭉쳐져 한 치의 빈틈도 보이지 않는다. 이제 그의 시가 어떻게 완성되는지에 대한 의문에서 조금은 자유로워진 것 같다. 우리가 궁금했던

---

19) 무문혜개, 오현 역해, 앞의 책, 228쪽.

것, 지금까지 확인한 조오현의 기획물들을 종합해보면 시는 선(禪)이 펼쳐지는 장이란 소실점으로 모인다. 수행의 외진 길에서 그가 만난 시는 그러므로 세계를 응시하는 가장 예민한 감각이었고 프레임에 갇힌 세계에서 주체를 모색하려는 투철한 자기인식이었다. 이때의 자기인식이란 자신의 감각으로부터도 이탈한 자의 순수감각이어야 한다. "배고프면 밥 먹고 목마르면 물 마시"는 그런 감각 말이다. 조오현 역시 중국에서 성립한 조사선(祖師禪)의 특징을 '일상성'으로 보았다. 어떠한 진리도 일상성을 떠나서는 아무런 의미가 없다는 것이다.[20] 다만 선은 그런 것에조차 얽매이지 않는 법. 비유비무(非有非無)이기 때문이다.

4. 탈주와 해탈의 시학

비유비무는 존재의 양상이다. 적어도 불가에서는 그렇게 본다. 비유비무임을 깨닫기 위해 우리는 의심한다. 우리는 본성에 대한 의심을 화두에서 찾으며, 조오현은 시를 통해 의심을 달성한다. 본래면목을 밝히려면 화두를 들고 그것에만 간절히 사무쳐야 한다. 화두 하나만 오롯이 남을 때까지. 이때 어떤 계기를 만나면 몰록 본래 모습을 깨치게 되는 것이다. 깨치게 되면 원래 그것은 자신에게 갖추어져 있던 것임을 확연히 알게 될 것이고 인과(因果)를 벗어나 대자유를 얻을 것이다.

비교하자면, 우리는 이미 데카르트의 코기토(cogito)에 대해 충분히 알고 있다. 모든 것을 의심하고자 했던, 그렇지 않고서는 어떠한 확고

20) 무문혜개, 오현 역해, 앞의 책, 47쪽.

함에 도달할 것 같지 않았던 의심. 데카르트 역시 끝없이 의심했다. 그런데 의심을 하면 할수록 자명해지는 하나가 있었다. 그것은 바로 생각하는(의심하는) 나였고, 성공 여부를 떠나 근대 이성은 여기서 촉발되었다. 바로 이즈음에서 우리는 길을 잃는다. 방향만 같아 보일 뿐 코기토와 화두는 근본적으로 다른데도 말이다. 전자가 의심할수록 선명해지는 '나'가 있음[有]을 확인하는 작업이라면 후자는 진공묘유(眞空妙有)로서의 나, 무아로서의 나로 전력 질주한다는 점에서 그렇다. 화두에서 발견되는 나는 연기된 존재로서 자성이 없음[非有非無]을 깨달은 나이다. 그러니 엄연히 다른 결과물이 나오는 것 아닌가.

이제 지향성의 문제로 넘어갈 때가 되었다. 눈치챘겠지만 선승 조오현과 그의 시들이 지향하는 바는 결국 화두다. 그 스스로 화두가 되려고 했고 각각의 시편들에서 날 선 화두를 던진다. 시집 《심우도》의 자서에서 그는 이렇게 말했다.

> 여기 수록된 제1부는 60년대 말 백수(白水)의 영향을 받고 그때의 심경에 일고 지는 희비의 어룽을 그려본 것들이고 제2부는 70년대 초 경허(鏡虛)와의 만남에서 얻어진 것들이다.
>
> 비구(比丘)나 시인으로는 경허를 만날 수 없었다. 동대문시장 그 주변 구로동 공단 또는 막노동판 아니라면 생선 비린내가 물씬 번지는 어촌 주막 그런 곳에 가 있을 때만이 경허를 만날 수 있었다. 그런 곳은 내가 나로부터 무한정 떠나고 떠나는 길목이자 결별의 순간인 것이다.
>
> 그러므로 나는 비구나 시인이길 원하지 않는다. 항상 나로부터 무한정 떠나고 싶을 뿐이다.

눈여겨보아야 할 대목은 바로 "나는 비구나 시인이길 원하지 않는다. 항시 나로부터 무한정 떠나고 싶을 뿐이다"라는 구절. 이제 그가 소속된 국적은 어디에도 없다. 모국어조차 놓아버린다. 순수한 화두이며 무국적의 아나키스트로 남을 뿐 다른 모든 것은 더 이상 쓸모가 없다. 욕심을 버리는 게 아니라 무용하기에 취하지 않는 것이다. 이런 선택은 위험하지만 그러므로 더욱 묘한 애정을 느끼게 한다. 첫 시집에서부터 '결별의 순간'을 논한 것인데, 이처럼 탈주는 자신과 시로부터 차츰 가속화된다. 데리다라면 모순인 구조에서부터 탈중심화가 진행되는 중이라고 격양된 어조로 말했을 테지만, 대상으로부터의 탈중심화가 아니라 중심 자체를 완전히 소각시켜버리는 무화로서의 극복이라고 조오현은 오히려 담담해진다. 사실 원래 없던 자리 아닌가. 언어의 구조는 원래가 시뮬라시옹이며 변계소집인 것이다. 어찌 보면 당연하다.

강물도 없는 강물 흘러가게 해놓고
강물도 없는 강물 범람하게 해놓고
강물도 없는 강물에 떠내려가는 뗏목다리

—〈부처－무자화 6〉 전문

원래 없던 강물이 어떻게 흘러갈 것이며 어떻게 범람한단 말인가. 그야말로 은산철벽 같은 이런 의단은 거듭될수록 "본업은 수행자"라던 말에까지 미친다. 물론 한참 지난 후의 이야기지만 이렇게 토로하기도 한다. "절에 부처 없다. 각자 자기 자신이 미완의 부처다. 불사선 불사악(不思善 不思惡), 즉 선에도 집착하지 말고 악에도 매달리지 말아야 한다."[21] 성스럽게만 여겨왔던 수행의 길마저 차별이나 분별심과 함께

---

21) 김석종 기자 "모두가 배 띄운 선장들, 각자의 허물 돌아봐야" 〈경향신문〉 2014. 5. 1.

한꺼번에 베어버린다. 화두는 취모검의 구실도 하는 법이니까. 화두의 핵심이 이 세계에 성스러운 진리[第一義諦]란 없으니 자신의 본성을 깨닫는 일에 충실할 것에 집중되어 있다면, 화두의 기능은 의심 그 자체에 있기에 일체의 사량분별을 멈추게 하는 일에 매진한다. 자신의 본래면목을 직접 체험하는 것이 중요하다. 원오의 제자 대혜종고(大慧宗杲)는 "마치 절벽을 마주하는 것처럼 화두 앞에 의심을 세우라"고 했다. 이렇게 하면 언어나 사유 활동이 사라지고 인간이 본래적으로 간직한 청정자성(淸淨自性)이 오롯이 드러난다는 것이다.[22)]

삶의 즐거움 모르는 놈이
죽음의 즐거움을 알겠느냐

어차피 한 마리
기는 벌레가 아니더냐

이다음 숲에서 사는
새의 먹이로 가야겠다

—〈적멸을 위하여〉 전문

선승이자 시인인 조오현의 열반송은 우리에게 강렬하게 인식되었다. 한데 피모대각(披毛戴角)은 조오현이 자주 쓰던 말이었다고 한다. 정지용문학상을 받은 시집 《아득한 성자》에서 특히 우리를 당혹스럽게 했는데, 수상소감으로 할애된 지면에도 등장했기 때문이다. 바로 다음 페이지 책 끝에 보이는 시자에게 주는 〈등걸불〉이란 시는 이보다

---

22) 신규탁, 앞의 논문.

더 강한 메시지를 담는다. "지금껏 씨떠버린 말 그 모두 허튼 소리/ 비로소 입 여는 거다, 흙도 돌도 밟지 말게/ 이 몸은 놋쇠를 먹고 화탕(火湯) 속에 있도다". 무얼까, 성찰이라기보다 반성에 가깝고 긍정이라기보다 부정이라는 감정이 더 짙게 배어 있는 이런 발성은. 이런 발성에 휘청할 수밖에 없었지만, 이 또한 그가 시를 만들어내는 다른 자리인가 생각하며 깊어질 수 있었다. 남은 것은 적멸이고, 그것이 조오현 문학의 세 번째 단서이겠다.

많은 담론이 또 만들어질 것이다. 그러나 조오현 문학을, 정확히 말해 그의 선시조를 심우(尋牛)에서 적멸(寂滅) 사이를 운행하는 어떤 정신의 흐름이라고 이해한다면, 앞서 언급한 열반송도 그 어디쯤 위치할 것이다. 이는 비구나 시인이라는 어떤 양태적인 구조에도 걸리지 않겠노라는 뚜렷한 욕망의 표출이지만, 그것의 내적 층위에서는 에고로서 욕망이 아니라 에고를 벗어나려는 욕망으로 작동한다. 요약하자. 그의 선과 시 그리고 현실은 한 점으로 모인다, 그 한 점이 화두다. 위태롭지만 그는 화두를 통해 생존하려 했다. 그의 시업을 한마디로 옮기면 이런 것 아닐까. 게송으로서의 화두는 감상의 차원으로 전시되는 게 아니라 각성을 목표로 던져진다. 사구가 아니라 활구의 차원인 것이다. 만약 그의 시가 정말 우리에게 던진 화두였다면 두고두고 다시 읽으며 곱씹어야 한다. 그것이야말로 우리의 일이니 말이다.

---

* 이 논문은 "민족문학의 전진적 화합성 모색"을 주제로 개최된 2018 만해축전 학술세미나(만해축전추진위원회 주최, 창작21작가회 주관, 2018년 8월 11일, 만해마을)에서 발표된 글이다.

설악무산의 문학, 그 깊이와 넓이

초판1쇄 인쇄 2021년 8월 1일
초판1쇄 발행 2021년 8월 10일

엮은이 : 불교평론
펴낸이 : 김향숙
펴낸곳 : 인북스

주소 : 경기 고양시 일산서구 성저로 121, 1102-102.
전화 : 031) 924-7402
팩스 : 031) 924-7408

이메일 editorman@hanmail.net
ISBN 978-89-89449-81-2 93810

값 12,000원
잘못된 책은 바꾸어 드립니다.